U0908068

中国文化史研究学科资料系列著作
高校文化素质教育丛书

中国文化人物

哲学家、思想家卷

总主编：王立东

岳麓書社·长沙

序言

“中国文化史研究学科资料系列著作”首批书目正式出版，是学院学科建设工作的一件大事，也是整个著作团队辛勤工作的成果，在此，谨向全体著作者致以衷心的祝贺！

“中国文化史研究学科资料系列著作”是学院团队建设的特定内容。马克思主义学院成立后，从2012年开始，学院学科建设实施了“团队式建设方式”，全院教师按照所承担学科内容大类划分为三个团队：“哲学和文化教育团队”、“马克思主义中国化教育团队”、“大学生思想品德培养和发展教育团队”。“哲学和文化教育团队”下设三个研究方向：（1）马克思主义文化理论研究；（2）中国文化发展研究；（3）社会文化、文明发展研究。团队建设的基本思想是：不作虚设、必求成果。科学研究紧紧围绕所设研究方向开展工作，期望每个方面都有所建树。

“中国文化史研究学科资料系列著作”包括《马克思主义经典作家论文化》、《中国文化人物》（系列）两套著作。两套著作的设计、编写即有两个方面用意：

（1）作为“哲学和文化教育团队”、“中国文化发展研究室”建设的成果，作为未来发展的积淀；（2）作为“中国文化史专业”硕士点建设学科资料，支撑硕士点建设。这份成果的出版对于学院学科建设工作的意义是重要的。

“中国文化史研究学科资料系列著作”是经过认真思考、多次修改方案确定下来的，目标即为满足团队建设及研究方向设计的目的：（1）《马克思主义经典作家论文化》是为保证和体现本学院学科性质、学科定位而设计——马克思主义学院成立伊始，学院学科建设思想中即确定，每个团队、每个研究机构的方向设计首先设定“马克思主义相关理论研究”；

“哲学和文化教育团队”、“中国文化发展研究室”的研究方向设计即应必然设置“马克思主义文化理论研究”；作为团队建设的成果著作出版，必然先行确定“马克思主义文化理论”著作作为一部。（2）《中国文化人物》是为体现“文化学学科研究”最终落实于“中国文化发展研究”基点上，使我院文化学学科研究最终为中国文化发展服务；同时为本院本科生、研究生学习、研究中国文化发展史提供支持。

“中国文化史研究学科资料系列著作”安排的作者主要是青年教师，意在通过本书写作工作促使他们进一步深入了解中国文化发展的内容、人物，了解每个时段各位文化人物的思想、价值和贡献，从而不仅在原有基础上对中国文化有一个全面、宏观的把握，更有一个具体、详细的了解，为他们未来学术研究铺垫深厚、扎实的学科基础。

《中国文化人物》系列图书，涉及如何确定具体“人物”对象的问题。由于讨论“入选人物”时大家意见的差异，启发我们在序言中做出特别说明：本系列著作所要著述的“人物”具体是指中国文化发展历史上现实存在、对中国文化发展历史有所作为、有所贡献的真实人物，每一个都是真实的“那一个”。做这样的界定，目的在于与“中国文化作品人物”这一概念相区别。即，虽然文化史上有许多重要的“作品人物”——如“黑脸包公”、“林黛玉”、“金陵十二钗”、“宋江”及“一百单八将”等，在国人心中影响甚大，甚至表达了中国文化的诸多意义、成为中国文化的重要符号，但其本质上是“作品角色”，是文化作品、文艺作品创作的角色人物，含有艺术创作的性质在其中，与我们本系列著作设计的初衷不同，至少不在本系列中著述。在此特向读者陈述清楚。

“中国文化史研究学科资料系列著作”是自2009年开始的“大型出版计划”质量提升的首批作品，借助湖湘大地上的岳麓书社这一高档平台，为我院学科建设发展保驾护航。

再次感谢著作团队、我的年轻同事们，感谢大家的辛勤工作！

也深切感谢岳麓书社，感谢书社为我们出版本系列著作所付出的辛苦和智慧！

丛书主编　王立东
2015年9月

目　录

古代篇

近现代篇

古 代 篇

孔子

孔子（前551—前479），名丘，字仲尼。先祖为殷人后代，移居鲁国。春秋后期伟大的思想家、教育家、政治家，儒家学派创始人。

孔子是宋国贵族。鲁昭公二十六年（前516），鲁国内乱，孔子不满以季氏为首的三桓擅权，一度离鲁至齐，后返回，开始整理《诗》《书》《礼》《乐》，招收弟子，影响日益加大。鲁定公九年（前501），孔子开始从政，任中都宰，后升任大司寇，参与国政，并一度“摄行相事”，但为时不长。后因参与“堕三都”以强公室，与鲁国执政者季氏矛盾尖锐，最后只好弃官离鲁，带领弟子开始了14年周游列国以求仕的艰难历程。孔子先后访问了卫、陈、蔡、曹、宋、郑等国，向各诸侯宣传自己的政治主张。其间，虽然多受到礼遇，但四处碰壁，始终未得重用，自觉犹如“丧家之犬”，甚至一度被困绝粮于陈蔡之间。鲁哀公十一年（前484），孔子归鲁，时年68岁。

孔子晚年不再求仕，而是把精力和热情都用在教授学生和整理文化典籍上。孔子打破了教育垄断，开创了私学，“弟子三千，贤人七十二”，为后来儒家学派和儒学理论体系的形成奠定了基础。孔子整理古代文献的对象主要是“六经”，他删订《诗》《书》，修《礼》《乐》，赞《易》，修《春秋》，以至到了“发愤忘食，乐以忘忧，不知老之将至”的程度。“六经”包含中国古代丰富的历史文化资料，其中《诗》《书》《礼》《易》《春秋》“五经”与《大学》《中庸》《论语》《孟子》“四书”合称“四书五经”，直至南宋朱熹后，“四书五经”始终是我国封建社会正统教育的必读书目和科举取士的教科书，并被统治阶级作为宣传封建宗法思想的理论依据。

公元前479年，孔子在平静和泰然中走完了他坎坷多难而又坚韧不屈的一生，“葬鲁城北泗上，弟子皆服三年”。回首一生，孔子感叹道：“吾十有五而志于学，三十而立，四十而不惑，五十而知天命，六十而耳顺，七十而从心所欲，不逾矩。”孔子一生的事迹主要表现在以下几个方面：

第一，奠定了儒家学说的理论基础。由孔子开创的儒家思想的显著特点为重人事，重情感，主张“仁政”，敬天命而远之，中庸之道。第二，推动平民教育的发展。孔子率先兴办私学，招揽门徒，推动学术权力下移，冲破了由贵族垄断文化教育的局面，开创了平民教育的先河。第三，整理以“六经”为代表的古代文化遗产。

孔子生活在由奴隶制向封建制转变的过渡时代，即“礼崩乐坏”的时代。他从救世的美好愿望出发，结合春秋战国时期社会生活客观情况，为之设计了易行的实践手段。其学说体现为仁礼互用的演变过程，其哲学思想在总体上是“尊命从仁”的世界观，是对“天人合一”观念的发展和演变，认识论上则坚持学思并重，“执两用中”的中庸之道。

“仁”是儒家思想的核心，在篇幅仅万余字的《论语》中，“仁”字出现 109 次之多。许慎《说文解字》中讲到，仁的本义就是关于人与人之间的关系。孔子把“仁”上升为具有普遍意义的哲学范畴，把它提高到诸德之首位并对各种道德起统率作用。而“仁”的基本含义，在孔子看来就是“爱人”，而这一情感的发散是建立在重血亲人伦基础之上，这也是儒家思想区别其他各家的最大特征。

在孔子的定义中，“仁”既是修己治人的根本原理，又是践行道德的最高原则，它具有广泛的内涵：第一，仁是人道之根本，是人的本性的最高表现，是人的美德的最高概括。因此，仁也成为君子志士坚决捍卫和遵守的根本原则。仁首先要求人们做到尽己为忠，所谓“克己复礼为仁”。第二，推己及人之为恕，所谓“己欲立而立人，己欲达而达人”，反过来说就是“己所不欲勿施于人”。仁统率众德，仁在一定意义上高于其他德性。仁德是一切德性的根本和基础。孝悌是仁德的开始和基础，而孝悌之德是建立在血缘关系基础上的血亲情感，这是与人之生命息息相关的，是人的根本。故而，以孝悌为发端的仁德也必定是一切美好道德之首。在此基础上，孔子进一步要求人们应该以血亲情感作为本原依据，努力实现自己的个体性存在即“为仁由己”和社会性存在即“天下归仁”，从而实现“泛爱众，而亲仁”的社会理想。第三，仁是礼所由，是礼的本质和内在精神。如果说“重礼”是儒学的外在表现，那么“贵仁”则是儒学的内在思想核心。孔子指出：“人而不仁，如礼何？人而不仁，如乐何？”即人若是未达到仁德，礼乐的存在还有什么用呢？礼只是辅助人们完成仁德修养的手段和途径，是人们自我克制，使自我言行符合礼的规定的方法和措施。孔子正是以“仁”释“礼”，以“礼”辅“仁”，力图将礼这种外在行为规范转化为个体的内在道德自觉。第四，仁是治国治民的根本良策。孔子强调仁是一种道德规范性的政治原则，主张将“仁者爱人”的精神原则贯彻到政治当中去，把人的推广应用于一般民众，使举国上下实现仁。这首先要求“政者正身也”，为政者应起表率作用。所谓“上好礼，则民莫敢不敬；上好义，则民莫敢不服；上好信，则民莫敢不用情”。

孔子对于礼有自己独特的理解。孔子认为，礼是维系社会秩序的纲纪。他在《礼记·礼运》篇中提出了“大同世界”的理想画面，仔细分析这一段文字就会发现，对“大同世界”的描述与“礼”密切相关。所谓“选贤与能，讲信修睦，故人不独亲其亲，不独子其子，使老有所终，壮有所用，幼有所长，矜、寡、孤、独、废疾者皆有所养。男有分，女有归……”就体现出先秦儒家五伦道德关系中的父子、兄弟、夫妇、朋友，而“选贤与能”更是让我们联想到一种理想的、温和的、非强制的君臣关系。在一个存在结构分工的社会之中，“礼”是家庭关系、社会关系、政治关系的核心，通过“礼”对人们的角色、身份、地位进行澄清和正名，对人与人之间的关系、人们的行为进行规范和要求。这就是所谓的“非礼无以辨君臣、上下、长幼之位也，非礼无以别男女、父子、兄弟之亲，昏姻、疏数之交也”。

孔子对于财富的看法集中表现为他的“义利观”。其一，义、利作为两种不同的价值追求，分别指向精神价值和物质价值。孔子的义利观，实际上涉及道德与物质财富之间的关系，是关于这两者之间何为第一性的问题。《左传》曰：“义，利之本也。”义是儒家道德哲学价值论的核心理念之一，是一种具有独立价值的存在，对利具有约束和规定作用，求利必须以合义为前提。孔子强调：“君子义以为质”，“不义而富且贵，于我如浮云”。在他看来，符合君子的精神品格必须要求崇尚并遵循义，不符合道义的富贵毫无意义。其二，义的实现需要以利为内容和手段。先秦儒家并没有因为重视义的价值而弃绝功利，而是在承认义对利的制约的前提下，看到了利对实现义的积极作用。“其养民以惠，其使民以义。”在先秦儒家看来，政治首先要解决的就是人的生存欲求（物质世界）的满足，然后才是人的精神世界的问题。要教化百姓知义明礼，须使他们丰衣足食。其三，重义而兼顾利。先秦儒家在承认义、利相统一的前提下，强调“重义轻利”，强调义为利灌注的人性的精神品质，目的在于阐发一种“君子爱财，取之有道”的伦理价值观。

孔子充分肯定了教育对于立国治民的重要作用。《论语·子路》记载：“子适卫，冉有仆。子曰：‘庶矣哉。’冉有曰：‘既庶矣，又何加焉？’曰：‘富之。’曰：‘既富矣，又何加焉？’曰：‘教之。’”借由冉有之问，孔子简单明了地提出了“庶—富—教”的施政大纲。孔子认识到，拥有劳动力、发展物质生产、实行教化教育是治理好一个国家必须具备的三个条件。孔子教育的目的在于培养志道和弘道的志士和君子。孔子主张德政，而实行德政的关键就是“选贤与能”。贤能之才并非生而有之，而是通过教育培养出来的。教育的另一个主要政治目的在于“学而优则仕”，学习是通向做官的途径。孔子倡导“学而优则仕”和“举贤才”是一致的，确立了教育培养统治人才这一重要的功能。根据《论语》的记载，孔子的教学内容包括道德教育、文化知识和技能技巧的培养等三个部分，其中道德教育为三者的重心。孔子说：“德之不修，学之不讲，闻义不能徙，不善不能改，是吾忧也。”表明了孔子对道德修养的极大关注和对道德缺失的无比忧虑。

孔子的方法论就是他所提倡的“中庸之道”思想。“中庸”的内涵十分广泛，作为认识问题、观察问题、处理问题的方法则是它主要的内容。“中”即中正、中和；“庸”即常，“用中为常道也”。中庸要求“允执其中”，就是说既不站在矛盾的否定方面促成矛盾转化，也不支持矛盾的肯定方面实行残酷斗争，而是站在中立的角度，使矛盾统一协调地保持下去。“允执其中”就是要从矛盾对立的两端中“叩其两端”“攻乎异端”，然后找出“不偏不倚”的正中之道来。孔子用“中庸”来反对“过”和“不及”，因为不论是过或是不及，都是各执一端，偏颇而不全面，因而是不正确的。就道德修养和行为修养的层面说，孔子“执中”的体现是“子绝四：毋意，毋必，毋固，毋我”，即在认识事物的过程中，从两端中把握中道，切忌犯随意、武断、固执、主观的错误。

春秋战国时期正是我国古代社会制度发生重大转变的时期，孔子思想在当时的社会形势下并没有形成实践氛围。以孔子为创始人的儒家思想在汉初经过与道家思想的激烈斗争，地位逐渐上升，并在汉武帝时期被立为官学，从而确立了孔子思想在中国传统社会中的正统地位。孔子思想对古代社会政治结构、法律、道德、文化都产生了深刻的影响，给以后的中国社会奠立了一个基本稳定的文治政府模式，形成了以经学为政治资本的世袭化利益集团。

老子

老子（约前571—约前471），姓李名耳，字伯阳。楚国苦县（今河南鹿邑东）厉乡曲仁里人。我国古代伟大的哲学家、思想家，先秦道家学派的创始人。

老子，后世道教将他封为祖师，“太上老君”便是道教人士对老子的尊称。存世著作《道德经》（又名《老子》），全书分上、下两篇，共八十一章，五千余字，上篇为《道经》，下篇为《德经》。老子曾担任“周守藏室之史”，深切了解周朝的图书典籍，学问渊博，传说孔子曾求教于老子。

相传老子拜博古通今的商容为师，后入周为官做守藏史，最终因看到周朝日益衰败，遂决定出关隐居。传说老子乘青牛弃官西去，至函谷关遇见关令尹喜。尹喜求他著书，于是老子乃著书上、下篇，言道德之意，而去，莫知所终。

《道德经》虽然只有五千余字，却包含了一个较为完整的思想体系。在自然观上，老子以“道”为世界的本原，认为是道产生了天地万物，同时也决定着万物的存在发展。在认识论上，老子首倡直觉主义思考方式，反对一般的感官活动或思维活动，认为静观体验就可以直接认识世界。在辩证法上，老子充分肯定对立面的相互转化和依存，其理论学说成为中国古代辩证法的重要思想和来源。在社会政治方面，老子反对阶级剥削和压迫，揭露了统治阶级推行仁义道德的虚伪和欺骗，并提出了自己的社会理想。

老子的学说基础是“道”生万物的宇宙本原论。作为中国古典哲学中最主要的范畴之一，“道”最早就出现在老子的《道德经》一书中。后世的专家、学者在解释这个范畴——“道”的时候并非完全一致，有人认为“道”是一种物质性的存在，是构成宇宙万物的元素；也有人认为“道”是一种精神性的存在，同时也是产生宇宙万物的源泉。但在“道”的解释中，古今学者也有大致的共识，即认为它是运动变化的，而非僵化静止的；宇宙万物包括自然界、人类社会和人的思维等一切运动，都是遵循“道”的规律而发展变化的。作为道家思想体系的核心，“道”是“万物之宗”。在这里，“万物之宗”的含义有两层：一、“道”是宇宙万物的总源；二、“道”是宇宙万物的主宰，它决定着天地万物的存在和变化。

“道”是宇宙天地万物运行发展所遵循的规律和法则，而这一规律法则最核心的精神就是效法自然，所谓“人法地，地法天，天法道，道法自然”。人遵循地的规律，地遵循天的规律，天遵循道的规律，而道遵循的就是“自然”。所谓“自然”就是指道本身，“道法自然”就是“道”自身效法自身，自然而然的意思。“道”以自身为法，又为万物立法，一切皆生于道，依于道，亦止于道。宇宙包括人类在内天地间的一切都是按照“道法自然”这个法则演变发展，生化不息。

老子的这一理论在人类历史上第一次提出了“道”创造宇宙、创造人类和万物的思想，它不靠任何外力，不是上帝，也不是神仙，是“道”自我演化、发展成现在这个样子。“道法自然”是宇宙永不停顿的辩证演化，是万物生灭变化的最高法则，是辩证法最终的理论根据。

老子是中国思想史上第一个较为系统地表述矛盾法则的哲学家，他为人类哲学史提供了丰富的辩证法思想。老子提出“反者道之动”，他认为世界上的运动变化是普遍的、绝对的，世界上一切都是在运动变化的。而这种运动变化的方向是向相反方，这是“道”运动的基本规律，也是世间万物运动变化的原因。所谓“道生一，一生二，二生三，三生万物”。“一”是指阴阳未分的混沌状态，“二”是指阴阳出现，“三”是指阴阳相互冲撞激荡产生万物的基础，由此衍生出了世间万物。这说明自然界中的一切事物都客观存在着相互氤氲、相互排斥、相互激荡、相互转化的阴阳两个方面，而事物内部存在着的这种对立统一的阴阳两种性质的相互斗争，就是“道”的规律，是一切事物发展变化的原因所在。

“反者道之动”，既是事物运动变化发展的根本原因，也是“道”的根本规律。宇宙间万事万物的发展变化，尽管错综复杂，但究其原因，无不是矛盾双方相互对立、相互斗争的结果。也就是说，矛盾双方向其相反方向的转化决定着一切事物的生长、发展、变化以及衰败和消亡。因此，“反者道之动”乃是宇宙中所有事物运动变化的一种固有规律。老子看到诸如长短、高下、美丑、善恶、难易、有无、前后、祸福、刚柔、强弱、大小、生死、胜败、进退、荣辱等一系列矛盾都是对立统一的，任何一方面都不能孤立存在，而必须相互依存、互为前提，矛盾着的两个方面是可以相互转化、相互渗透的。尽管老子对立转化思想还缺乏对立和转化的条件，但毕竟向人类揭示了天地万物中的一个普遍规律，将人类的认识向前大大地推进了一步。

老子的人生观集中体现在“守柔处弱”的处世态度上。从自然的生命现象中，老子归纳出“弱也者，道之用”的道理。这种道理运用于社会生活，就是主张柔顺、退却、忍让，而反对以强硬的姿态进取和对抗。老子一再说，不要以为强大的就强大，弱小的就弱小。天底下最柔弱的是什么？水。最能攻坚胜强的又是什么？还是水。所以，最弱小的，其实是最强大的；最坚强的，其实是最脆弱的，所谓“坚强者死之徒，柔弱者生之徒”。因此，那些争先恐后的，没有一个不失败；那些巧取豪夺的，没有一个不输光。只有那些与世无争的，才最安全，也才最丰富，简直就是应有尽有。道理很简单：正因为他们不争，所以没人争得过他们，这就叫“以其不争，故天下莫能与之争”。所以老子一再说：弱一点好，软一点好，柔一点好，凡事往后靠一点好。

“守柔处弱”的另一个重要体现就在于当人处在人生最辉煌的时候，要做到“方而不割，廉而不刿，直而不肆，光而不耀”。如果争强好胜，就会使他人效仿，纷争就会不断出现，这与道家“虚静无为”的理念是相背离的；另外，自己锋芒毕露，就会成为众矢之的，难免会遭人嫉妒、排挤，甚至是惹祸上身。所以个人在群体中永远不要逞强、争雄，特别是当自己身处高位之际或春风得意之时，能够急流勇退，贵柔守雌，这样才能保全自我，才能使自我有更多的发展机会和更大的发展空间。

老子的政治观可用“无为而治”来概括。老子讲到，“道”生万物，却不主宰万物；养育万物，却不支配万物，所谓“生之蓄之，生而不有，为而不恃，长而不宰”。既然宇宙万物之本的“道”是这样，那么推天理明人事，作为人间的统治者，君主也应该如此，对待国家政事，应当效法“道”，以“无为”治国。人君虽在上位，但不能着意于功名，执意于利禄，更不能有点功名就沾沾自喜，而应知悉自己的责任是“辅万物之自然而不敢为”。因此，君主清心寡欲，恬淡清静，恪守天道，行“无为”之政，百姓就会得以“自化”，社会就能长治久安。

老子所提倡的“无为”，并非字面的意思“没有任何作为”。“无为”是不作过多的干涉和不妄为。老子生活的时代，战争频仍，社会动荡，国君实行残暴的统治，推行苛繁的政令，使百姓居无宁日，生活在水深火热之中。而国君推出的繁冗政令，无非出于两种情况：一是出于统治者的野心和私利，如“食税之多”；另一种是由于统治者决策的失误。“以智治国”中的“智”指的就是统治者的错误决策，是“小智”而非“大智”。老子看到当时的统治者大都无德无能，却偏偏妄自作为，好大喜功，使得百姓疲于奔命，流离失所。因此，呼吁统治者要做到清静无为，不要错误地干涉、惊扰百姓的生活，这样才能达到治理的目的。

施行“无为”的最终目的是“治”。老子讲，“治大国若烹小鲜”，治国不应搅扰百姓宁静的、原本的生活状态，而应与民休养生息，人民就会自然而然地发展，君主不欲壑难填，人民就会自然而然地淳朴起来。圣人治理国家的方法就是：减少百姓的思虑，使百姓无饥寒之忧。这些都表明老子对“无为”的目的，即“治”的重视。

老子的思想、著作早已成为世界历史文化遗产的宝贵财富。欧洲从19世纪初就开始了对《道德经》的研究，到20世纪四五十年代，欧洲共有60多种《道德经》译文，在很多国家《道德经》被一版再版。20世纪80年代，据联合国教科文组织统计，在世界文化名著中，译成外国文字出版发行量最大的是《圣经》，其次就是《道德经》。

庄子

庄子（约前369—前286），名周，字子休，一说子沐。战国时期宋国蒙地（今河南商丘）人。先秦时期伟大的思想家、哲学家和文学家。

庄子原是楚庄王后裔，后因战乱迁至宋国蒙，是道家学说的主要创始人之一。他与道家始祖老子并称为“老庄”，其二人的哲学思想体系被学术界尊为“老庄哲学”。

庄子生活在战国时期，曾做过蒙邑的漆园小吏，生活穷困潦倒，却十分鄙视荣华富贵、权势名利，力图在乱世保持独立的人格，追求逍遥无恃的精神自由。

庄子在中国哲学史上是一位有着鲜明特色的伟大哲学家，又富于诗人的气质。与老子的《道德经》精练简约的风格不同，《庄子》一书文字汪洋恣肆，意象雄浑飞越，想象天马行空，情志滋润旷达，文笔变化多端，具有浓厚的浪漫主义色彩，并多采用寓言故事形式，富有幽默讽刺的意味，在中国文学史上独树一帜，对后世文学有很大影响。《庄子》一书也被称为《南华真经》，现存33篇，分为“内篇”“外篇”“杂篇”三个部分，一般认为“内篇”的7篇文字是出自庄子，“外篇”15篇出自庄子的弟子，“杂篇”11篇是庄子后学所写。庄子的哲学思想则集中体现于“内篇”的《齐物论》《逍遥游》《养生主》和《大宗师》等。

庄子思想中最广为人知的是“逍遥游”。庄子始终要摆脱尘世间的一切束缚，依照人的本性，自由自在地“逍遥游”于天地宇宙之间，实现精神上的绝对自由。庄子认为，人生的各种痛苦、烦恼、束缚，是受到世间是非、对错、贵贱、福祸、大小、有无、生死等的困扰，是人们对生活中的一切有所依赖，有所期待，这就是“有恃”。与之相对的是“无恃”，即无所依赖，无所对待，指人的思想、行为不受任何条件的限制。

如何才能摆脱“有恃”，达到“无恃”，实现自由？庄子指出，根本的一点是要认识到，不是外在的客观条件或必然性束缚了人的自由，而是人们自己的主观认识、自己的思想束缚了自己，如果能从主观上齐同万物，忘却外在的一切差别，也就“无恃”了。

想要做到这点，就必须做到“无己”。人如果“有己”，即有自我意识，也是不自由的，因为“有己”就会使人去分辨是非、对错、贵贱、大小、有无、生死，从而导致人生的种种痛苦和困扰。而“无己”就是从精神上超脱一切自然和社会的限制，消除物、我的对立，忘掉自己的存在，与天地万物玄同合一。其具体途径就是“齐物我”“齐是非”“齐万物”。

为达到“逍遥游”的绝对精神自由，庄子提出了“心斋”“坐忘”的修养方法。“心斋”，是指内心的斋戒，这是庄子哲学的专有名词，指的是排除外界干扰，潜心修行去体认大道的方法。“心斋”的修养进程是由耳、心、气层层上达，而至虚寂。这就意味着要使心志高度集中，摒除一切杂念，凡事要用心灵去体认，同时还要用气去感应，只有气是以虚静空明应接万物的真道。修持真道，才能达到虚静空明的境界。这种虚静，就是“心斋”，庄子强调恪守内心的虚静，这是体悟并接近大道的要义。

“坐忘”，是指人在修炼中控制意志、排除杂念的内修方法。庄子认为，“坐忘”可以摒弃外界纷扰，乃至忘记自身形体的存在，达到与大道相合为一的境界。“坐忘”的修养进程是一层层地破除外在的规范，消融内在的仁义束缚，超脱形体的拘执，免于智巧的羁绊，消化一切矛盾对立，自我主观转化，物我两忘，而达至与天道合一。

“心斋”和“坐忘”都是除去思虑知识，超越形体，使自己的精神“同于大道”，臻于大道，达到“无己”“无恃”的“逍遥”之境。

在天人关系上，庄子主张“无以人灭天”，就是要求人不要以“妄为”去改变、损毁万物本有的天性和固有的规律。只有这样，人才能保持自身的和谐，保持与天下万物的和谐。庄子还提出“顺物自然而无容私焉”，就是主张要尊重万物生长的本性，不能用人的意志去肆意妄为。庄子盛赞圣人能顺应万物的规律与外物和谐共处，他说：“圣人处物而不伤物。不伤物者，物亦不能伤也。唯无所伤者，为能与人相将迎。”这种人与外物之间相互依存、共生共荣的关系，就是庄子一直强调的“天和”。庄子认为，人是自然的产物，所以人的生存和发展不应违背自然规律，只有在顺应自然发展规律的基础上发挥人的主观能动性，才能实现人类的文明和发展。庄子的这种“无以人灭天”的天人观，不但深刻影响了中国的传统文化，而且对人类现今的生活和未来的世界都能提供积极丰富的启发和思想火花。

在认识论问题上，庄子提出了相对主义认识观。庄子的“齐万物”思想，就是认为宇宙万物都没有真正意义上的质的差别，在本质上都是一样的。这种观点一方面可以让我们超越事物的个别性差异，从整体性和共性的角度来认识客观世界，肯定了事物的统一性和相对性，有利于我们做到透过现象看本质；另一方面，它忽视了具体事物的多样性和特殊性，否认了事物质的规定性和事物之间质的差别。庄子指出：“物无非彼，物无是非。彼出于是，是亦因彼”，这样，事物质的规定性和事物之间质的差别就不存在了。庄子认为，世间万物生命瞬息即逝，没有质的稳定性，因此，任何事物都处在生生死死，流动中止的过程中；所谓“差别”完全是主观的，他说：“自其异者视之，肝胆楚越也；自其同者视之，万物皆一也。”

作为先秦时代伟大的哲人，庄子以其特立独行的个性和博大精深的思想而迥异于其他诸子。表面看来，他辞官隐居，远离社会政治，似乎缺乏人生追求和社会责任感，但实际上他并没有忘情于社会和人生，而是通过著书立说的方式表达自己的人生理想，显示其对社会和世人的关怀。与儒墨局限于社会的视角不同，庄子站在宇宙的高度来考察自然、社会和人生问题，因而视野更为开阔，认识也更加深刻。他指出了由于人类的肆意妄为而导致天人关系的失衡，批判了礼义文明造成人性异化的现实，痛斥了世俗政治的种种弊端，抨击了道德说教的虚伪性、有害性，谴责了世人因为追逐外在的功名利禄而损害自身生命的行为。庄子理想中所包含的理论智慧和思想资源，对于今天我们重建天人之间的平衡关系，实现传统人格向现代人格的转换和构建和谐社会具有一定的启迪意义。

墨子

墨子（约前468—前516），名翟。春秋战国之际鲁国人。先秦墨家学派创始人。

墨子出身贫穷，自称“鄙人”。曾当过制作器具的工匠，且技术高明，赛过了当时最著名的工匠公输班（即鲁班）。相传墨子早年受过孔子儒学教育，后因不赞成儒家政治主张而脱离儒家，另创墨家。墨家不仅是一个学术派别，而且是一个组织严密、带有宗教色彩的禁欲主义政治社团。墨家成员自称“墨者”，多半来自于社会下层，出身贫寒，生活刻苦简朴，有着严格的组织纪律。他们被分别派往各国参与政治活动，宣传和实践墨子的政治主张和思想路线，影响颇广。儒墨两家思想观点针锋相对，在当时并称为“显学”，史称墨家“列道而仪，分徒而讼”，对开创战国一代学术争鸣之风起了重要推动作用。墨子死后，其门人推选一人为首领，称为“巨子”，继续领导墨家活动。墨家后来分为三派，被称为后期墨家。

墨子的思想主要表现在《墨子》一书中，其书是墨子弟子辑录墨子言论而成，现存《墨子》为15卷，53篇，大部分篇章是研究墨子思想的可靠材料，其中《经》上下、《经说》上下、《大取》《小取》6篇是战国末期后期墨家的著作。

“兼爱”学说是墨子重要的社会政治观点，是墨子整个思想体系的核心。墨子生活的时代，正是奴隶制与封建制交替的变革时代。墨子从小生产者的利益出发，以“兴天下之利，除天下之害”，作为衡量一切思想和行为的价值标准。主张兼爱互助，并用这个原则解释社会的治乱现象。墨子以为“凡天下祸篡怨恨，其所以起者，以不相爱生也”，所以他说：“天下兼相爱则治，交相恶则乱。”因此，他提倡“兼爱”，企图用“兼相爱、交相利”的原则作为兴利除害的救世良方。

墨子宣扬“爱人者必见爱”，认为主动爱他人的人必能得到相应的回报，因此“为彼犹为己也”。从这样的原则出发，墨子要求人们：“视人之国若视其国，视人之家若视其家，视人之身若视其身。”总之，对待别人如同对待自己一样，这就是墨子“兼爱”学说的出发点和基本原则。墨子把符合这个原则的称为“兼”，即不分人我，彼此一同天下之利害、好恶。反之，他把自己所看到的社会上存在的等级差别及各种客观矛盾贬为“别”，斥为“不义”。因此，他提出“兼以义别”口号，就是主张先求爱人利人，以代替只求爱己利己。墨子认为“必吾先从事乎爱利人之亲，然后人报我以爱利吾亲也”。墨子的“兼爱”思想同儒家“爱有差等”的“亲亲”原则相对立，反对以氏族血缘宗法关系为基础的等级关系。

从兼爱的观点出发，墨子认为春秋战国之际政治混乱中危害人民最大的是战争。他站在小生产者的立场认为，那些攻伐兼并战争都是不义而应该加以反对。因为战争发动以后，春天会荒废农民的耕种，秋天会荒废农民的收获，只要荒废一季，“则百姓饥寒冻馁而死者，不可胜数”。这就是战争对农民生活和生产的伤害。因此，墨子提出“非攻”主张，指出，有些征伐战争是必不可少的，如大禹征伐有苗、汤伐夏桀、武王伐纣都不能叫作“攻”，而是叫“诛”，“诛”是顺天应人的战争。墨子的“非攻”主张反映了小生产者阶层反对破坏生产，要求保证财产和人身安全的愿望。

为了保障其兼爱思想的实行，墨子提出了“尚贤”的观点，这也是墨子抨击奴隶制世卿世禄制度的直接表现。在“用人唯亲”还是“用人唯贤”的问题上，墨子的观点同孔子是相对立的。孔子主张在不废除“亲亲”的前提下举贤任能，但他强调的是“君子笃于亲”，首先考虑的还是氏族血缘关系。墨子的“尚贤”论则带有鲜明的革新色彩，他认为，国家之所以“不得富而得贫，不得众而得寡，不得治而得乱”，其原因在于“王公大人为政于国家者不能以尚贤事能为政也”。

所谓“尚贤”，就是任人唯贤。他说：“古者圣王之为政，列德而尚贤，虽在农与工肆之人，有能则举之，高予之爵，重予之禄，任之以事，断予之令。”墨子在这里提出了一个选拔、任用官吏的组织原则：不别亲疏贵贱，以贤能功劳为准。这就是说他主张向“农与工肆之人”开放政权，反对贵族专政，以造就“官无常贵而民无终贱，有能则举之，无能则下之”的局面。墨子激烈抨击“骨肉之亲无故富贵”的世袭禄位制度，斥责这种制度是产生暴王、暴政和造成社会国家危乱的根源，因而强烈要求废除血缘的等级制度，不论其出身贵贱与否，依据一个人的贤能即德才条件取得相应的财产和政治地位。

“尚贤”并不是墨子的最后目的，“尚贤”是为了“尚同”。在封建制代替奴隶制的过程中，小生产者、小私有者阶层毕竟不是一个单一的社会力量，他们在纷争割据的战国局面下，为了保证自身的利益，希望有一个贤明的最高统治者，希望有一个统一的中央政权，借以统一思想政令和建立稳定的社会秩序。在这样的背景下，墨子认为国家刑政的设立，起源于统一思想政令的需要。如果社会没有统一的是非标准，人们都以自己的是非为是非，必然会出现“交相非”的现象，势必造成社会的混乱。因此，墨子主张组织国家，设立各级政长。有了这样的各级政长，人们只要各自以上级政长的是非为是非，就能逐级逐层地统一思想，最后做到“一同天下之义，一同其国之义，上之所是，皆必是之，上之所非，皆必非之”。“尚同”思想，从政治上来说，反映了小生产者希望出现一个统一、安定的政治局面，希望有一个贤者作为他们的保护神的愿望，具有积极的一面，在春秋战国之际诸侯纷争割据的局面下，起到了巩固国家统治的作用。

墨子在哲学史上还有一个大的贡献，就是首次提出了检验认识是否正确的标准问题，他称其为“言必立仪”的三表法。认为检验人们认识的正确性，判断失误的是非真假，首先必须有一个共同的标准，即“立仪”。而他的检验标准就是“三表”：“有本之者，有原之者，有用之者。于何本之？上本之于古者圣王之事。于何原之？下原察百姓耳目之实。于何用之？废以为刑政，观其中国家百姓人民之利。此所谓言有三表也。”

所谓“上本之于古者圣王之事”，是说从历史上考察某些言论是否符合古人的历史事实，即以历史记载中前人的间接经验作为衡量真伪的依据和标准。

所谓“下原察百姓耳目之实”，则是从现实中考察某些言论是否符合广大群众耳目感官所反映的客观实际，即以广大群众的直接经验为依据。

所谓“废以为刑政，观其中国家百姓人民之利”，是说将言论主张制定成为刑法政令并加以推广，考察它能否给国家人民带来利益，这是从社会政治的效果方面检验知识的真假和言论的好坏。

上述三个标准是统一的。首先，它强调了“事”“实”“利”对检验认识的决定作用；其次，它以间接经验、直接经验和实际效果为标准，排除了个人的主观成见，强调标准的客观性。虽然由于时代的局限，墨子的三表法在理论上存在着明显的缺陷，但他不仅第一次提出了对认识进行检验及其标准问题，而且在认识的来源和名实关系上坚持了唯物主义的认识路线，这是对唯物主义认识论的一个重大贡献。

杨朱

杨朱，史书上又称为阳子居、阳子、阳生、杨子、杨氏。其生卒年月不可确考。先秦时期重要思想家。

在中国古代典籍中，孟子、庄子、荀子、韩非子等都在各自的著述中明确提及过杨朱。杨朱及其弟子有过著述而后来亡佚，我们只能根据古代典籍中对于杨朱及其后学思想的记载来试图理解杨朱及其学派的思想。

杨朱思想中的核心和主要内容是“为我”“贵己”。《列子·杨朱篇》写道：“人者，爪牙不足以供守卫，肌肤不足以自捍御，趋走不足以从利逃害，无毛羽以御寒暑，必将资物以为养，任智而不恃力。故智之所贵，存我为贵；力之所贱，侵物为贱。然身非我有也，既生，不得不全之；物非我有也，既有，不得而去之。身固生之主，物亦养之主。虽全生身，不可有其身；虽不去物，不可有其物。有其物，有其身，是横私天下之身，横私天下之物。不横私天下之身，不横私天下之物者，其唯圣人乎！公天下之身，公天下之物，其唯至人矣！此之谓至至者也。”从这段文字中不难看出，杨朱之所以主张“为我”，是因为他认为人不能像动物一样有强健的肌肤以抵御自然风险，因此人首先应该保全自己的身体，只有这样才能有所作为，才能把自己属于天下的身体化为公有，把属于天下的物资化为公有，这才是至高的道德。可见，杨朱的“为我”思想并不是为了自己的一己之利，而是只有以“为我”为基础，才可能利天下，否则，如果没有一个一个的人，焉有天下？又何言利天下？可以说，杨朱已经看到了人是构成社会的主体。杨朱的“为我”是建立在“不侵物”基础上的，即“为我”不等于“利己”，更不等于“损人利己”。

先秦时代的思想家，在阐明自己思想的同时，基本上都带有政治目的，他们在各国奔走宣告自己思想时，也是在向各诸侯国推销自己。杨朱作为其中一员，同样如此，他所提倡的“为我”思想，也有着政治目的，他期望自己的思想能够被诸侯国接受，成为一种治国主张，来结束当时各国互相战乱、人民生灵涂炭的局面，从而达到利天下的目的。杨朱讲道：

“人人不损一毫，人人不利天下，天下治矣。”杨朱认为，人人都不拔一毛而利天下，也不贪天下大利而拔自己一毛，人人都各自为己而不侵犯别人，则天下治矣。杨朱的这种主张个人自由的政治论，自然是要反对干涉主义的。他认为个人是社会的一分子，社会之良善，完全由个人努力向上所致。社会所以常常不免纠纷，正是因为个人不能人人达到“为我”的境界。推及国家也是如此，如果每个国家都能“为我”，都具有独立的能力，即使有野心家也无法实施侵略他国的目的，这样天下就会太平。这个世界之所以有战争，就是因为有不能独立的国家，这就会产生威胁或者统治他国的国家，这就是杨朱在“为我”思想上发展起来的政治思想。

总之，杨朱政治理论的全部精神，无非是要养成人人“为我”，以此自发地形成自治社会，而不允许有任何的干涉；要形成自治的社会，只有首先人人“为我”；有了这个基础，才能人人“为天下”，只有人人可以自治了，则天下治矣。这与道家的“无为而治”的政治思想有些类似，因此，有很多的学者把杨朱学派列入道家学说。

宋钘、尹文

宋钘（约前370—前291），又名宋牼、宋荣。战国中期宋国人，著名思想家。

尹文（约前362—前280），战国中后期齐国人，著名思想家。

宋钘出身贵族，与尹文齐名，同游稷下，因二人主张黄老之道，被后世称为“宋尹学派”，在当时颇有影响。著称《宋子》，18篇，已佚，其思想资料主要散见于《孟子》《荀子》《韩非子》《汉书》等。

尹文著作现仅存《尹文子·大道》上、下两篇。尹文大约与惠施、庄子、宋钘同时，而略早于公孙龙。其生平事迹略见于钱基博之《尹文子传》。

稷下学宫创立于战国时期的齐国都城临淄西郊，是战国时期百家争鸣的学术活动中心，是进行学术研究或聚徒讲学的理想场所。从齐桓公在位时创设稷下学宫，一直到齐国被秦国灭亡，稷下学宫虽几经兴衰变故，但毕竟在齐国存在了150多年，从而形成了自身独特的特点。

稷下学宫的成员有“稷下先生”和“稷下学士”两个不同的称谓，对于稷下学宫成员的身份予以明确的区分。其中，如邹衍、田骈、孟轲、宋钘、尹文及荀况等人，既是当时著名的学者，同时这些人在政治上、生活上皆享有“皆赐列第，为上大夫”，“皆命曰‘列大夫’”的优厚待遇，被称为稷下先生。“稷下学士”是指“稷下先生”门下的游学之士。史料表明，稷下学宫的组织严格、等级森严，稷下先生和学士们地位不是平等的。虽然稷下先生在政治上、生活上享有优厚待遇，但是齐国从来不让他们干涉朝政，因而稷下先生不具有行政上的领导权力，只能对齐国及天下的政事评论短长，即“不治而议论”而已。他们在学术上相互辩论，因而又被称为“谈说之士”。

宋尹学派，就其思想本身而言，是稷下学宫中道家的一个支流，其学术内容并没有突出之处。但从中国古代思想史的发展看来，此派的地位颇为重要，如郭沫若所说，发现了这一学派，“就好像重新找到了一节脱了节的连环扣一样，道家本身的发展，以及它和儒、墨两派间的相互关系，才容易求得出他们的条贯”。因此，此学派在思想史上的承传价值实际高于其思想本身的价值。

如前所述，稷下先生颇类似于古代社会的议士，其中有各式各样的人物，也有各式各样的流派，他们“讲集议论”，显示了古代民主的生活。宋、尹二人就是在这样情况之下颇具影响力的人物。既然各派学士济济一堂，久而久之，自然会经过互相影响，冲淡其本身之学派性，而受到其他派的感染，甚至形成调和色彩的折中派。宋尹学派就是这一调和各家色彩的典型，其学说不尽为道家主张，还糅杂儒、墨的道理。

宋、尹主张“不累于俗，不饰于物”，类似于庄子一派的行径，但从处世态度上看来，又与道家避世、逃世的思想相异。《天下篇》中明指宋、尹为“救世之士”，一则曰“愿天下之安宁，以活民命”；再则曰“不忘天下，日夜不休”。此主张与道家不同，却正与墨者相近似。

宋尹学派虽与墨者有类似之处，但也有神离的观点。宋尹一派主张利天下，归本于内心存养。因此，《天下篇》在评述此派时，一则曰“以此白心”；再则曰“语心之容，命之曰心之行”。而这一点又恰与思孟学派相类似。

就其内心存养而言，宋、尹又不完全与思孟学派相同，思、孟讲求的内心存养，归本于“诚”的天人合一的道德情操，而宋、尹则归本于伦理化了的道家之自然天道观。这样，从其渊源上来看，宋、尹还是属于道家，因为他们的思想体系虽杂糅了各种学派因素，但其所持之道体观实为道家思想体系。可以说，宋尹一派主要论点是道家自然天道观的伦理化，其中一方面折中于墨家利天下的实际行动，另一方面又折中于儒家内心存养的道德情操。

子思

子思（前483—前402），姓孔名伋。鲁国（今山东曲阜）人。战国末期著名哲学家、思想家，儒家学派的代表人物之一。

子思，后世尊称为“子思子”，封为儒家“述圣”。子思是孔子之孙，幼时“亟闻夫子之诏”，孔子去世后，子思跟随孔门弟子曾参学习，得以深契儒学精髓。子思未及弱冠就已学识渊博。他曾在鲁国收徒授业，后又周游宋、齐、卫等诸侯国，坚持以儒家思想游说诸侯，但如其祖父一样，却屡屡遭受挫折。子思虽未受到当时统治者的重用，仍然坚守儒者之道，不为权贵所动摇，刚强弘毅，不改其志，成为当时颇有影响力的儒家学派代表人物。子思的思想集中体现在《中庸》中。

“诚”是子思哲学思想的核心范畴。“诚”在子思哲学思想中不仅是指世界的本体，同时也是最高的价值本原。本体之“诚”与价值之“诚”共同构成了子思“诚”思想的主体内容。本体之“诚”作为前提，赋予了天道性命贯通的可能，而价值之“诚”，作为天人一体的中介，则使天道与性命在道德本原上得以同一而又圆融无碍。本体之“诚”与价值之“诚”的设立，使“诚”既能上达于天道，又可涵摄人事。这样，以“诚”为本，子思的天道性命思想得以贯通。

首先，本体之“诚”赋予天道性命贯通的可能性。子思把“诚”看作本体，是万事万物存在的最终依据。以本体之“诚”为出发点，世间万物都在“诚”的基础之上周行不怠而生生不息。“诚”不仅是天道，同样也创生了包括人在内的世界。本体之“诚”的存在，使物与我之间具有了终极意义上的同一性，而这种同一性促使物我之间隔离二分的境况不复存在，成为主客之间得以统一的根本前提。本体之“诚”充塞天地，囊括万物于一体，在这一框架之下，主体之“我”与客体之“物”同根同源，俱是本体之“诚”所生化，同时又都以“诚”为存在的根本依据，按照“诚”的规律周流生化。物与我、人与天，在根本上是统一的，而非亲疏有别、内外相异。唯有如此，主体才能具备从自身出发，体认客体并最终达至天道的可能。

其次，价值之“诚”为天道性命的贯通提供了道德修养层面上的途径和功夫。子思以“诚”为枢纽，将天道与人道贯通起来。在子思看来，“诚”既是“天下之达道”又是“天下之达德”，更是二者和谐共生的统一性。“达道”与“达德”兼备的“诚”是“至诚”。“至诚”之道，乃是将上天所赋予人的本然之性发挥到极致，诚于中而行于外。唯有尽此天命之性，才能体识自身本有的道德本性，而体识到人本有的道德本性，才能够“尽物之性”，从己出发，寻求物与我于“诚”在本原上的同一，能够“尽物之性”，达至仁者视天地万物为一体，视万事万物如手足的境界，做到无内外之分，无亲疏之辨，就能襄助天地化育之功，与生生不息的天道同齐，达到最终的“天人合一”的境界。

正是在对价值之“诚”的内涵和意义的思考上，引发了子思五行思想的产生。子思指出，仁、义、礼、智、圣五行，包括形于内之“德之行”与不形于内之“行”。不形于内之“行”，是指主体契合道德标准的行为，而“德之行”则是指由主体自身德性引发并指导下的符合道德标准的行为。“德之行”与“行”共同组成了更广的意义上的五行之“行”。主体心中自有的德性是否彰显，乃是其是否能成德的关键。只有主体自身的德性彰显，主体才能由善而至德，由人道而达至天道。

在德福关系的问题上，子思从天人相分的视域下对传统的德福一致观进行了解构，重新建立起自己的天人相分德福观。子思引入天人相分思想来解释德福关系，其目的是以天人职分的不同而为德、福两者进行重新定位。这种新的理论前提不同于周以来的传统德福观，体现着子思解决问题的新的思想尝试。在子思看来，德行是仅仅关涉主体自身的范畴，是纯粹由主体自身所驱动的行为，德行的增减与否与能够得到的福报并不存在必然的关系。“天”仅仅是“时”“世”的决定者，而不再是具有人格神意味的道德主宰。这样，通过对天、人不同职分的定位，促使德福二者的关系具有新的内涵。

首先，从德福二者的归属上讲，传统的德福一致观认为，德福的主宰都是天。人之所以修德，最终目的仍然是为了配天。天才是德的主宰，人只能居于从属的地位。这种天尊人卑的局面与当时的人类文明初开、社会发展背景相符合。然而随着人类理性的发展，伴随着的是其对自身能力的认可，人不再甘于在天的支配下居于从属地位，力图获得对自身地位的显扬彰示。子思通过将天人二者的职责界限分离，从而使人在天的主宰之下获得了解放，从而取得对德性的支配地位，使德之主体真正由天转而为人。

其次，从德福关系上讲，主体德行的增减与其福报多少、穷达与否并无直接关系。作为有德行的贤才，在面对怀才不遇的穷困之境时，也就不必心有怨恨了。因为君子真正追求的是自身德行的修养，并非外在的显达。所谓“求仁而得仁，又何怨?”

慎独思想是子思哲学境界修养论的重要组成部分。慎独思想上承子思“五行”思想的道德学说，下接中庸与时中的功夫修养论，是子思人生哲学起转的枢纽。子思“慎独”思想是以内在之心为出发点，通贯五行，发明中和，最终回归“诚”最终所在。慎独思想于细微处见真章，于极高明处而道中庸，是子思哲学思想的精华所在。

“慎独”的“独”并非指个人独处，而是指主体独存的“内心”，即主体的意志和思想，慎独即是主体对独存“内心”的诚其意，是主体对内心之“诚”的存养，这种存养或是“自明诚”，或是“自诚明”。总之，都归属于“诚之者，人之道也”。子思的慎独思想，以“天命之谓性，率性之谓道，修道之谓教”的思想脉络，凸显出一种顺天而动，存心养性的道德修养路径。

“中庸”思想同样是子思的重要思想之一。子思“中庸”思想本质上仍然是对孔子“中”道思想的继续和发展。所谓“中庸”，也即“用中”，就是执行、施用“中”道思想的意思。“中庸”的核心仍然是对“中”道的恪守。

德位相称思想则是子思政治哲学的核心理念。所谓“德位相称”，是指主体德行与其所居之位，主要是指与社会地位的要求相契合，二者相称而不矛盾。德位相称思想贯穿子思政治哲学的始终，这种独特的政治理念在子思的君臣观、民本思想、政权更迭观等方面都体现得尤为明显。

子思在继承孔子思想的同时，更能顺应时势，变革创新，使儒家的思想在新的时代有了更大的发展，并取得了更深远的影响。与孔子相比，子思的哲学思想更加富于思辨，他以孔子所回避的“性与天道”问题为视角，直言“天命之谓性”，使自己的哲学体系具备了坚实的理论基础。子思哲学思想博大精深，从深微玄妙处入手，“极高明而道中庸”，对其后的孟子产生了重要影响，孟子继承并发展了子思的哲学思想，最终形成为历史上著名的“思孟学派”，对儒家思想的形成与发展，对整个中国文化的走向都产生了极其深远的影响。

孟子

孟子（约前372—前289），名轲，字子车，一说子舆。邹（今山东邹城）人。中国古代著名思想家。

孟子通晓五经，尤其擅长于《诗》《书》《春秋》，其学术师承于子思的弟子，故属于子思学派。孟子的思想与孔子、子思一脉相承，成为仅次于孔子的一代儒家宗师，有“亚圣”之称，与孔子并称为“孔孟”。以子思和孟子为代表，又形成了“思孟学派”。

孟子的远祖是鲁国贵族孟孙氏，后家道中落，从鲁国迁居邹国。孟子幼年丧父，母亲从事女织，家境贫寒。孟母对孟子管束甚严，“迁地教子”“三断机杼”等故事，已成为千古美谈，为后世母教典范。

孟子一生与孔子相似，经过青年时期的刻苦学习和钻研后开业授徒，也曾效仿孔子，带领门徒游历各国，以学于诸侯。公元前312年，孟子由宋归邹，之后，便一边从事教学，一边同他的弟子序《诗》《书》，著《孟子》一书，记述一生之行事，阐述其思想学说。

孟子是中国思想家中第一个系统论述人性善的哲人。他的性善论，不但是其伦理思想和“仁政”学说的逻辑起点和理论依据，而且也是其哲学思想的核心内容，对后世产生了很大影响。

孟子对于人性的阐释，是在与告子关于人性的辩论中展开的。针对告子所谓“食色性也”“性无善恶”的观点，孟子坚持仁义礼智根植于心。孟子认为，所谓的“食色之性”是人的自然属性，是人性，但是这种属性是天然生成的，不但人具有，别的动物也具有，因此，它不足以区分人与动物，不是人类所具有的特殊属性，不能反映人的本质属性。所以，“君子不谓性也”。在孟子看来，君子所谓之性，是指人的特性、人的本质。由此，孟子赋予人性以新义，性是指仁义等道德观念，这才是人类所具有的本质属性。他说：“君子所性，仁、义、礼、智根于心。”

孟子接下来言道：“由是观之，无恻隐之心，非人也；无羞恶之心，非人也；无辞让之心，非人也；无是非之心，非人也。”恻隐、羞恶、辞让、是非这“四心”，在孟子的“性善论”中占有极为重要的地位，因为这“四心”即仁、义、礼、智四种道德的开端。它是“性善论”立论的基点。孟子以有无道德作为区分“人”与“非人”的标准，他的性善论强化了孔子的宗法理论，说明了人之为人和人的价值所在。后来，这种视人伦为人的本性的思想被两宋理学吸收，完善为封建的伦理纲常思想。

孟子认为，仁义等道德萌芽是内在于人心的，所以他提出“学问之道无他，求其放心而已”。由此，孟子从他的天赋“善端”出发，提出了一套修养办法。他认为善端的扩张和发展必须依靠为善的三个基本原则。

其一是“寡欲”。寡欲是抵御外物侵袭的最佳方式，也是善端能够得以保持和发展的前提。他说“养心莫善于寡欲”，这就是说，要保存仁义之心而不丧失，就必须要克制、减损欲望。

其二是“反求诸己”，即主观反省，运用理性思维检查自己，获得道德自觉，注意保存天赋的那四种“心”。孟子认为，通过反省功夫，使自己的道德行为建立在“至诚”的基础上，就能达到“悦亲”“信友”“获上”以至“治下民”的理想境界。

其三是“集义”，即把道德中各种正义的思想和行为集聚起来，才能形成支撑为善发展的巨大的精神支柱。这就是他讲的“浩然之气”，就是求善的最终目的。

孟子的政治思想是对孔子“为政以德”思想的继承和发展。孟子对孔子的“礼治”和“德政”的理论加以发展和改造，提出了“仁政”学说。所谓仁政，就是以“不忍人之心”，行“不忍人之政”，亦即“王政”“王道”。孟子的“仁政”说，是针对当时地主阶级激进派推行的严刑峻法的政治措施提出来的。他对当时新兴地主阶级改革家商鞅主张积极开垦土地、鼓励私人占有土地、招揽劳动力等变革措施持反对态度，他认为那会造成互相争夺，出现“私肥于公”的情况。

经济方面，孟子主张“制民以产”，使民“有恒产而后有恒心”。“制民以产”是仁政实施的基础，让老百姓生活有基本保障，这是政治稳定的基石。其具体措施包括实行“井田制”“薄税敛”，即减轻人民负担等经济政策，以及“不违农时”“深耕易耨”等遵循生产规律的主张。

法律方面，孟子针对当时刑罚严苛的局面，提出“省刑罚”的主张。特别值得一提的是，孟子反对株连，提出“罪人不孥”，这一主张贯彻了儒家的仁爱思想，具有很大的进步意义。

孟子还继承老子、孔子以来的“重民”思想，提出“民为贵，社稷次之，君为轻”的命题，将民本主义思想发挥到了极致。“重民”的内容主要包括轻刑薄税、制民以产、听政于国人以及与民同乐等思想，孟子的上述思想，达到了先秦民本主义的最高峰。

后世的学者十分推崇孟子，汉朝的学者把《孟子》一书视为辅翼经书的“传”，并设立博士官进行研习；唐朝的韩愈提出道统说，把孟子看成儒家道统的嫡传；宋代以后，随着理学的兴起，学者们更多地谈论心性等问题，由此出现了孟子地位的“升级运动”：北宋神宗时封孟子为邹国公，与颜回、曾子、子思一起配享孔庙，南宋的朱熹则把《孟子》列入“四书”，孟子的地位空前提高；元朝，元文宗加封孟子为邹国亚圣公；明朝景泰年间孟子被尊为亚圣。这样，孟子成为继孔子之后被后儒尊崇的又一位“圣人”。

孙武、孙膑

孙武，字长卿，又被称为“孙子”或“孙武子”。确切生卒年月不可考，依据史书推论，大约生于公元前535年，卒于公元前480年左右。春秋后期齐国人。中国古代著名的军事家，被尊为兵家之祖。

孙膑，大约活动在公元前380年—前320年。齐国人。古代伟大军事家、兵家主要代表人物。

《史记》记载“孙武既死，其后百余岁有孙膑”。孙武著有《孙子兵法》一书，共13篇，流传至今。孙膑著有《孙膑兵法》，又名《齐孙子》。《孙膑兵法》与《孙子兵法》相比，在内容和形式上不及后者，但作为兵书同样为后世战争提供了战略战术上的依据和参考。仅从现存篇目可以看出，这部兵书提出了诸多深刻的见解，具有独特的理论价值。

周平王东迁后，周王室逐渐衰落。西周时期，各诸侯国竞相争霸，挟天子以令诸侯，在诸侯国内部，也时有卿大夫专政分权。在激烈的社会动荡中，分封制日渐瓦解，原有社会阶层开始出现分化，士阶层开始形成。处于士阶层的知识分子凭借自己的知识与技能，或为当权者出谋划策，或在各诸侯国之间奔走游说，活跃于当时社会的各个阶层。这些士人在争鸣中，逐渐形成不同的派别，兵家就是其中之一。据史料记载，兵家之具体所出，是来自古代王官或诸侯国的司马之职，其职责主要是负责军队组织、军事训练和战争行动。

孙武、孙膑兵法是在他们丰富的战争实践和对当时及前代军事历史总结的基础之上，结合自身的思想理论，最终形成以“兵法道论”为哲学基础的军事理论体系。孙武、孙膑强调“道”，认为“道”是决定国家生死存亡和军事胜败与否的首要因素。

《孙子兵法》有云：“兵者，国之大事，死生之地，存亡之道，不可不察也。故经之以五事，校之以计而索其情：一曰道，二曰天，三曰地，四曰将，五曰法。道者，令民与上同意也，故可以与之死，可以与之生，而不畏危。”这是说，军事是国家大事，是生死之攸关，存亡之所系。而决定战事的，一是道义，二是天时，三是地利，四是将领，五是法度。道义是指人民与国君同心同德，与国君一起生，一起死，而绝对不违背、背弃国君。这种对于道义的推崇，在孙武兵法中具有总纲性和统摄性。《孙膑兵法》涉及论道的地方也很多，《势备》篇讲道："夫陷齿载角，前爪后距，喜而合，怒而斗，天之道也，不可止也。"这句话是说，人像动物一样相互喜欢时就结合在一起，相安无事；不喜欢对方时就相互争斗，这是天之道。孙膑的这种认识带有对战争来源反思的意识，他认为战争的根源不是由于人类社会自身的原因，而是来自一种超人类的、外在的天，是人类所无法左右的。换句话说，战争是不可避免的、必然存在的，由此则必须总结其规律，掌握其原则，才能在生死角逐中获得生存的权利。

用兵是国家大事，关乎国家兴衰荣辱，关乎民众生死存亡，故而无论是以何种军事理论为背景的军事理论家，都必须关注军事行为或战争行动的结果，而衡量这一结果、军事行为价值的标准可以概括为一个字：利。孙武、孙膑兵法中也讲到了建立在兵道理论为本体基础上的兵法义利观。

在《孙子兵法》中，出现"义"的次数极少，但出现"利"的次数达到了50余次之多，基本上，每一章节都有相当多的内容涉及。通过对这些语句的分析，我们可以看到，孙武在使用"利"时，其含义多为利益或好处，与害相对。他之所以直接重视、强调利的重要性，与他强调战争的正义性、维护军队利益和重视战争效果三者密切相关。在孙子行文中，无论是战前准备、战时行动、军事环境还是军事策略等等，无不关注和围绕"利"来进行，用他的话来说，就是"合于利而动，不合于利而止"。《孙膑兵法》对战争价值的讨论较为充分和深入，在《见威王》一篇中，孙膑说："战胜，则所以在亡国而继绝世也。战不胜，则所以削地而危社稷也。"战争的胜败直接关乎国家生死存亡。从这一点出发，对战争之"利"的要求就十分重要。不过，孙膑并没有沉浸在极端功利主义的深渊中，他对"利"有着更全面而深入的理解，他说："乐兵者亡，而利胜者辱。兵非所乐也，而胜非所利也。"就是说，喜欢和过度用兵必然会导致灭亡，一味追求战争之利也必然自受其辱。兵不可不慎以对之，胜利也不能以获得利益来衡量。因为这一切还有更为重要的因素，那就是"义"的规定。孙膑还列举了商汤驱逐夏桀，武王伐纣，周公平乱等历史来说明战争的道义性和价值之“利”是统一的。

在先秦兵法中，涉及辩证思维的有很多，如虚与实、动与静、阴与阳、利与害、奇与正等等。在众多的讨论中，“奇正论”是其中最为突出的，其使用范围广，涉及面多，理论水平高，集中体现了兵家军事理论思维的发展成就。孙武、孙膑兵法就是其中公认的典型代表。

孙武认为，奇正之道的运用是克敌制胜的有效手段，因为“凡战者，以正合，以奇胜”。证明战场上的军事行动往往是针锋相对的，这样的胜利机会彼此都比较平均，都可以自保，而如果要取得最终的胜利，就必须使用奇兵予以出其不意的打击。而奇在战争中是千变万化的，将领的智慧之处就在于充分、及时地认识和利用奇正态势的变化，采取行动，取得最终的军事胜利。《孙膑兵法》中则写道：“形以应形，正也；无形而制形，奇也。奇正无穷，分也。分之以奇数，制之以五行，……分定则有形矣，形定则有名。”孙膑认为，只要是有阵形显露的军队，就没有不能识别和加以应对的；如果敌人有形，而我制造无形之行，便可以出人意料的方式出现。用兵的奇正变化，就如同天和地之间的变化一样永无终结、穷尽。

以孙武、孙膑为代表的兵家思想是先秦诸子显学的重要门类之一，一向受到国家重视和推崇，故而对思想、学术产生了重大影响，诸子学派的许多领袖都曾发表过对军事、战争的观点和主张。而《孙子兵法》《孙膑兵法》就其所蕴含的系统的哲学思想内容、价值取向和成熟的思维方法来说，已然超越了其军事著作本身，成为中华文化的重要组成部分。

惠施

惠施（约前 370—约前 310），战国时期宋国（今河南商丘）人。政治家、逻辑学家和哲学家。

惠施，曾在魏惠王时任宰相 16 年，是先秦时期四大学派中“名家”的代表人物，以学识渊博著称。在学术上主张凡事都有它的相对性，本来对立或者相对的东西，也是可以互相转化的；“同”与“异”并不是绝对的，所以其基本观点被称作“合同异”，是“名家”学派的一个分支。

惠施与庄子是非常要好的朋友，虽然庄子与惠施思想不同甚至几近对立，但仍然对其才华赞赏有加。庄子曾评价惠施“施存雄而无术”，在充分肯定惠施雄才大略的同时也批评了其种种做法不合道理。惠施去世后，庄子曾经发出“自夫子之死也，吾无以为质矣，吾无与言之矣”的感叹。

作为春秋时期在学术上和政治上都非常有建树的人，惠施的著作也是非常多的，但都已佚失，其学术观点散落在其他著作中，如《庄子》《荀子》《韩非子》《吕氏春秋》等先秦文献中。《庄子》中“历物十事”是惠施学术思想的一个集中体现。所谓“历物十事”就是惠施的十个命题，即：至大无外，谓之大一，至小无内，谓之小一；无厚不可积也，其大千里；天与地卑，山与泽平；日方中方睨，物方生方死；大同而与小同异，此之谓小同异，万物毕同毕异，此谓之大同异；南方无穷而有穷；今日适越而昔来；连环可解；我知天下之中央，燕之北，越之南也；泛爱万物，天地一体。

“合同异”是惠施思想的核心，惠施提出这一命题是为了说明对立的方面是可以统一并可以相互转化的，事物之间的差别都只是相对的，万物之间没有绝对的界限和区别，每个事物都正在变成其他事物。所以他说到“泛爱万物，天地一体”，天地万物是一个相互联系的统一整体，而事物之间的差别，如高低、正邪、生死、同异、今昔等都是相对的、可以忽略的，人们应该无差别地、广泛地去爱万物。这种根本观念，体现了惠施逻辑思想合“异”为“同”的特点。

合“异”为“同”的思想，在惠施的“历物十事”中得到了更加具体的阐述：“大同而与小同异，此谓之小同异，万物毕同毕异，此谓之大同异。”具体事物之间相比较，所存在的同和异只能说是“小同”“小异”，这种同异关系称作“小同异”；万物都有共性，就是“毕同”，万物都有个性，就是“毕异”，这种同异关系称作“大同异”。在惠施看来，万物之间总是有差别，是“毕异”的，但是从万物都是“物”这一点来看，万物又是“毕同”的。这表明，惠施认识到物质世界是多样性，同时也是统一的，他试图通过“合同异”的方法，通过“天地一体”的思维方式解决人民思维中的矛盾。

惠施还为中国古代形式逻辑科学的发展作出了积极贡献，其学说中的逻辑命题就是“譬喻”。他所谓的“譬”，实质上就是形式逻辑中的类比推理。在中国古代，惠施第一次明确地提出并且说明了人们能够运用“譬”这种类推的方法从已知推出未知，从而认识事物，确立了譬式推理在中国古代形式逻辑中的地位。

虽然惠施同先秦诸子中的孔子、孟子、老子、庄子等人物相比，无论在学术上还是后世的名气上都无法比拟，却对我国古代逻辑学的发展作出了重要贡献，而他的思维、逻辑推理能力也被后世学者所赞扬。

公孙龙

公孙龙（约前 320—约前 250），战国时期赵国人。先秦名家代表人物。

公孙龙能言善辩，曾为平原君门客。他因提出“离坚白”“白马非马”等命题，成为先秦名家“离坚白”学派的代表人物。其主要著作为《公孙龙子》，西汉时共有 14 篇，唐代时分为 3 卷，北宋时遗失了 8 篇，现存《公孙龙子》一书共 6 篇，其中《迹府》显为后人辑录公孙龙生平事迹的材料，非公孙龙本人所作；其余《名实论》《指物论》《坚白论》《白马论》《通变论》5 篇，当属公孙龙本人作品无疑，它们共同构成了公孙龙的逻辑学思想体系。

《名实论》篇是公孙龙逻辑思想的理论基础。在《名实论》中，公孙龙提出了关于“正名实”的逻辑规则学说。正是在“正名实”的逻辑基础上，公孙龙提出所谓的“离形而言名”思想，成为其逻辑哲学的最大特色。

在《名实论》开篇中，公孙龙便提出了“正名实”的三条基本原则，即“物其所物而不过”“实其所实而不旷”“位其所位”。公孙龙列出了“物”“实”“位”“正”“名”等几个逻辑术语，并进行了阐述，为其逻辑思想的展开做了准备工作。

“物”，公孙龙说：“天地与其所产焉，物也。”物就是天、地以及天与地所产生的一切事物的总称，是天地间形形色色万物的总称。

“实”就是“物以物其所物而不过”。实就是实有，就是指实在存在的东西。

“位”就是“实以实其所实而不旷”。就是指那个实在的物确实成为那个实在的物，即符合那个实在的物的界限范围。公孙龙认为，每一个实在的物都有自己一定的界限、范围，这样的界限、范围即是“位”。

“正”，就是“出其所位非位，位其所位焉，正也”。就是指“位”经过校正，事物已被位于它所应在之位。“位其所位”是说概念充足地具备其内涵；由于概念的内涵和外延成反比，内涵“不旷”者，外延必“不过”；所以如果概念“位其所位”，那么概念的内涵和外延也就一致，这样的概念就是正确的概念，也就是正了。

在确定了“正名实”的逻辑规则后，公孙龙阐述了“正名实”的基本方法，即“以其所正，正其所不正，以其所不正，疑其所正”。

这里是说要用“位其所位”的正名去分析、校正“出其所位”的不正之名，这是从正面来进行“正名实”的方法。“以其所不正，疑其所正”是从反面来阐述的，是说用那个尚未被正位的东西或用不正确的概念的失误之处来怀疑已被正位的东西，反过来检查名的情况时，这样就可明白正确所在。

接下来，“其正者，正其所实也。正其所实者，正其名也”。“正其所实”，就是指正其所要正之实，就是概念正确，正确地反映了实在的事物。这句话要表达的意思是，要把实正好，就要把它的名正好，这一方法的运用，就是“以实核名”。“正其所实者，正其名也”，要正确反映事物的“实”，必须依靠正确的“名”，这一方法的运用，也就是“循名责实”的运用。

公孙龙认为判断是否做到“名实正”的标准只有一个，那就是“唯乎其彼此”。他说：“其名正，则唯乎其彼此。”“名正”也就是彼的名与彼的实相应，此的名与此的实相应，做到名实相符。

在分析了“正名实”的原则、方法、标准后，公孙龙提出了“正名实”的宗旨，那就是“审其名实，慎其所谓”，就是要详尽地考察名实关系，慎重而准确地给事物命名，这也是《名实论》篇乃至全书的宗旨。

公孙龙是中国古代有名的“离形而言名”的逻辑学家，他在前人的基础上进行了深入的研究，基于前人的思想成就，并且发前人之未发。在他的《公孙龙子》一书中，深入浅出地阐述了他的逻辑正名思想，是中国逻辑思想发展史上的重要一环，对中国古代逻辑学的发展起着承前启后的枢纽作用，也为后人研究中国古代的逻辑思想提供了大量翔实的素材。

荀况

荀况（约前313—前238），字卿，又称孙卿子。赵国（今山西南部）人。中国古代著名思想家。

他师承孔子弟子仲弓一系儒家，曾先后游学于齐、秦、赵、楚等诸侯国。由于博学善辩，至齐国稷下学宫讲学论辩，被誉为“有秀才”“最为老师”。后到楚国，受到春申君赏识，两次被任命为兰陵令。不久，春申君被杀，荀况被免官，退而居兰陵，讲学著述。今传《荀子》32篇，除《大略》等6篇外，基本上是荀况的作品。

荀况对儒学的否定发展，最主要的一点是提出了以法治充实礼治的“隆礼重法”的思想主张。孔、孟在政治上主张维护和恢复奴隶制的礼治，即奴隶制的宗法等级秩序，因而“仁”和“礼”便理所当然地成了他们政治思想的主要内容。荀况则站在新兴封建地主阶级的立场，对“礼”范畴的内涵做了根本的改造。在他看来，“礼”不仅是一个政治范畴，同时也是一个道德范畴。

作为政治范畴，他说：“贵贱有等，长幼有差，贫富轻重皆有称者也。”在这里，“礼”首先被认为是调适社会关系中贵贱、长幼、贫富等不同等级的人之间地位秩序的一种原则；人之伦类不同，以“礼”为标准划分。其次，“礼”还是治理国家的最高准则，是使国家富强、政权巩固的根本手段，是树立权威于天下的可行途径。所以“为政不以礼，政不行矣”。显然，荀况对“礼”的内涵要比孔、孟的规定丰富得多。尤其是对“礼”的功能和起源，荀况作了较为详细的分析。他指出，“礼”是圣王为了满足和调节人们对物质生活资料的欲求，防止争乱，使物和欲相互制约而长久保持协调的一种度量分界。“礼”之于人道，如绳墨之于曲直，衡之于轻重，规矩之于方圆，是衡量一切的最高标准，须臾不可违背。

荀况对“礼”的改造，还在于以“法”释“礼”，融“法”于“礼”，沟通礼治与法治的关系。荀况认为，所谓“法”乃是维护封建等级秩序的法则，它与“礼”是同一系列的范畴。他说“礼者，法之大分，类之纲纪也”。这就是说，“礼”与“法”是不可分的，都是治理社会的基本原则，二者之间是纲与目的关系，“礼”以节上，“法”以制下，二者相互补充就可维护社会安定。

荀况在人性论上的观点与孟子相反，主张“性恶论”。他批评孟子的“性善论”是“不及知人之性，而不察乎人之性、伪之分者也”。何谓性？荀况的回答是：“生之所以然者谓之性”，“不事而自然谓之性”，它是“天之就也”，性是天生就有的没有经过人为改造的素质。荀况认为，人的这种自然本性有一种好利恶害、好逸恶劳的要求，如果“顺是”，即放纵这种要求，就会产生“争夺”“残贼”“淫乱”，以至于“犯分乱理而归于暴”。所以人性是“恶”的，正是基于这种逻辑，荀况提出了“化性起伪”的德育论。

他说：“性也者，吾所不能为也，然而可化也。”“性者，本始材朴也；伪者，文理隆盛也。无性则伪之无所加，无伪则性不能自美，性伪合，然后成圣人之名，一天下之功于是就也。”“故圣人化性而起伪，伪起而生礼义，礼义生而制法度。”

所谓“化性起伪”，就是“圣人”运用仁义道德等纲常伦理施行德育，将人的恶性转化为善。正是因为人性恶，所以需要运用政治手段强制进行道德教化，使人弃恶从善，从而使社会由乱而归于治。荀况主张德育要进行强制性灌输的思想，也反映了先秦时期政教合一的时代特征。

荀况的思想，对汉初儒学，尤其是之后儒家经学的传播，颇有影响。其后学曾有“今之学者，得孙卿之遗言余教，足以为天下法式仪表”的评价，足见荀学对当时社会的影响之大。正是他，不仅把先秦儒家的道德思想，乃至把先秦诸子的道德思想发展到了一个新的高度，而且为两千余年封建社会的德育思想作出了重要的理论贡献。

韩非

韩非（约前280—前233），战国后期韩国人。中国古代法家代表人物之一。

韩非祖上为韩国贵族，到他本人时已下降为士。韩非是先秦时期百家争鸣高潮中涌现出来的思想家之一，他继承了前期法家的思想成果，创立了“法”“术”“势”兼用的君主专制理论，也明显地受到了荀子和老庄思想的影响。直到韩非子时，法家才建立起完整的理论体系。

韩非与李斯同为荀卿的学生，韩非的思想观念却与荀卿有很大的差异。他没有承袭儒家的思想，却“喜刑名法术之学”。他认为，要富国强兵必须先有富国强兵的学术，而富国强兵的学术，莫过于“刑名法术之学”。韩非所处的时代正值战国末期，秦国日益强大，秦统一中国的势头已经不可阻挡。目睹韩国的衰弱，韩非不忍心看着故国走向灭亡，急切地探索救弱致强之道。于是，韩非子作《说难》《孤愤》《五蠹》等十余万言，力陈自己的政治主张。

当韩非的这些作品传到了秦国，秦王嬴政读后大加赞赏，可谓推崇备至，仰慕至极。韩非借机上书劝说秦始皇先伐赵缓伐韩，却惹得始皇疑心，下令将韩非入狱审讯，韩非最终自杀而亡。韩非死在秦国，他的思想也留在了秦国，在很大程度上被付诸实践。

韩非口吃，不善言辞，但善于著述。他的文章来势逼人，堪称当时的大手笔。著作有《韩非子》55 篇，主要集中论述的是他的法、术、势相结合的政治思想。

韩非的法治思想。韩非的法治思想极其丰富，集先秦法家之大成，可谓先秦法治思想的大总结。韩非所说的“法”，是一种“编著之图藉”的法律条令，是一种“设之于官府”的统治工具，是一种“布之于百姓”的行为规范，它的基本内容不过是赏罚而已。韩非认为，法律对于治理国家来说，是十分重要的。首先，法律是全体臣民的行为规范，在法的约束下，全体人民才能有统一的行动。其次，法律是制止社会动乱的有力工具，只有实行法治，才会避免人与人之间的争夺。《韩非子·守道》说："法分明，则贤不得夺不肖，强不得侵弱，众不得暴寡。"再次，法律是惩治犯罪行为的唯一准绳。韩非认为，以法律为准绳惩治犯罪，即使是受到法律制裁的人也是心服口服，所谓"以罪受诛，人不怨上"。表面上，法是君臣万民共同遵守的行为准则；实际上，它是君主治国的工具，这就是韩非之法的真正实质。

与前期法家一样，为了推行"法治"，要求"以法为本"，并从立法、司法、守法以及刑罚的运用等方面明确地提出了"法治"的要求，主要包括：一、法一而固。即法律是全体臣民的行为准则，法律必须统一，全国只能有一个法律，同时法律要有相对的稳定性。二、以其所重禁其所轻。人人都有趋利避害的心理，任何人都不会冒生命危险而牟取薄利，因此，应该利用这种心理，通过严刑峻法，制止人民犯罪，达到使人们奉公守法的目的。三、法不阿贵。在法律面前，全体臣民是平等的，法律是高于一切的，任何人都不得枉法。韩非提出了"法不阿贵"的原则，而这一原则的根本目的是保证官吏公正地执法。此外，韩非还提出，要做到"以法为本"，还必须禁止一切与法令不合的思想言论，实行思想的统一和文化的专制，不仅使法成为人们行为的标准，而且成为人们思想的规范。

韩非主张以法治国，坚决反对儒家的德治与尚贤主张，认为治国应该"尚法不尚贤"，如果把治国的希望寄托在贤人身上，难免要发生社会动乱。而且，离开法律，即使是贤人也无法治国。韩非的这一主张，实际上为君主政治的消极因素开辟了道路。

韩非的术治思想。韩非的"术"基本上接受了申不害的"术"的观点，基本含义概括起来大致有两点。第一是任免、考核臣下的方法；第二是君主用来对付臣下的各种不可告人的阴谋权术。术与法的区别就在于，法是用来统治全体人民的工具，而术的对象则是群臣、百官，是君主驾驭群臣、考察群臣的手段，因而法律的特征是公开，而术则要藏于胸中，为君主所独有。

韩非认为，君主用术的关键在于不可捉摸，具体说来有以下几点：第一，君主无见其所欲。君主应该把自己装扮得高深莫测，使任何人都不知道自己的底细。君主不能轻易流露自己的好恶，以免臣下钻君主的空子。

第二，虚静无事。受道家思想的影响，韩非认为，君主要无为。无为的主要内容就是对任何事情都不表态，凡事藏而不露。首先让臣下尽力去做，让臣下发表意见，然后自己伺机捕捉臣下的过失，要做到自己能够观人，而人不能观己。第三，设法隔断人臣与民众、大臣与大臣之间的联系。这样，人臣不能结党营私，在民众之中难以养成声望，臣下只能唯君主之命是从。第四，循名责实，参验群臣。参验意味着君主用术察奸，就是故意说错话、说反话，以察验臣下是否忠诚。

韩非的势治思想。韩非继承了商鞅重法和慎到重势思想，提出君主应“抱法处势”的观点，并对势的概念、内容、重要性作了充分发挥。

势，也就是权势，是君主所掌握的生杀予夺的权力，是君主运用法和术的前提。韩非认为，势，是君主之所以能够君临臣民的根本条件，有势无势，是君与臣的根本差别所在。势分为自然之势和人为之势。所谓自然之势，是在客观的既成条件下掌权和对权力的运用；人为之势是在可能条件下能动地运用权力。对君主来说，自然之势不是主要的，因为这是既成事实。真正的势应是人为之势。

势的内容就是德和刑，君主只有操控德、刑二柄，才能制服臣下，否则，一旦臣下掌握了赏罚的权力，君主则将为臣下所制。而君主要想以“势”来治理国家，就必须做到“擅势”与“独制”。即君主必须将权势掌握在自己手中。在法与势的结合上，韩非重视“抱法处势”。他认为，“势治”是“法治”的前提和依靠，“势治”也离不开“法治”。

韩非以犀利的目光、冷静理智的态度，对现实社会、人生世相进行了洞烛幽微的审视和入木三分的剖析。在他看来，人生乃是一个互相争夺、抢斗、厮杀的竞技场；人世间的一切关系不过是一种相互算计、相互利用的关系。在中国历史上，韩非第一次对人在残酷的人生搏斗中如何置对手于死地进行了绘声绘色的描述，第一次对严刑峻法、阴谋权术进行了赤裸裸的、毫不掩饰的赞美。对韩非的理论，历史上褒贬不一，秦王嬴政感叹曰：“嗟乎！寡人得见此人与之游，死不恨矣”，司马迁则认为韩非丧失了起码的人情味，“惨礉少恩”“专决于名而失人情”，这大概正是韩非理论的特色。

申不害

申不害（约前385—前337），郑国京（今河南荥阳市东南）人。春秋时期法家的重要代表人物。

申不害与商鞅一起为后世并称为“申、商”。申不害的著作流传至今的很少，据司马迁说，申不害著书两篇，名为《申子》，现残存的仅有《群书治要》卷36所列《大体》及一些佚文。在申不害的思想中，“术”是其核心概念。

申不害主术，他认为，君主用术驾驭臣下，大致分为以下两种：

首先，正名责实之术。申不害认为，君主应该明确群臣各自的职分，只有这样，群臣才能勤勤恳恳地为君主做事。君主要善于抓大事，抓住了大事，就能控制细节，控制住臣下。同时，君主不应该把精力放在论人忠奸上，重要的是应该抓住一般的规定，并按规定进行检查、考察和评论得失。正名责实的目的是控制臣下的行为，使臣下恪守自己的职分，而臣下的职分又是由君主确定的，因此，正名责实实际上也就是要求臣下不得违背君主的意志，不得有任何主观能动性，即使这种主观能动性符合君主的利益，也要禁绝。原因就在于这种能动性破坏了君主的绝对权威，它与不执行君令在本质上并无差别。

要求一切官员必须按君主的命令行事，因此君主的命令规定就显得格外神圣，失之毫厘，谬以千里。申不害认为，君主“一言正而天下定，一言倚而天下靡”，所以君主发号施令要慎之又慎。但其中也透露申不害所主张的君主专制达到了绝对的程度，只有这样，才能出现一言治天下，一言乱天下的局面。

其次，静因无为之术。无为，本是道家学派的思想主张，申不害借用了道家学派的这一概念，并且赋予了新含义，成为君主愚弄臣下的一种手段。申不害说：“上明见，人备之，其不明见，人惑之。”也就是说，如果君主乐于发表自己的意见，那么，无论他的意见对与不对，都为臣下提供了可乘之机。所以，申不害认为，为了使臣下无机可乘，君主应该装得高深莫测，对任何事情都不置可否。总之，聪明的君主应该在任何时候都不露声色，统观全局，洞悉一切。申不害也提到了君主的“无为”，其君主“无为”不是为调动臣下的积极性，而是为了防止臣下揣测君主的意图而投其所好。所以，他提出国君要“去视、去听、去智”，这样国君就可以不被臣下所蒙蔽和左右，就可以“独视、独听、独断”为天下主了。

申不害特别注重术，是因为他认识到威胁君主地位的主要危险来自左右大臣。臣下是最有可能擀掇君主权力的人，君主首先应该防范臣下，这些人比敌国更加具有危险性。术是官场尔虞我诈、你争我斗的理论表现，随着战国官僚制的推广而得到迅速的发展。术是以利害为基点思考问题的，在理论上与仁义道德相排斥。其表现形式有二：一为君驾驭臣之术，二是臣欺君之术。

申不害的术治理论，是站在君主的立场上提出、为君主专制政治服务的政治理论，申不害的目的是维护专制君主的绝对权威，一切以君主的意志为转移。术的要领，实际上无非是提倡专制君主用权术愚弄臣下，这是中国古代社会君主专制政治体制下统治集团内部勾心斗角的政治现象的真实写照。申不害关于帝王统治术的认识对于先秦法家学派政治思想体系的形成，有着极为重要的理论意义。

鬼谷子

鬼谷子，前代著作多说鬼谷是他隐居处的地名，因此以鬼谷为号，后人称之为鬼谷子。鬼谷子的真实姓名，《史记》中没有明言，近代葛洪的《神仙传》说鬼谷子姓王名诩，这是关于鬼谷子姓名的最早记载。中国古代纵横家。

鬼谷子是春秋战国时期诸子百家中的一家，古代称纵横家。《史记》中记载苏秦、张仪曾同侍鬼谷先生。《鬼谷子》一书是先秦纵横家理论的开创学说，也是纵横家留下的唯一一部理论著作，同时也是我国历史上第一部在充分探索人的心理特征和心理活动规律的基础上，论述劝谏、建议、协商、谈判和一般交际技巧的书。

先秦时代的纵横家多出身于一般士人。他们凭借自己的丰富智慧和辩说能力走上政治舞台，参与国家事务的决策和管理。他们的出现大大地冲击了此前一千多年卿大夫职务的世袭制度，对以后的征辟与察举制乃至科举制的形成都产生了一定的影响。纵横家作为学派而言，实质上属于今天所讲的“技术型”人才，他们或主张纵（合众弱以攻一强），或是主张横（事一强以攻众弱）。他们自己并无一定的政治主张，他们的共同点实际是在“游说方法”的研究上面。他们也不是为了宣传什么哲学思想或者达到什么社会理想而游说君主，他们的个人目的很明确，就是希望参与国家的管理，争取在国家事务中发挥自己的能力。

先秦时期，宇宙生成模式成为诸子百家讨论的一个热点。《鬼谷子》也对宇宙生成提出了自己的看法：“道者，天地之始，一其纪也。物之所造，天之所生，包宏无形，化气，先天地而生，莫见其形，莫知其名，谓之神灵。故道者，神明之源，一其化端，是以得养五气。心能得一，乃有其术。”这是说，道是天地的本原，道生成宇宙的第一步，是天地万物的开始。接下来，道生成一，一化气，气生天地，天地生万物，其中心是“一”。《鬼谷子》重视“一”的思想对稷下精气说的产生也起了促进作用，《管子》认为，天上的星辰、地上的五谷都是由“精气”产生的，作为物质的“精气”，结合起来就能产生万物。气流动于宇宙中即谓鬼神；人把气怀藏于胸中，即成为圣人。总之，从物质现象到精神现象都是“气”构成的，一切事物都是气变化的结果。

作为纵横家的鬼谷子，深谙中国哲学中最古老的阴阳之道。《鬼谷子》中写道：“阳动而行，阴止而藏。阳动而出，阴隐而入。阳还终阴，阴极反阳。以阳动者，德相生也。以阴静者，形相成也。以阳求阴，包以德也。以阴结阳，施以力也。阴阳相求，由捭阖也。此天地阴阳之道，而说人之法也。为万事之先，是谓圆方之门户。”是说，阳动而行进，阴静而闭藏；阳动而显现，阴隐而进入。阳极生阴，阴极反阳。以阳拨动之，其本质规律得以呈现，以阴安定之，其自身形态得以完成。以开阳追求隐秘，须以德性影响；以阴隐辅佐开阳，须以外力施加。阴阳相辅相成，由此而产生捭阖之道，这是天地阴阳之道，是游说人主之原则，是先于万物之关键所在。鬼谷子对阴阳动态性质、阴阳转化关系，以及用阴阳之法认识事物运动规律进行了深刻的阐述，他指出捭阖之道是由天地阴阳之道演生出来的。

所谓捭阖，即大开大合，大启大闭，此乃纵横家理论的基本概念。所谓“夫一闭一阖易之神也；一翕一张，老氏之幾也。鬼谷子之术，往往有得于阖闭、翕张之外，神而明之”。可见，鬼谷子直接汲取了《周易》《老子》两经思想之精髓，他强调从阴阳两方面观察事物，运用主观之幾微去影响事物之进程。《鬼谷子》云：“即欲捭之贵周，即欲阖之贵密。周密之贵微，而与道相追。”可见，使用捭阖之法，离不开暗中谋划，此谋划要周密，故行事先要微暗，要不露声色，这样方能与阴阳之道暗合无隙。

《鬼谷子》在一定程度上打破了统治者对“权术”的使用特权，有力地帮助士人走上政治舞台，甚至进入重要决策层，这不仅加速了氏族血缘统治结构和贵族世袭政治的瓦解，而且大大促进了民主政治萌芽的生长，在我国历史上占有重要的地位，也产生了深远的影响。高似孙称《鬼谷子》作者为“一代雄才”，亦不为过。

吕不韦

吕不韦（约前 284—前 235），战国末卫国濮阳（今河南濮阳西南）人。中国古代著名思想家。

早年在赵国的首都邯郸发现了秦国质子异人，吕不韦以商人特有的敏感，认为这是一宗“奇货可居”的交易，帮助秦异人重返秦国并立为嗣子。秦异人继位成为庄襄王后，请吕不韦当了丞相，封为文信侯。吕不韦也帮助庄襄王在短短三年中覆灭了东周，铲除了周王朝的最后一个根系；连年攻城略地，领土扩大了两个郡，可谓政绩斐然。公元前 247 年，庄襄王逝世，13 岁的嬴政继位，尊吕不韦为相国，号称仲父。吕不韦在当政后很仰慕四公子养士之风，于是“亦招致士，厚遇之，至食客三千人”，遂组织其宾客，各著其所闻，“集论以为十二纪、八览、六论。二十余万言，以备天地万物古今之事”，这就是流传至今的《吕氏春秋》。

秦自商鞅变法后，一直以法家思想为政治指导思想。法家的法治及耕战政策虽然对巩固封建新兴政权和秦国的富强起了积极作用，但其对内残暴寡恩的严刑峻法、对外大屠杀的反面作用已经开始暴露，遭到秦国及山东六国人民的激烈反抗，吕不韦编著《吕氏春秋》就是要以一个新的思想体系来代替法家思想。由于《吕氏春秋》融汇了儒、墨、道、法、兵、农、名、阴阳五行等各家学说，故被称为“杂家”。所谓“杂家”，并不是各家学说的“拼凑”，而是在吕不韦思想意图指导下吸收各家之长而建立一个新的思想体系。

《吕氏春秋》几乎包含了先秦全部学术思想派别，“兼儒墨，合名法”，旁及各家。全书140篇文章中，儒家约占40篇，道家约20篇，墨家约12篇，法家约16篇，纵横家约14篇，兵家约16篇，阴阳家约16篇，各家均占有一定比重，其中以儒家篇目最多。书中的十二纪是以阴阳家的《月令》为骨架组成的61篇论文，《春纪》下收道家讲养生的论文，《夏纪》下收儒家讲教育、音乐的论文，《秋纪》下收兵家讲战争的论文，《冬纪》下收墨家讲节丧、儒家讲孝亲的论文。

在统一天下的问题上，《吕氏春秋》与法家是一致的。他说：“今周室既灭，而天子已绝，乱莫大于无天子，无天子则强者胜弱，众者暴寡，以兵相残，不得休息。”这就是说国家不能没有天子，没有天子，必然天下大乱，有了天子才能统一天下。“故一则治，异则危”，统一，国家就能得到治理、人民就能得到安宁。《吕氏春秋》主张统一，却反对君主专制，这是与法家的最重要的区别。其中讲道：“天下非一人之天下也，天下人之天下也……万民之主，不阿一人。”取消了天子的神圣地位，君主专制的理论根据也就不存在了。那么统治天下凭借什么？这是因为顺应民心、体察民心。所谓“先王先顺民心，故功名成。夫以德得民心立大功名者，上世多有之矣，失民心而立功名者，未之曾有也”。“故凡举事，必先审民心，然后可举。”君主办事必须顺民心、审民意，这就是杂家推崇的“民本”思想。

吕不韦在位时，多把注意力放在对秦的政策作调整方面，是在以杂家的思想代替法家思想作为政治指导工作，经过调整，秦的经济实力充实，国家局势趋于稳定，秦始皇正是继承了这一大好形势，才较为顺利地实现了统一。只可惜秦始皇在铲除吕不韦势力后，连杂家的思想也予以排除，恢复了残暴的法家君主专制，这就埋下了秦朝速亡的祸根。

管仲

管仲（？—前645），名夷吾，字仲，或字敬仲。颍上（颍水之滨）人，姬姓之后。春秋前期著名政治家和社会改革家，中国先秦思想史上著名的“王霸学”思想家。

管仲执掌齐政40年，辅佐齐桓公“九合诸侯，一匡天下”，给当世创下齐国的霸业，给后世留下深邃的思想和丰厚的精神财富。管仲没有专门的思想著作，他的思想通过稷下学宫各派学者前后相续的研究、阐发、弘扬而传世。现存《管子》中许多东西是后来者伪托，但其基本思想确是管仲的。

管仲王霸学思想的哲学基础源于他的朴素的水本体论思想。这一思想在《管子·水地》中有所体现：“地者，万物之本原，诸生之根菀也，美恶、贤不肖、愚俊之所产也。水者，地之血气，如筋脉之通流者也。故曰：水，具材也。何以知其然也？曰：夫水淖弱以清，而好洒人之恶，仁也。视之黑而白，精也。量之不可使概，至满而止，正也。唯无不流，至平而止，义也。人皆赴高，己独赴下，卑也。卑也者，道之室，王者之器也，而水以为都居。准也者，五量之宗也。素也者，五色之质也。淡也者，五味之中也。是以水者，万物之准也，诸生之淡也，违非得失之质也。是以无不满，无不居也。集于天地而藏于万物，产于金石，集于诸生，故曰水神。”

人间美恶聪愚俊丑，都在大地中产生，大地是万物生长的根基。而大地却产生于水。水是大地的血脉与气蕴，它的流动畅达，产生大地，生育万物，它是万物的本原，一切生命的起始和最后的归宿。水的聚于不满与盈于充足构成了它“唯无不流”的生命本质：水流生万物，水流化万物，水流而使万物归于水。因而，万物皆流，无物不变，乃水使之然。

管仲从“水”本体论中的平等思想演绎出了他的王霸学政治理想的内

在精神和政治改革指导思想：水是万物的本原，这是相对自然世界的生成而言；相对人类社会来讲，“民”不就是国家的本原吗？管仲在其政治理论和实践中一再强调富国强兵，称霸天下，必须以民为本，必须要首先富民，再要顺民心、足民欲，并全力推行“民之所欲，因而予之，俗之所否，因而去之”的政治方针。作为人者之王的国君，要称霸天下，其自生自强的根本品质，就是卑下，这种卑下的具体表现就是“宝民”“尊民”“贵民”“畜民”“富民”“强民”。

管仲认为，“民贫则乱，乱而难治，治则更乱”，反之，民富则易治。所以，国家混乱的根源在于民贫：因为贫穷，必然轻生而犯禁作乱无所畏惧。所以，治国的本质在于富民，所谓仓廪实而知礼节，个个丰衣足食，必然重视荣辱，社会由此可成为道德秩序稳定的社会。民贫而生乱的根本原因在于：人是欲望无穷的生命个体，治与乱，最终由欲望所驱使。欲望得不到满足必然会产生犯上作乱的行为。可见，管仲的民本思想是建立在自然人性主义思想基础上的。

在政治治理原则上，管仲是第一个提出“法”概念的人。管仲认为，国家的产生必须具备两个条件：一是建立君臣上下分明的等级制度，但这一制度必以民为主体，以君为民师；二是必须确立君主的权威和民的主体地位。民的主体地位确立的具体体现是使民安、民正。其中，民安的前提是社会要有秩序；民正的前提是国家要有治。君主存在的理由就是治，治的落实就是行赏罚之责，即兴利除害，使智不诈愚，强不凌弱，众不暴寡，邪不压正，盗贼不兴，强不虐弱，使民安其居，乐其业。所以，赏罚是国家建立的根本，亦是君主地位稳固的根本，也是民安居乐业的根本，而法就是这种利国利君利民的赏罚制度。

管仲察历史之兴衰脉向，审时度势之所需，为野心勃勃的齐桓公提供了“欲以存亡继存天子之位”的蓝图和“广文、武之业”的道、术。管仲的王霸学思想，就是对业已分裂了王道之“道”和王道之“术”的时代性重新弘扬和统一。正是这种统一，开辟了后来诸子的思想争鸣，奠定了后世霸术与儒礼的融合。

邹衍

邹衍（约前305—前240），亦作“驺衍”。战国中晚期齐国一位有多方面成就的学者。

邹衍长期居于稷下学宫，善于吸收和利用当时诸子百家的思想资料，不但在天文学、历史学和地理学等方面创立了一系列独具特点的理论、学说，而且对浓厚神秘色彩的阴阳方术之学有着相当的造诣和发展。阴阳五行学说产生于战国中期，至秦汉臻于成熟，在中国哲学史和思想史上都有着非常重要的地位。邹衍对阴阳与五行思想的运用与改造，在这一链条上处于非常关键的地位，他的思想，对后世的《吕氏春秋》《淮南子》和《春秋繁露》等书都产生了很大的影响。

邹衍的阴阳五行学说都已辑入《吕氏春秋》和《淮南子》当中，主要包括以下几方面内容：

阴阳消息、五德终始说。邹衍认为，阴阳产生于天地形成之后，并主宰着天地的运行。邹衍将宇宙天地的发展分为两大阶段：第一个阶段是“天地未生”，该时期的宇宙“窈冥不可考”；第二个阶段是“天地剖判以来”，该时期的宇宙万物和人类历史，可据阴阳消息、五行相生相克等来实现其演化。为了实现“五德转移，治各有宜，而符应若兹”，就必须要在时间上向上推。于是他“上至黄帝”，这种上推是为他的“五德终始”服务的，从五行相胜的观点出发，从而说明王者的代兴是五行运转的结果。邹衍的“五德终始说”的顺序是木胜土，土胜水，水胜火，火胜金，金胜木；朝代的更替与之依次对应，虞土，夏木，殷金，周火。其后，《淮南子》和《春秋繁露》也继承了这种思想。

五行观念在最初的发展过程中，主要经历了三个走向，即自然主义倾向、抽象化倾向、政治化和伦理化倾向。而邹衍的五德终始说便是五行观念的政治化和伦理化的产物。邹衍的思想被秦始皇接受下来，并且在汉代儒生手里得到发挥，他们把社会礼教相关的五数配列，无论是已经存在的还是新创造的，一并集合在五行的旗帜之下。例如五事、五纪、五福、五用、五德、五火等等。从此，五行便脱去了自然主义的外衣，成为中国古代最庞大的思想体系之一。同时也为数术学的形成奠定了坚实的基础。

大九州说。先秦时候人们对宇宙的浩瀚并没有认识到，而邹衍将这种认识向前推进了一步。他认为宇宙是没有尽头的，可以无限制地向外推，以至于无垠，在此基础上提出了大九州说。他“以为儒者所谓中国者，于天下乃八十一分居其一分耳。中国名曰赤县神州。赤县神州内自有九州，禹之序九州是也，不得为州数。中国外如赤县神州者九，乃所谓九州也。于是有裨海环之，人民禽兽莫能相通者，如一区中者，乃为一州。如此者九，乃有大瀛海环其外，天地之际焉”。

邹衍的大九州说被记录在《淮南子》中。大九州说打破了儒、墨二家认为天下只有一个中国的封闭概念，大大开阔了人们的视野，将人们对自然和地理环境的认识提升到了一个新的阶段。

邹衍的五行说是将思孟唯心主义的五行说进行了继承性放大，进一步发展了他们天人合一的天命论，从而建立了阴阳五行说的唯心主义神学体系。邹衍将五行宇宙观与儒家道德观念杂糅，其目的是以宇宙和道德的权威规范限制政治权利。邹衍的学说主要流行于燕、齐两国，在当时产生了极大的反响，得到了相当高的礼遇，是以邹子重于齐。到了秦始皇统一中国后，邹衍的后学继续不断宣传和传播他的学说。于是始皇推终始五德之传，以为周得火德，秦代周德，从所不胜。方今水德之始，改年始，朝贺皆自十月朔，衣服旄旌节旗皆上黑。这样，五德终始的学说第一次得到了实现。

曹参

曹参（？—前190），字敬伯，泗水沛地（今属江苏）人。中国古代著名政治思想家。

汉高祖刘邦平定天下后，面临的一个最大的任务就是为新生的政权选择合适的政治统治思想。鉴于秦朝因为推行“惨礉少恩”的法家政策而很快灭亡，法家独裁政治被新生的汉王朝理所当然地排除在外，把目光转向了相对温和的儒、道思想。最终，道家的无为思想成为了汉初官方的主导思想，这其中与刘邦集团兴起的地域文化特征有莫大的关系。

众所周知，刘邦发迹于沛地，就其地理位置而言，沛地的西南部曾经出现过老子、庄子、列子等一系列道家思想家，老子曾在沛地居住进而把道家思想传入当地；沛地东北部的齐国又出现了道家势力一度兴盛的稷下学派，二者自东北向西南恰好连成一个狭长的文化圈，而沛地正好处于这个道家文化圈的中心。不仅刘邦本人，包括其集团内的核心人物萧何、曹参、周勃以及吕后时任丞相的王陵、审食其均是沛人，张良、陈平又都生活于道家的故乡，这就使刘邦集团对道家文化有一种天然的亲切感，从而具备了接受道家思想的基础。在汉初的政治舞台上，曹参是首先奉行黄老思想的政治家。

曹参早期跟随刘邦在沛县起兵反秦，身经百战，屡建奇功。刘邦称帝后，论功行赏，曹参功居第二，赐爵平阳侯，出任齐相，萧何死后继任汉相。曹参治理国家的要领就是推行“清静无为”的黄老之术，“参代何为汉相国，举事无所变更，一遵萧何约束”，这就是成语“萧规曹随”的由来。

《汉书》记载：“萧、曹为相，填以无为，从民之欲，而不扰乱。”曾身为齐相的曹参，早在齐国实行的就是无为政策：“天下初定，悼惠王富于春秋，参尽召长老、诸生，问所以安集百姓，如齐故诸儒以百数，言人人殊，参未知所定。闻胶西有盖公，善治黄老言，使人厚币请之，既见盖公，盖公为言治道贵清净而民自定，推此类具言之，参于是避正堂，舍盖公焉。其治要用黄老术，故相齐九年，齐国安集，大称贤相。”

曹参治理齐国之初，对治国方略是有所选择的，对于众多儒生所提出的五花八门的建议，曹参也不知所措，而听了道家人物盖公的清静治国言论后，他最终作出了选择。在他离开齐国，准备入汉廷为相时，仍然告诫接替自己的官员，不要对那些所谓的“奸人”太过严苛，以免引起动乱，这种包容的态度与道家提倡的“容乃公，公乃王”的思想是一致的。在继任汉相期间，曹参继续推行清静无为的治国政策，以致惠帝曾质疑他不治丞相事，而曹参回答说汉高祖刘邦和萧何制定了各项法令制度，只需因循就可天下安定。此后，惠帝接受了曹参的建议，自高祖至惠帝时期，汉廷一直延续清静治国的政策，呈现出天下安定，百姓太平的局面。曹参的无为之治具体表现为三个方面。

第一，实行轻徭薄赋的政策，使经济复苏：“上于是约法省禁，轻田租，什五而税一……民产子，复勿事二岁。”“什五而税一”是指低税收，“勿事”是指百姓产子就可以免除徭役两年。这些措施使百姓生活很快得到了改善。

第二，法律疏阔，刑罚罕用。“汉兴之初，虽有约法三章，网漏吞舟之鱼，然其大辟，尚有夷三族之令……至高后元年，乃除三族罪、祅言令。”高祖时的约法三章，已经是非常宽松，是“网漏吞舟之鱼”了，而吕后时法令更加疏阔，甚至是废除了高祖时的“三族罪”和“祅言令”。刑罚罕用，不仅说明了汉初实行的是“从民之欲”的清静无为政策，另一方面也反映了当时社会秩序的稳定，不需要大用刑罚。

第三，不主动用兵，保持良好的对外关系。这一时期的对外关系主要是对匈奴和南越。对匈奴采取和亲政策，不主动用兵，惠帝、高后时继续沿用和亲政策。在天下初定、百姓困苦的汉初，这是一种理智的选择，也是对道家“守柔”思想的实际运用。对南越，汉高祖采取安抚的政策。这些做法致使汉与周边国家没有发生大规模的战事，良好的对外关系也保证了国内百姓生活的安定。

总之，道家思想借助刘邦集团，外化为具体的治国措施作用于汉初政治，这不仅使道家思想成为了汉初的主导思想，也使得汉朝廷政权得到了稳固。在这一过程中，曹参功不可没，正如司马迁对他的评价：“曹相国参攻城野战之功所以能多若此者，以与淮阴侯俱。及信已灭，而列侯成功，唯独参擅其名。参为汉相国，清静极言合道。然百姓离秦之酷后，参与休息无为，故天下俱称其美矣。”

陈平

陈平（？—前178），阳武户牖（今河南原阳东南）人。汉初杰出思想家、政治家、谋略家。

陈平在亡秦灭楚、建立汉朝的过程中扮演了一个重要的谋士角色。汉高祖刘邦去世后，他韬光养晦，力撑危局，联合亲刘势力，诛灭吕氏外戚，维护了汉初的统一局面。

孝文帝时，陈平出任宰相。在陈平看来，宰相作为皇帝手下统率文武百官的最高行政长官，无须事必躬亲，直接管理钱谷收入、司法决狱等具体事务，而应当负责监督考察文武大臣、镇抚四夷诸侯、亲附百姓等重大事务。这种明确职责、分级管理、各司其职的管理思想，是陈平少时“好读书，治黄老之术”的结果。

黄老之学在西汉初年得以兴盛，首先与人们要求社会安定的心理是有关系的。秦始皇对人们施行残暴的统治、严酷刑罚，让人民最终忍无可忍，爆发了以陈胜、吴广为首的秦末农民大起义，随之而来的是楚汉之争，这种局面持续了七八年之久。到公元前 202 年刘邦重新安定天下时，整个中国大地已是满目疮痍，人民生活困苦。在这种情况下，要求社会安定、生活美好安宁的愿望，便成为当时社会的普遍向往和呼声。社会思潮开始转向求安思治，黄老之术得到了发展的契机。

同时，频繁的战争使得生产搁置，经济受到严重的破坏，人口损失严重。恢复和发展经济，安定人民生活成为当务之急。这也是陈平选择黄老之学与民休息政策的原因所在。黄老思想主张清静无为，与民休息，可以消除秦朝残酷刑罚而导致的弊端；同时，黄老思想主张因循自然，可以使统治者传承旧制，来应对满目疮痍的汉初局面；黄老之学兼容并包，既能满足当时社会的客观需要，也是统治者最好的选择。

陈平生当秦末乱世，顺应历史潮流，择明主而事，以超凡的智谋佐刘邦灭项羽，建立汉朝；审时度势、韬光养晦、主谋铲除吕氏外戚，维护了刘汉王朝的统一，避免了战乱，为文帝时期出现仓廪充实、天下大治的局面奠定了坚实的基础。

主父偃

主父偃（？—前 126），西汉齐国临淄（今山东淄博东北）人。西汉著名纵横家。

主父偃早年学“长短纵横术”辩士之说，晚年学“《易》《春秋》百家之言”，思想与学术比较驳杂。在故乡齐国，主父偃曾广泛结交各个学派、各个领域、各个阶层的人物，不仅未能得到赏识，还受到当地儒生的排挤，没有施展才华的空间。因为家中贫寒，为了生活和发展，主父偃遂“北游燕、赵、中山”等诸侯国，结果同样是“莫能厚，客甚困”。这段惨痛的经历使他认识到，在诸侯王国很难找到自己施展抱负的机会，只有京师或许有出人头地的机会。

公元前134年，主父偃来到长安，投靠到大将军卫青门下，在卫青的举荐下，受到了汉武帝重视。此后，主父偃得以一岁四迁，由郎中、谒者、中郎直到中大夫，成为汉武帝身边的重要谋臣。

开国之初，刘邦为了西汉政权的巩固，大封宗族子弟为王，结果形成了数量庞大的同姓诸侯王，这埋下了后来中央集权与诸侯王之间矛盾的伏笔。为了顺利地解决中央与诸侯王之间的矛盾，许多思想家积极想方设法，出谋划策。主父偃根据诸侯占地太多太大的敏感问题，借鉴贾谊、晁错削藩的措施，并加以发展，提出了赫赫有名的“推恩令”。

主父偃的建议得到实施后，已经变小的诸侯王封国中又凭空增加不少小的侯国，表面上是皇帝推恩，实际上进一步分割了诸侯的土地和权力。至此，诸侯王再也无力威胁中央，长期困扰汉朝皇帝的诸侯王问题基本得以解决。“推恩令”用和平的手段实现了尊崇皇权、裁抑诸侯国的目的，这一建议的提出者主父偃成为强化西汉王朝中央集权化的有功之臣。

在早期的纵横游说和后来的政治事件中，纵横策士主父偃总结出一套行之有效的社会政治理论，其中蕴含着丰富的柔弱为强哲学观。

纵横策士大都出身于平民，他们在从事社会政治活动时，相对自己的对象——其游说的君王或权相来说是弱小的，这种力量对比的悬殊必然促使他们在实践中摸索一种以弱胜强的方法，总结出一套以弱胜强的方法论作为指导。

在主父偃看来，事物是阴阳相济的，阴阳可以相互转化。由此理论去分析，在强大的阳性事物中就包含着转变为柔弱的阴性事物的可能性，在柔弱的阴性事物中也隐括着发展成强大的阳性事物的可变因素。任何事物内部，都存在着相辅相成、相互化生、对立的阴阳要素。因而任何事物，从它产生之初，其内部就同时诞生了向对立面转化的因子。

促使事物内部柔弱因子生长，以变动实践阴阳，其关键环节是把握事物内部阴阳因素的对比消长，促使阴性因素由柔弱变坚强，由寡少变众多，使其在事物因素比例中逐渐占据主导地位甚至统治地位，来促使事物发生质变，成为利于自己的阳性事物。

而在事物阴阳转化中，要特别注意掌握阴阳转化的关键。纵横家们把这一关键时刻的事物形态称为“幾微之动”。要用敏锐的眼光发现这种“幾微之动”，并倾注全力去培养之中“幾微之势”，扶持这种“幾微之动”，使它迅速成长、壮大起来，与旧有事物因素抗衡、争斗。纵横策士们善于把握这种“幾微之势”，就会引导社会事务向有利于自己的方面发展，就会以弱胜强，而自己也由弱变强。

作为纵横家的主父偃则在社会政治活动中仅仅贯彻了这一柔弱变强理论，主张以柔克刚以制君，导人以制敌，以静驭动以游说。

晁错

晁错（前200—前154），颍川（今河南禹州）人。著名的政治思想家和杰出的改革家。

晁错生活在西汉文、景时期，绰号“智囊”。晁错的《举贤良对策》是西汉著名的政论文。晁错在汉初的才名仅次于贾谊，二人的共同点是儒法兼用，区别是，贾谊的儒家成分多一些，而晁错的法家成分多一些。

首先，晁错的思想以法家为主。他明确提出人有好利避害的本性，这跟法家的人性本恶主张如出一辙。基于人有趋利避害的本性，而且这种本性只可因势利导，不可改变，法家主张君主的治国策略应该是用利益驱动，用刑法制衡，刑法和赏赐是治理臣下的“二柄”。晁错在向文帝进言时也希望文帝治国时“劝以重赏，危以重罚”。这完全不同于儒家的德治和黄老的清静无为的思想。

其次，晁错强调君主治理管理要用术。晁错曾专门上《言皇太子宜知数术疏》给文帝，提出："人主所以尊显功名扬于万世之后者，以知数术也。"而前代君主之所以被大臣劫杀，就是不懂用数术防身和御下。而法家讲道："术者，因能而授官，循名而责实，操生杀之柄，课群臣之能者也，此人主之所执也。"可见，晁错讲的数术与法家的术是相通的，就是君主驾驭臣下的手段和策略。

法家政治的实质就是集权专制，弱枝强干，高扬君权。君王作为最高统治者，应高高在上，独树权威，决不能让任何人的权势危害君王威势。晁错坚决削藩正是法家思想的体现。法家认为商贾的巧取豪夺往往是农业的大敌，故历代法家往往都千方百计重农抑商。晁错提出的贵粟政策就是以务民农桑为目的。法家的最高目标是霸天下，因此必须强兵。晁错对边疆问题的重视和对匈奴的主战态度也与法家一致。总而言之，晁错的思想打着深深的法家思想的烙印。

然而，晁错与先秦法家又有很大的区别，他的思想不可避免地有儒家的痕迹。如他对秦王朝滥用刑法的批评，以及对"宽大为仁""尊赐孝悌""本于人情"的赞扬，都表明了他的思想中也吸收了儒家的观点。离开"法"、离开中央集权，要成就大一统的千秋王业，简直无从谈起，汉初统治者当然不可能放弃它。但是，仅凭这一点，中央集权难以为继，因为以严刑酷法治民，往往适得其反。儒家思想则以仁义道德为标榜，具有柔化社会矛盾，统一民心，安定社会秩序的功能。因此，礼法结合，王霸杂用，成为汉初的潮流之一，晁错兼采儒法的特点其实也是汉初思想交融的时代特点的体现。

汉初统治者大力倡导"黄老之术"，主要以老子"无为"思想为其理论基础，讲求为政要"凡事简易""宽厚清净"，这种治国的指导思想对汉初的恢复与重建一度起过积极作用，但其消极的一面在文、景之际也明显起来。这主要表现在朝野上下养成了安于守成、不求进取的保守习性。作为一个有远见的政治家，晁错在思想深处认识到，大汉王朝要想攘外安内，走向鼎盛，就不能再在"无为"的旗号下因循守成、不求进取，而应该适时地调整国家的方针政策，变"无为"而"有为"，削藩就是他改革思想的具体体现。晁错是汉初向"无为"思想挑战的先驱，是具有承前启后意义的改革家。

后人对晁错的评价颇为矛盾，毁誉不一。以司马迁为代表，他肯定了晁错“不顾其身，为国家树长画”的历史功绩，赞扬了晁错公而忘私、为国忘家的献身精神。但也对晁错贪功，擅权，好利，大幅度地更改政令，无事生非等行为深表不满，指责“错为人峭直刻深”。晁错被景帝任命为御史大夫后，为加强中央集权，毅然进行了以“削藩”为中心的改革，虽然出师未捷身先死，但他的改革思想对推动历史发展有积极作用，在当时的历史条件下是继往开来的，为汉武帝时期的文治武功奠定了基础，也为后世树立了光辉的典范。

刘安

刘安（前179—前122），西汉皇族出身，汉高祖刘邦之孙。中国古代著名思想家。

刘安承袭父爵为“淮南王”42年。据史书记载，他博学多才，“为人好读书鼓琴，不喜弋猎狗马驰骋”，能善待天下英才，“招致宾客方术之士数千人，作《内书》21篇，《外书》甚众，又有《中篇》8卷，言神仙黄白之术，亦20余万言”。可惜现仅存21篇，尽收录于《淮南子》，此书虽是刘安召集门客集体编著，但刘安本人思想无疑在其中得到了集中反映。

《淮南子》的“道”思想，在它整个庞杂的思想体系中占有极为重要的地位，其中的宇宙观、历史观、政治观和人生哲学等等，都是归本于“道”的。

《淮南子》继承了老庄有关“道”的思想，但又作了很大的改造。老庄用“道”取代殷、周以来的作为主宰的天，将“道”看作宇宙万物的创造者和主宰者。《淮南子》的“道”，与老庄的“道”有着本质上的区别，“道”不再是宇宙万物的创造者和主宰者，也不是混沌之气（“一”），而是被赋予了自然法则意义的“道”。《淮南子》认为，宇宙万物都是以物质性的混沌之气为始基，自己自然而然地发展、变化而成的。所谓“夫无形者，物之大祖也……所谓无形者，一之谓也。所谓一者，无匹合于天下者也”。《淮南子》批判了老庄“无中生有”的观点，认为只有物才能生物。

《淮南子》中的宇宙观包含三个层次的论述：第一，宇宙万物是循其本性，自然而然地发生、发展和变化的，不是主宰的天或道有意识、有目的的产物，也不受其主宰和支配。这种观点，不仅反对了老庄的“道生万物”说，同时也反对了董仲舒的神学目的论。第二，宇宙万物发展变化的动力不是由于外力“天”或“道”的作用结果，而是由于事物自身的内部矛盾。混沌分化为阴阳而起后，由于“阴阳和合”“刚柔相济”，方才有“万物乃形，烦气为虫，精气为人”形成“万殊”“各异”的具体事物。第三，认为“道”在物质世界之内，而不是在物质世界之上或之外。《淮南子》认为，“道始于一”，这是说，有了物质，才有物质世界发展变化的规律。从而将“道”论转向朴素唯物主义。

在《淮南子》中，“天人”之辨也是体现其思想的重要方面。这里的“天”，主要是自然的天，就是指处于原始状态的，没有为人类的智慧所把握，没有打下人类行为烙印的自然界。他说“所谓天者，纯粹朴素，质直皓白，未始有与杂糅者也”。

如何解决天与人的矛盾？董仲舒主张“上类天”，用“天人感应”去实现“天人合一”，并抬高君权的功能，来求得社会的协调、统一和稳定。《淮南子》则主张用“无为”，来达到矛盾的统一。所谓“无为”就是从客观实际出发，按照客观规律办事，而不要凭一己之见去恣意妄为。这样的“无为”，实际上已经变成了尊重客观事物规律的同义语，成了《淮南子》朴素唯物的自然主义哲学一个重要组成部分。

《淮南子》中的法律思想集中体现在“周于事、利于民”价值取向上。“周于事、利于民”首先要求反映民意、体现公平。所谓“法者，天下之度量、人主之准绳”，但法不是从天上掉下来的，“法生于义，义生于众适，众适合于人心，此政之要也”。法乃起于众人共同的利益，共同的要求，这与以往传统的法律观过分强调统治阶级利益的学说相比，具有明显的进步性。法律无常，因时而变。《淮南子》从朴素辩证的观点出发，大力倡导礼义法度应因时而变。刘安指出，律令的编纂应以“周于事、利于民”为指导，变与不变，各因其宜。他十分反对那些拘守教条的政治主张，在“与化推移”的辩证基础上提出了积极有为的变法论。

“周于事、利于民”同时体现在量法以限君权。按传统的“刑不上大夫，礼不下庶人”的等级观点，律令是用来限制和教化臣民的工具，《淮南子》则提出，法令的作用不仅在治民，同时也在于“禁君”，使其不能滥用权力，擅自决断。

《淮南子》还提出了赏罚分明、尊卑平等的主张。既然制定了法令，就应当以法令作为判断是非功过、罪与非罪的标准，只有这样才能达到“赏一人而天下誉之，罚一人而天下畏之”的理想效果。

在治国方面，刘安主张无为而治、与民生息的“无为而无不为”的治国方略，并对此给予了继承和发展。刘安建议君主在社会治理方式方法上应当效法天道：“事犹自然，莫出于己。”强调天下的兴衰治乱，不可以借人力强加干预，只能实行顺乎自然的无为。同时，刘安对于君主如何实施这一治国方略也作了“人主之术，处无为之事，而行不言之教”的规定，并就“节欲”“省事”“贵正”等方面对国君的行为作出了具体规范。

淮南王刘安为汉代学术巨子，是一位从多方面对中国传统文化作出卓越贡献的历史人物，其主持修撰的《淮南子》成就卓著，对后世研究秦汉时期思想文化起到了不可替代的作用。

叔孙通

叔孙通，生卒年月不详。薛县（今山东滕州南）人。秦末汉初有名的大儒。

叔孙通，秦时因文章博学而被征召。史家司马迁曾为他写过一篇1500字的《叔孙通列传》，尊他为“汉家儒宗”。据太史公所载，叔孙通主要活动在秦二世到汉惠帝的20年间。

在秦朝之前，尽管儒学已成为声势显赫的学派，其代表人物孔子、孟子、荀子等周游列国、游说诸侯，到处宣扬他们“修身齐家治国平天下”的理论，但因其学说“博而寡要，劳而少功”，所以很少得到统治者的垂青，不仅如此，在秦始皇时期，甚至出现了“焚书坑儒”的惨剧。

汉初以前，儒家思想很少得到统治者垂青的原因，一方面与当时战乱不断、讲究功利性的社会政治形势相关，但另一方面也与儒家自身一味偏执于“仁、义”的封闭性是分不开的。鉴于时代的发展、形势的需要、现实的教训，使得儒学内部也在分化，到了汉初，儒学已有齐儒学和鲁儒学之分。齐学的代表作《公羊传》《齐诗》《齐论》都是在西汉初年完成的，它们标志着齐学的形成；鲁学以《穀梁传》《鲁诗》《鲁论》为经典作。鲁是儒学的发祥地，儒学在鲁地的传播较少变异，因此，鲁学更贴近儒学传统；而齐学是儒学传入齐地后产生的一种地域性文化，这导致了齐学同鲁学有着截然不同的风格。齐学崇尚权变，义利同重；鲁学则相对保守，恪守儒家传统，重义轻利。叔孙通可说是齐学的先驱，正是他坚持“变通”的原则，走上了提升儒学，具体说来是提升齐学政治地位的舞台。

叔孙通是在楚汉战争激烈进行的公元前205年带着100多名弟子投奔刘邦。此后的三年中，他谨小慎微地侍奉刘邦，刘邦不喜欢儒生，看不惯儒装，他便脱去儒服，改着刘邦家乡的装束——楚装；刘邦与项羽争霸，需要大量武士，他便不顾儒生弟子们的反对，向刘邦推荐能够“斩将搴旗”的“群盗壮士”。等到刘邦做皇帝以后，被这一群无赖布衣将相搅得心烦意乱的时候，时机终于成熟。叔孙通适时进言：“夫儒者难于进取，可与守成。臣愿征鲁诸生，与臣弟子共起朝仪。”儒学难于进取，只能在和平的局势下“守成”。他制定的朝拜仪式、规范大臣言行的一系列建议对刘邦来说无异于雪中送炭，这使得大汉帝国的首位统治者第一次认识到儒学的实用价值，刘邦立即批准了叔孙通与其弟子制定的礼乐制度。

叔孙通在后来的行动中，时时维护儒家提倡的礼仪标准，巩固儒学在汉初的地位。在他潜移默化的影响下，刘邦也开始转变了对儒生和儒学的态度，对孔子及儒学的崇敬之情不断增益。在他离世前的5个月，刘邦以62岁高龄，拖着久病的躯体前去孔子的故乡，“以太牢祠孔子”，这是史载以来的最高统治者首次公开祭拜孔子，这也给了人们统治政权亲近儒学的暗示。

纵看叔孙通一生，他并没有像儒学先辈那样提出明确的儒学主张，对儒学理论也并无创造性发展，但在儒学与政治的结合上，更确切地说是在儒学与统治者的结合上，叔孙通作出了创造性的贡献。及至汉武帝时，经济更加繁荣，政局更加稳定，儒家思想终于从与其他各家思想的争锋中脱颖而出，经过董仲舒的发挥，在学术上取得了“独尊”地位，并从此成为历代封建王朝的统治之学。而对于儒学本身，叔孙通最大的贡献就是将齐学的“变通”思想引入儒学。而这一思想也体现在经过董仲舒改造后的儒学中。

董仲舒继承叔孙通的“变通”思想体现在：他既继承了儒家思想又参合了燕齐之间阴阳家的思想；他发展了孟子的天命学说，提出“天人合一”之说；他既劝汉武帝实行儒家主张的“仁政”，又提出其所谓全新的“更化”观点。更化其实就是变法，就是变化，这种更化思想与叔孙通的“变通”观念是一致的。无论是“变通”还是“更化”都使一向封闭的儒学学会变化，学会适应。

司马迁对叔孙通赞扬有加，称他是“大直若诎，道固委蛇”。通过叔孙通的努力，使得当时的国家当权者认识到了儒学的实际功用，从思想上加深了对儒学的认识，心理上也向儒学迈进了一步，也为儒学在汉武帝时取得独尊的地位作了铺垫。

贾谊

贾谊（前200—前168），西汉初期洛阳（今属河南）人。中国古代著名政治思想家。

暴秦的灭亡给汉初的统治者及有识之士以警醒，他们试图从中找出经验教训以保证汉的长治久安，贾谊秉承儒家的礼治、民本思想，以匡时济俗、高瞻远瞩的姿态提出了自己的政见。

贾谊首先提出了“尊君之势”。他说“秦灭四维不张，故君臣乖而相攘，上下乱僭而无差，父子六亲殃戮而失其宜”。君主的地位得不到应有的崇奉，统治者与被统治者关系失序，伦理亲疏不别，社会秩序混乱。贾谊认为应该建立新的制度，形成有序的统治，当务之急就是树立君主的威严。“人之情不异，面目状貌同类，贵贱之别，非天根著于形容也，所持以别贵贱，明尊卑者：等级、势力、衣服、号令也。”人的贵贱尊卑之别不是天生的而是人为所设。所以人主要养己之尊，就必须建立等级秩序。

"人主之尊，辟无异堂陛。陛九级者，堂高大几六尺矣。若堂无陛级者，堂高殆不过尺矣。天子如堂，群臣如陛，众庶如地，此其辟也。故堂之上，廉远地则堂高，近地则堂卑。高者难攀，卑者易陵，理势然也。"贾谊把君主与臣下的关系比作殿堂与台阶，殿堂之所以高高在上，那是因为下面有一级高过一级的台阶，这样就必然造成"高者难攀，卑者易陵"之势，从而使君主之威严岿然不动。设立等级制度，再用法令制度的形式，严格规定各等级人的行为规则，使"人循其度"，然后才能"使人定其心"，从而形成良好的统治秩序。

儒家论君臣关系，一方面强调君君臣臣，等级有序，一方面也要求"君使臣以礼"。贾谊上疏文帝，君主要礼遇臣下，这不仅影响君主自身的尊严，而且关系到君主自身的利益安危。君主赖以维系统治的基础是"群下"，君主的心头大患是臣下"但无耻""但苟安"，而臣下的礼义廉耻有赖君主的作为，"人主遇其大臣如遇犬马，彼将犬马自为也；如遇官徒，彼将官徒自为也"。

贾谊还继承了孔子、荀子的思想，明确地把确定礼的等级制度作为建立礼制社会的基本准则。他对现实社会的上下僭越、侈靡相竞、礼制混乱的局面忧心忡忡，提出"四维不张，国乃灭亡"，四维即礼、义、廉、耻。在他看来，张四维是维系正常社会秩序的关键，其目的是要通过法律的形式来发挥国家的职能，规范封建统治秩序，而这些都是以礼作为其中心内容。

贾谊还继承了先秦的民本思想，提出"国之兴亡在民"。他说："闻之于政也，民无不为本也，国以为本，君以为本，吏以为本，故国以民为安危，君以民为威侮，吏以民为贵贱。此之谓民无不为本也。"国家的安危与兴亡，君主的荣辱与强弱，官吏的贤能或不肖，都应视民之"本"而定。作为统治者应深谙此道，"凡居于上位者，简士苦民者，是谓愚；敬士忧民者，是谓智"。只有"爱民""敬民"，国家才会繁荣兴旺，否则就会走向反面。

而君主对国家的治理，是通过"吏"起作用的，"吏"是联系"上下"的桥梁，是君与民关系的纽带，君主高居朝廷，远离百姓，要治理好百姓，就必须依赖好的官吏。而选择官吏的标准则是"爱民"。选吏的过程应让民参与，只有得到人民大众称誉的官吏，君主才能任用他。

对于如何建立大一统中央集权政治，贾谊也提出了自己的见解，其中包括众建诸侯而少其力。在他看来“割地定制”十分必要，这样才能确保“下无背叛之心，上无诛伐之志”，只可惜汉文帝并未采纳其建议，到汉武帝时才实行“推恩令”，贾谊这一政治主张才得以具体实施。

贾谊主张由国家来控制经济命脉，以维护封建统一的经济基础。随着富商大贾的势力得到充足的发展，他们与权贵大臣相勾结，严重威胁中央王朝的统治根基。贾谊认为必须建立一套严格的等级制度，限制富商大贾的活动，由政府掌管币材——铜及矿冶事业，从而掌握通货，平衡物价，调剂有无，控制市场，掌握国家经济命脉，切断富商大贾扰乱经济秩序的源头，为维护统一的中央集权提供物质基础。

对待外交关系上，贾谊提出了“以德怀远，臣服匈奴”的主张。他以传统的儒家观点视匈奴与汉朝的关系为臣与君的关系，以臣犯君，理不能容。但贾谊考虑当时的情况，不主张兴兵讨伐，也反对屈辱的和亲，而是主张“帝者战德”的策略思想。他为文帝“建三表，设五饵”。所谓三表：一是示匈奴以信，二是爱匈奴之状，三是好匈奴之技；所谓五饵：一是以锦绣华饰坏其目，二是以美味珍馐坏其口，三是以音乐舞蹈坏其耳，四是以财富厚赏坏其腹，五是以厚待胡人贵族子弟以坏其心。这其实是从物质上来诱惑、腐蚀匈奴，从而达到“牵其耳、牵其目、牵其口、牵其腹……又引其心，安得不来”的目的。

在经济方面，贾谊同样提出了自己的见解。贾谊继承儒家足食爱民思想，提出“重本轻末”思想。积极呼吁统治者采取措施，发展农业，认为国家应该采取强制措施，保证农业生产所需劳动力，直接干预，影响农业生产，确保其良性发展。他说：“今有玮术于此：夺民而民益富也，不衣民而民益暖，苦民而民益乐，使民愚而民愈不罹县网。”所谓“夺民”“不衣民”“苦民”实际上就是打击工商业的种种措施，而“民益富”“民益暖”“民益乐”则是贾谊所憧憬的重本抑末所带来的美好情景。

此外，贾谊还提出要“加强积贮，反对浪费”。贾谊认为，国家如果没有足够的粮食储备给予赈济，那就难免引发社会动乱，甚至出现农民起义，而且粮食对防备战争也同样必不可少。而当时汉朝的情形：近有诸侯王的叛乱，远有边境匈奴的不断骚扰，想要平息这些“远方之疑者并举而争起”的事情，没有粮食作后盾，那简直不可想象。而为了增加粮食的储备，坚决反对奢侈浪费就变得十分必要。他说：“夫百人之作，不能衣一人也，欲天下之无寒，胡可得也？一人之耕，十人聚而食之，欲天下之无饥，胡可得也？”贾谊积极呼吁统治者“去淫侈之术，行节俭之术”。

同时，贾谊提出了国家应加强管理货币的看法和主张。他坚决反对使民“放铸”，主张国家垄断铸币权。他还认识到铸币权的垄断不是光靠法令的禁止就能取得，因为私铸钱币为利甚厚，在利益的诱惑下，总会有人铤而走险。所以，控制铸币权，从根本上行之有效的办法就是“勿令铜布于天下”，也就是说国家必须垄断铸币的材料“铜”，严禁私自采炼铜矿。贾谊称这一举措，“博祸可除，七福可致”。

总而言之，贾谊是儒家入世理想的一位成功践行者，对封建制度的完善和发展作出了积极的贡献。在他的思想中，儒家礼治为主要内容，贯穿于政治、经济、教育、外交等各方面。与此同时，他又主张建立法制制度，国家干预政治经济生活等。他的思想是汉初社会变化转折时期的反映，也预示着儒家与各家学派经过吸纳与排斥最终将走向成熟和稳定，成为封建社会统治思想的必然趋势。

董仲舒

董仲舒（前179—前104），西汉广川（今河北景县西南）人。西汉时期著名的思想家、儒学家、今文经学大师。

我国自春秋时期一直处在战乱之中，后由秦国吞并其他六国建立了中国历史上第一个大一统的封建集权制国家。但是秦朝的统治仅仅二世而亡，前后不过14年，便在农民起义中被汉王朝取而代之。汉高祖刘邦称帝之时，处于汉朝廷中央政府直接管辖的领土只有十五郡，其余土地尽数分封给了各诸侯王，使得当时的社会割据局面几乎恢复到了战国时期。但是这种分封诸侯在当时是十分必要的，当时朝廷面临的最急迫的任务，是恢复农业，发展经济，使人民得以休养生息，以巩固政权。分封诸侯可以帮助朝廷得到诸侯王对汉皇帝名义的承认和对汉朝在政治军事上的帮助，也是为了换得当时社会的统一与和平。这也是在西汉初期选择道家黄老思想为社会主导思想、对诸家学说采取宽容态度的原因所在。

此后历经文、景二帝，以黄老之术治国45年，成效显著，社会经济得到空前发展，人民安居乐业。而此时，另一个大的隐患就凸显出来了——诸侯势力在不断地膨胀，一些异姓诸侯王先后叛乱，严重威胁西汉政权。为了避免国家处于岌岌可危的分裂之中，中央皇权就要不断削弱地方割据势力。汉景帝时便逐步将诸侯的一部分土地管辖权收回，并在“七国之乱”后下令取消诸侯王国的独立地位，使政权回归中央。到汉武帝时颁布了“推恩令”，变相地削弱了诸侯的封地。当汉武帝实行土地没收和盐铁国有，并真正开始了大一统局面的时候，在意识形态上就不得不借助神权作为皇权集中的逻辑出发点。显然，黄老思想和诸子学说已不适应历史的需要。而董仲舒提出的“道之大原出于天，天不变，道亦不变”的思想，以及在此思想基础上把阴阳五行说提到神学的体系上来，把“天”提到有意志的至上神的地位上来，把儒家伦常的父权和宗教的神权以及统治者的皇权三位一体化，正契合了武帝的政治目的。

董仲舒著作汇集于《春秋繁露》一书。向汉武帝进言“天人三策”，建议“诸不在六艺之科、孔子之术者，皆绝其道，勿使并进”，为武帝所采纳，形成“罢黜百家，独尊儒术”的思想格局。董仲舒的理论从此成为汉代统治者的官方哲学，董仲舒也成为封建制思想统治的发动者、封建政治的实行者。他对古代“子学”作出了否定，为中世纪“经学”开拓了地基，对整个中国政治史和思想史都产生了深远的影响。

在董仲舒的思想体系中，自然宇宙观起着主导作用，是其政治哲学的出发点与最终归宿。董仲舒吸收前人思想成果，引入阴阳五行学说，建立起庞大的、包罗万象的宇宙系统，他称之为“天道”。

董仲舒认为，作为世界本原的天是具有道德属性的人格神，对于世界的一切都有生杀予夺之权。天所施的气，以及阴阳、四时都是体现其意志的外化物。阳体现的是天的恩德，阴体现的是天的刑威；五行的相生相克要由天欲施德或者施刑来决定；四时的更迭表现的是天的喜怒哀乐。在他的系统中，天作为最高范畴被突出来了。天是整个宇宙的主宰，天具有人格力量，是“百神之君也，王者之所最尊也”。

人与天同类相通，即“人副天数”的天人同构论，是董仲舒的著名学说，也是从人的角度对“以类合之，天人一也”的进一步发挥。董仲舒讲到，人是“天”的副本、缩影、复制品。一方面，人在形体上与自然界有数量上的一一对应关系：人有小骨节 366 块，等同于一年日数；人有大骨节 12 块，等同于一年月数；人内有五脏，等同于五行数；外有四肢，等同于四时数。另一方面，人的精神现象也与天象变化相对应：人有好恶，天有冷暖；人有喜怒，天有寒暑；人有伦理纲常，天地亦有尊卑。既然天人同构，那么人的社会关系也是效法自然关系而建立的。“君臣、父子、夫妇之义，皆取诸阴阳之道。”其中，为阳者贵，为阴者贱；为阳者居于支配、主宰地位，为阴者处于服从、辅助地位，这也就是所谓“三纲”——君为臣纲、父为子纲、夫为妻纲。可见社会纲常伦理的建立，是以“天”的法则作为根据的，所谓“王道之三纲，可求于天”。

从这种“人副天数”，实则是“天人合一”的思想出发，董仲舒进一步提出了“天人感应”的理论。“仁义制度之数，尽取之天。天为君而覆露之，地为臣而持载之，阳为夫而生之，阴为妇而助之；春为父而生之，夏为子而养之，秋为死而棺之，冬为痛而丧之。”他认为天根据自己的意志，通过阴阳五行产生万物，万物之所以产生出来，是为了人，天之所以生人，又是为了实现天的意志。“天”是人间善恶的最终决定者，天和人一样有意志，有喜怒哀乐，因而天和人可以互相感应。

天人感应还表现在君主作为“天”之子代天管理人类社会。“天”是宇宙的主宰，而君主的权力是“天”授予的，这就是所谓的“君权神授”。这样，就赋予了封建中央集权专制以宗教神学的理论依据。而作为统治者的君主必须要上承天意，以天的意志来治理百姓与社会。“天”对于能够体察天意、尊奉天意行事的统治者加以奖励，而对于那些违背天意的统治者则加以警告或惩罚。君主独享与天相联系的权利，而其他人与天的联系，必须通过君主才能实现，“唯天子受命于天，天下受命于天子”。所以，董仲舒对于人类社会的政治秩序作了如下设计：“以人随君，以君随天。”他通过这种方式说明封建专制制度的合理性，从而维护和巩固了封建统治秩序。

心性论在董仲舒的思想中占有很重要的位置。在他看来，人性是密切关系到封建统治者治国、养士和化民的重大问题。他把人性划分为三品："圣人之性、斗筲之性、中民之性。"他说："圣人之性，不可以名性；斗筲之性，又不可以名性；名性者，中民之性。"

也就是说，人性分为上、中、下三等，一是不教就能善的"圣人之性"，一是虽教但不能善的"斗筲之性"，一是天生就有善质、能善也能恶、有待教育的"中民之性"。圣人之性是天生的善、斗筲之性是天生的恶，都是不可改变的，因此不可称之为性。只有中民之性，才能叫作性。中民具有向善的因素，但还不是善的本身，必须通过后天教化才能实现、发展成为善的道德。而担当教化者责任的就是封建统治者，百姓必须经过封建统治者的教化才能觉醒。董仲舒认为"圣人之道"代表"天命"，"王者之教"代表"善性"，君主的任务是"继天成性"，就是说要奉上天的旨意来教化百姓，使之成为善良的人。

董仲舒的天人感应论以及心性论思想，究其根本是服务于封建统治、社会秩序建立的，是为了维护既成的大一统政治局面的。

董仲舒政治思想的核心是其"大一统论"。他说："《春秋》大一统者，天地之常经，古今之通谊也。"既然"大一统"是宇宙间最一般的法则，那么，封建统治自然也必须要遵守这一法则。他借助"君权神授"的思想来神化皇权，这也是董仲舒提出政权统一于天子的最基础的一点。为了给"君权神授"制造理论根据，他不断强调对天的神化，目的是为了尊君，将皇权捧到至高的地位。而要实现政治上的一统，首先必须要有思想上的统一。为此，他向汉武帝提出"罢黜百家，独尊儒术"的政治主张。

在政治上，"独尊儒术"一方面维护和加强中央集权制，巩固和强化封建社会的大一统局面，对于保卫国家统一、增强民族凝聚力、维持社会的稳定有极大的意义；另一方面，它也加强了封建专制的集权主义，强化了对人民思想的统治；"独尊儒术"还确立了儒家学说在封建社会中的统治地位，使之超出了作为诸子百家一个学派的地位，上升为国家的指导思想，成为官方哲学。

为了论证汉王朝统治的必然性和合理性，董仲舒还提出了"三统""三正"的观点。他认为，历史上有三统循环出现，"三统"就是黑、白、赤三统。夏王朝是黑统，商王朝是白统，周王朝是赤统。三者依次循环，历史的变化，就是三统的周而复始。“三正”就是夏以寅月（农历正月）为正月，商以丑月（农历十二月）为正月，周以子月（农历十一月）为正月。汉代继周而起，应以寅月为正月，这就叫作“改正朔”。用这种方法表示一个新的朝代统治者重新受天命，表示新王“奉天”而治民。董仲舒的“三统”“三正”观点，论证了封建制度的永恒性和不可侵犯，再次强调君权至高无上的地位。

董仲舒还修正了先秦儒家在处理人际关系时所注重的父慈子孝、兄友弟恭、夫妇有义，“君使臣以礼，臣事君以忠”的伦理准则，提出以“三纲五常”为基本内容的伦理学说。三纲即“君为臣纲、父为子纲、夫为妻纲”，即封建社会中最基本的伦理秩序；与之相配合的是“五常”，即仁、义、礼、智、信，“五常”是人伦关系中必须遵守的道德观念。由此，建立起的封建社会的基本伦常秩序及社会道德要求准则，在维系人际关系和谐的同时，更是维护封建王权的等级制度。

在统治理念上，董仲舒继承了孔孟儒家的王道思想，并通过切实的政治努力，使它由空想变成了现实，从而在理论建构的高度上，使儒家王道理论成为中国古代政治文化的主要成分。

德治教化思想在董仲舒的政治思想中居于核心地位。鉴于秦亡的历史教训，董仲舒反对以法治国，提倡德刑兼备，以德为主。既然仁德政治是王道政治的总体原则，那么就应该在社会政治、文化教育、经济等方面表现出具体的实施措施。在政治经济方面，他提出“限民名田，以赡不足”的经济主张，“去奴婢，除专杀之威”，“薄赋敛、省徭役，以宽民力，然后可善治也”等与民为惠的措施。

在文化教育上，他提出应建立和完善教育教化措施：“立大学以教于国”，“兴太学以养士”。将太学看作是培养人才的场所，而且也是全国推行教化的中心。

同时，董仲舒还提出，改革吏治对于皇权的确立、国家的统一、中央集权加强极为关键。而要选拔出好的吏治，必须反对世卿以提倡选举，反对任亲以提倡任贤，对于官吏必须实行考绩制度。

董仲舒是中国思想史上划时代的思想家，他的思想使儒学在封建社会发展过程中起到了承上启下的作用。他作为经学大师，广采博纳，实现了对先秦诸子的真正综合，建构起一套新的儒学体系，特别是他提出的“罢黜百家，独尊儒术”，从此使儒学在中国封建统治中占据主体地位。依据董仲舒“天人”观建立起来的政治思想，适应了当时社会发展的需要，也为此后封建“大一统”社会的构建提供了基础上的理论支持和思想指导，在中国漫长的封建社会中，董仲舒的政治思想始终是各个时期政治思想的基础。

司马迁

司马迁（约前145或前135—?），复姓司马，名迁，字子长。陕西韩城县夏阳（今陕西韩城南）人。西汉时期著名的思想家、文学家、史学家。

天汉二年（前99），因李陵案牵连入狱成囚，受宫刑，40岁遇赦后开始撰鸿篇巨著《太史公书》，后称《史记》。《史记》全书共130篇，52.6万余字，包括十二本纪、三十世家、七十列传、十表、八书。在中国传统文化精品中，《史记》是无与伦比的“百科全书”，是民族文化的浓缩。《史记》的问世对中国史学产生了巨大而深远的影响，奠定了中国史学独立的基础，规范了中国几千年来的史学研究对象，被鲁迅赞誉为：“史家之绝唱，无韵之《离骚》!”

作为史学家，司马迁继承了先秦史家重事记史的方法，同时，把关注点放到了这些历史现象背后——人及人的历史实践活动。正是由于审视历史的角度的转换，带来了史学编纂形式的创新，从而形成了史学史上的一种崭新的体裁——纪传体。透过这部纪传体通史《史记》，折射出司马迁对人及人性的独特见解。

首先，司马迁从生存这个根本方面入手，指出在人的生存中，欲望的满足、利益的要求占有决定性的地位，指出了人的欲望的正当性。求利是人的自然性的集中体现，逐利求富是所有人的共性。“富者，人之情性，所不学而俱欲者也”，“人各任其能，竭其力，以得所欲。故物贱之征贵，贵之征贱，各劝其业，乐其事，若水之趋下，日夜无休时，不召而自来，不求而民出之”。在生存和维护利益的前提下，所有人都采取了相同或类似的做法，即最大限度地运用自己的能力，以自己所能想到的办法、途径去满足自己的欲望，追求最大的利益，这不需要统治者的提醒。而人只有满足了衣食住行的生存需求，才能谈得上教化的问题，只有先满足了人们的生存权，才谈得上礼义的问题。

但同时，司马迁看到了人的自然性的负面作用——人生而有欲望，欲而不得不能无忿，忿而无度量则争，争则乱。人的自然性若得不到合理的调节，而任由人们随着自己的欲望行事，那将会引起社会的混乱。而人的需要不仅仅止步于自然欲望的满足，随着低层次需要的达到，人必将产生高层次的精神需求，这种高层次的需求就是人的社会性的表现。这样，司马迁从人类为生存而求利的举动中不仅发现了人的自然性，而且发现了人性的另一方面——人的社会性，求利的行为同样也体现了人的社会性。司马迁指出，必须把人的自然性和社会性两方面协调好，人才能得到发展，否则，必然会带来灾害。圣人应将自己的欲望置于社会礼义之下，用礼义来指导，来衡量，从而就能获生避死、近利远害、居安思危、两全其美了。

《史记》在对历史人物的叙述和评论中，渗透着司马迁独特的文化思考和人生价值的反思，他把“立德、立言、立功”作为人生的三大目标并以之作为臧否褒贬人物的尺度之一。“三立”是司马迁人生不朽的标志，是人生价值实现的标志。

司马迁著史以六经为原则，其史学思想及价值评判、道德评判标准均受其经学思想制约。司马迁的经学思想以“明王道”为核心。

司马迁将《春秋》视为高于一切的政治范本，他十分推崇孔子通过编《春秋》以维护尊卑等级而达到纲纪人伦、治理国家的意旨，指出《春秋》的历史记载中，既包含立国之本，又包含人伦之道。他在《太史公自序》中讲道：“夫《春秋》，上明三王之道，下辨人事之纪，别嫌疑，明是非，定犹豫，善善恶恶，贤贤贱不肖，存亡国，继绝世，补敝起废，王道之大者也。”所谓“王道”，即王者所应当掌握的规律。《春秋》为王者提供了治理天下的历史经验，司马迁认为《春秋》就是王者的“治人”

之学，为《史记》提供了文化范本。司马迁将《春秋》等儒家经典的精神和记载作为判案、量刑的依据，认为《春秋》微言大义，所有政治上、法律上的现实问题都能在其中找到答案。

那么，如何才能“明王道”?《诗》《书》《礼》《易》《乐》《春秋》所阐发的尚“德”思想互相结合，构成王道文化传统的核心内容。司马迁著述《史记》时遵循了“正《易传》，继《春秋》，本《诗》《书》《礼》《乐》”的原则，因此，它对历史的价值评判都可以从六经中找到充分的理论根据。

“变与常”是司马迁史学思想中独具特色的理论。司马迁在《史记》中几乎处处都在写历史之变，因为历史本身就是在不断变化之中的。司马迁不仅这样记述，而且对变采取了肯定的态度。不过，司马迁也并未否认历史上有常，同样重视常在历史上的作用。比如，司马迁提出，发展经济与致富是人民的恒常行动目标，而这也正是社会和谐与国家强盛的基础；财富也是维持社会生存的恒常的必要条件；而作为社会运行的伦理秩序，同样是不能随时变的，这种伦常就是礼义。在司马迁的史学思想中，人类求富之常情与人类礼义之常理是维持社会平衡的两根支柱，也是保证历史运行的两个车轮，历史正是在这两个车轮的带动下，缓缓地发生着变化。

司马迁还是古代重商思想最杰出的代表。司马迁以“欲利说”和“社会分工论”为思想基础，阐述了商业的社会经济职能及其与政治的关系，正面树立了商业经营者的形象。同时对生产经营给出了自己的见解：生产活动应因地制宜地进行发展；生产活动应在认识和把握经济规律的基础上进行；生产过程中应做好分析预测工作；生产要做到知人善任，敬业诚一。在司马迁的经济思想中，他积极地肯定了物质生产在历史发展中的重要作用，在肯定农业重要性的同时也肯定工商业对国民经济的不可或缺性，同时提倡国家应在适度干涉的前提下，采取经济自由为主的政策。

民族思想同样是司马迁思想中的重要组成部分。司马迁的《史记》开创少数民族传略的先例，反映出司马迁以文化差别以辨华夷的思想主张，并在政治上承认各少数民族皆为汉天子臣民。民族统一、民族融合是司马迁大一统民族思想的重要组成部分，古代历史上“用夏变夷”的民族融合现象是司马迁极力赞颂的。他以“行仁义”为出发点，希望通过非暴力的方式实现天下一统，而礼乐之用是移风易俗的主要途径。

司马迁以其“究天人之际，通古今之变，成一家之言”的宗旨完成的史学巨著《史记》，是“二十五史”之首，被后世尊称为“史圣”，与司马光并称“史界两司马”。而他在文学领域取得的成就，也使其与司马相如并称为“文章西汉两司马”。

刘向

刘向（约前77—前6），字子政，本名更生。沛（今属江苏沛县）人。西汉时期著名的经学家、文学家和目录学家。

刘向一生著述颇多，所作《九叹》等辞赋33篇大部分亡佚，保存至今的有《洪范五行传》《新序》《说苑》《列女传》《列仙传》等篇。

作为经学家，刘向不像今文家那样极力阐明五经的微言大义，也不同于古文家那样用章句训诂的方法注释经文，往往是经文、言语、故事转相发明，其经学诠释既遵循经学基本方法，又具有独特之处。

刘向的易学思想。刘向继承、发挥了《易传》天、地、人一体观和推天道以明人事的整体思维方式，着重于义理派的阐释方法，注重从人文化、哲理化的角度来把握易学的要旨。同时，刘向并没有否定占筮的功用，对孟、京象数易学占验吉凶的方法也在一定程度上表示认同。这些看似矛盾的倾向，恰恰是对《易传》治学风格的全面继承。无论是对《易》精神主旨的继承和弘扬，还是对汉代易学成果的借鉴和发挥；无论是从社会政治角度、天文历法角度解读和运用易学，还是从思想理论方面、文献整理方面完善和发展易学，刘向都做了巨大的努力。刘向论《易》，以阴阳五行灾异为依托，以补察时政、经世致用为旨归，其《易》学观念的形成受汉代重儒尊孔学术思潮的影响颇大。

刘向的诗学思想。在古代社会，《诗》是作为一种具有伦理或法律规范效用的“公理”或作为“礼”而被引述运用的。刘向引诗分为引诗叙事、引诗证事、引诗品人、引诗论政、引诗明理、引诗明诗，这实际上是通过对《诗经》的引述而构建一个在当时文化背景下的新的经典解释系统。刘向引诗，有从其文本出发直取诗意，也有用《诗》之比喻意，更多的是刘向对其微言大义的深层挖掘，赋予了《诗》的语境意义，以达到引诗证事、引诗为喻、引诗作评的目的。

刘向的礼学思想。刘向提出的“亲尊、贵贱、长幼之理”都是为以亲亲尊尊为原则的宗法等级制政治服务的。“以礼正外，以乐正内”，礼乐教化的重心在于借助内外相挟的教育手段向全体社会成员灌输统治阶级的思想，培养有利于封建宗法社会的伦理、道德、风俗、习惯。而与以往儒家不同的是，刘向虽然强调礼乐的道德教化功能，但更强调礼乐的政治作用，把礼乐教化当作治国安邦的手段。刘向的礼制思想，概括说来就是他在《说苑》中所讲到的“修文”和“反质”，其礼制思想的主旨是文质论；刘向还提出文质相救论，即文与质不仅构成礼的内外，而且构成礼制沿革的两重力量。刘向的礼学思想源起于“公羊春秋”学的理论之上，其特质是创新与变革，反对复古，不拘礼文，目的是拨乱反正，恢复秩序。

刘向的易学思想。刘向的《洪范五行传》是一种阴阳灾异大全，完全是刘向用阴阳五行学说阐释《尚书·洪范》的成果。刘向着力于将现成的阴阳五行理论进一步工具化，然后运用到现实的政治生活中去。董仲舒推阴阳言灾异，认为灾害怪异的出现是君主的乖戾造成的；而刘向则把造成灾害怪异出现的责任归咎于权臣、外戚或宦官，而不是君主，体现了他对君权的尊崇和迷信。同是推阴阳言灾异，眭孟等人是为了宣扬“易姓受命”，刘向则是为了引起最高统治者的注意和警惕，以便采取措施，稳定和巩固刘汉王朝。

刘向一生历经昭帝、宣帝、元帝、成帝四朝，成帝河平三年（前26）时，刘向受诏领校中五经秘书，负责校勘整理皇家所藏先秦古籍和汉朝以来的图书，编定篇目次第，并撰写“叙录”，使久经湮没的经典重现于世。在对诸子百家著作系统整理的基础上，刘向提出诸子之学皆有妙义，更是假借诸子之口来表达自己的政治、学术见解，这实际上是对诸子学的肯定。这一观点后被他的儿子刘歆发扬，在《七略》中把儒家和诸子各家并列为十家，认为各家可以长短互补，互通有无。刘氏父子在当时经学独尊的情况下，大力倡导研究诸子之学，这对削弱官方学术思想的统治、活跃思想是有积极意义的。

刘歆

刘歆（？—23），字子骏，后更名秀，字颖叔，沛（今江苏沛县）人。西汉末著名的经学家、目录学家、天文学家。

刘歆一生经历了汉宣帝、元帝、成帝、哀帝、平帝、孺子婴及王莽新朝这几个时期。刘歆撰著《七略》，总结了先秦至汉代的学术发展历史，他争立古文，致使古文在汉末占据学术的主要阵地。东汉著名学者班固、桓谭、王充对刘歆的才学给予了极高的评价，认为他是足以跟董仲舒、刘向、扬雄等媲美的大儒。刘歆的经学思想主要体现在以下几个方面。

首创"五经象五常"之说。刘歆以《乐》《诗》《礼》《书》《春秋》五经象征仁、义、礼、智、信五常。在《七略》中，刘歆讲道："六艺之文，《乐》以和神，仁之表也；《诗》以正言，义之用也；《礼》以明体，明者著见，故无训也；《书》以广听，知之术也；《春秋》以断事，信之符也。五者盖五常之道，相须而备。"五常又与五行相配，生克消长，缺一不可，相须而备也，而《易》代表阴阳之道，为五行之原。这样，刘歆不仅对六经的名义作出了解释，而且将其演绎成了一个完整的阴阳五行图式，这是受董仲舒天人感应学说为代表的官方神学思想的影响，从而为"六经"独尊找到了一个合理的依据。

重订六经次序，规定《易》为群经之首。刘歆作《七略》，首论《六艺略》，《六艺略》之序，先以《易经》。以《易》为首的群经次序，成了后世学者不变的法则。古文献中关于六经的排列次序，最主要的有三种：其一，是以《诗》居首位的六经次序，从先秦到西汉，这是最常见的一种排列次序；其二，是以《易》居首位的六经次序，这种排序始于《汉书·艺文志》，而《汉书·艺文志》是依照刘歆《七略》删略而成，所以这一次序的开创者当为刘歆；其三，以《孝经》居首位的六经次序，始见于南朝齐王俭的《七志》。《孝经》本不在六经之内，对于《孝经》的重视始于汉代，这种排列在后世影响并不大。

刘歆以《易》作为六经之首，跟汉代的整个学术背景是分不开的。汉人注重天人之学，而《易》所讲的便是天人之道。《易经》通过推衍天道以论证人事的思维方式，深深契合于汉儒通经致用、引经立说的需要，因此为汉儒所重视，成为他们理论的根据。从刘歆学术背景可以看出他对《易》推崇备至。他认为《易》探讨的是“天人之道”，是“与天地为终始”的，圣人作《易》，与天地相准拟，所以能涵括天地间的道理，这便是刘歆以《易》居六经首位的理论逻辑。

重视古文经的经学取向。刘歆的《移让太常博士书》一文成为今、古文经学之争的导火索，而刘歆重视古文经学的思想倾向由来已久。在书目的著录上，刘歆往往先列古文经，再列今文经；在每经的总结上，刘歆在叙今文经的传授源流后往往兼论古文，且褒奖之意显而易见。在刘歆的言语之中可以看出他对今文经学的批判，称其治学方法为“学者之大患也”。因此，在《七略》成书过程中，古文经学的优点被逐渐显现出来。刘歆在校书时不断地发现古文经的长处，认为古文经能够补今文之短，应该加以重视和推广，如此才有了日后的移书争立古文之事。可以说，刘歆的校书为古文经的崛起奠定了基础。

以《论语》《孝经》、小学为经之辅。“汉人受书次第，首小学，次《孝经》，次《论语》，次一经。”从汉人的读书次序，我们可以看出汉人对于《孝经》《论语》、小学的重视。刘歆将《论语》《孝经》、小学载入《六艺略》，因为这三类是当时受经的基础，是读经的辅助，因此，将其列入经部。当然，将《孝经》《论语》列入《六艺略》，也与尊崇孔子有关。《孝经》《论语》都是孔门之作，是记载孔子言论的书。汉代自“罢黜百家，独尊儒术”之后，儒学便形成独尊的势头，孔子被尊崇为“素王”，与圣人同列。既然尊孔，就必然尊崇《孝经》《论语》，所以刘歆将《孝经》《论语》、小学列入《六艺略》，但虽列入经类，又不称之为经，这样既尊重当时的学术风气，又尊重史实。

《七略》一书虽为官修目录，但鲜明地体现了刘歆本人的学术思想。其一，刘歆虽推崇儒学却不将孔子及儒学神化，这点从书中他对孔子的论述及将儒家与诸子并称的做法可以看出。其二，自汉武帝后，汉代诸子之学逐渐走向衰微，刘歆却能够重视到诸子学的重要性，认为诸子的著作是“六经之支与流裔”。能够与六经相互补充，其学术思想是极为独到的，这为诸子之学的复兴奠定了文献和理论基础。其三，刘歆虽驳斥今文，重视古文，但在书中他对今文经学的评述又极为公允。

《七略》一书是先秦学术文化的总结，较好地反映了当时的文化典籍和学术流派。在诸经的传承与发扬上，刘歆实属一个功不可没的人物。刘歆的思想，承袭的是西汉的孟京之学，又被东汉的郑玄所继承并发展；他以《易》为基础来构建历法体系的治学特点，对后代历法学的发展产生了深远的影响。由董仲舒所开创的儒学独尊的局面支配了中国几千年的文化发展，而由刘歆所倡立的古文经学却取代了董仲舒等学者所传承的今文经学，为此后郑玄的调和古今文铺下了基石，进而影响了中国几千年的经学发展。

扬雄

扬雄（前53—后18），字子云。西汉蜀郡成都（今属四川）人。中国古代著名思想家。

扬雄一生著作颇丰，包括《太玄》《法言》《方言》《蜀王本纪》等，散篇有赋、颂、箴、铭及上书等数十篇，这些书篇至今尚保存完好。作为两汉之际承前启后的思想家、文学家、语言学家，扬雄是一个颇富争议的人物，主要原因在于：其一，他曾经写作《反离骚》而被后世指责为“雄，固为屈原之罪人，而此文乃《离骚》之馋贼也”。其二，他写了一篇《剧秦美新》赞美王莽的新朝，被认为丧失了节操，从而遭到后世的责骂。即便如此，扬雄在思想领域取得的成就是当时无人可比的，这对东汉社会思想的发展产生了积极的推动作用。

汉代是中国儒学发展的第二个重要时期，其主要标志是董仲舒创立和开启的基于“天人感应”观念的神学经学，它曾有助于大一统专制政体的形成。但是，随着西汉末年的政治危机，其作为统治思想的危机开始凸显出来。哀帝、平帝之时，谶纬蜂起，怪说布彰，巫术乱法，鬼神干政，实是神学经学恶性发展的结果。在这种情况下，扬雄自比于以“正人心，息邪说”为使命的孟子，从学理上树立以孔、孟为代表的先秦儒学为学术正宗的观念，张扬人本主义理念，目的在于扫除董仲舒以来的神学泛滥及道、法等学派思想的抬头。扬雄借鉴道、墨等诸子思想，丰富和发展了先秦儒学的内涵，并在儒学指向上突出“内圣”，拓展了孔、孟重视个体人格的道德自律及自我完善的一面，有利于矫正汉代神学经学在促使君子人格自觉上的苍白乏力。扬雄对先秦儒学的继承和发展所取得的成就，在汉代独树一帜。

易学思想的发展也是西汉后期思想领域的一个重要特点。虽有汉武帝“罢黜百家，独尊儒术”，仍有学者兼治诸子百家之学，诸子之学并没有消失，而是以非官方的形式继续流行。特别是道家学说，因为与易学和易学思想有着密切的关联而备受关注。其中，以道家黄老之说解《易》的最重要的代表人物当属扬雄。扬雄模拟《周易》而作《太玄》，试图构筑一个贯通天地人三才之道、包罗万象、广大悉备的宇宙图式。在他看来，作为最高范畴的玄实质上是一种元气，是一种原始物质，其化生宇宙万物的过程是一个自然而然的过程。扬雄还提出了一系列富含辩证思想的理论主张，特别是提出了关于事物变化、发展的九段说，用数的形式来构造自己的理论，同时又反映出象数易学与天文、历法的一种天然联系和渊源。

扬雄通过拟《易》作《太玄》，转向经学研究。在“今古转型”的经学境遇中，扬雄认识到今文经学的缺陷，他没有选择“标立新经，争立学官”的对抗今文学路径，而是立足学理来建构新的经学体系，试图以“立言”实现“立功”的理想。从《太玄》模拟《易经》的体系建构到《法言》总说五经的思想诠释，扬雄对经典的思想重构由“天地阴阳”逐渐走向“纲常伦理”，并提出了代表古文经学的解经观念，包括要合五经的经学立场，以《易》为经首的基本认知，和“约卓艰深”的释经原则。

此外，扬雄在史学思想领域也颇有建树。他提出“学之为王者事”，将历史学看成是政治学，其功用在于培养具有真德善行的政治家；另一方面，历史也是叙述事实，其目的在于真理。总结秦王朝以来的历史变迁规则，扬雄认为，历史发展的决定因素在于“时激”和“人事”，用今天的话来讲，“时激”就是历史发展的客观规律，而“人事”就是历史发展的主体性。人类历史的发展和进步，既要赖以发挥人的主观能动性，同时又要赖以遵循历史发展的规律性，所谓“动谨于时”就是这个意思。总结社会发展的轨迹，有尧、舜、文王代表的“正道”和非尧、舜、文王的“他道”之分。扬雄要求有作为的君主应在历史发展中选择“正道”而摒弃“他道”，即所谓的“君子正而不他”。

扬雄独立于汉代经师之外，标新立异，自创学术体系。他建立的以“玄”为本体的思想体系，开启了东汉学者“好玄经”，好通《老》《易》的风气；扬雄对于人道的推崇，使人从神学和谶纬宿命论中解脱出来，是人自觉性的觉醒；包括扬雄对文学和艺术的反思，都给予后世无限的启迪和反思。

王充

王充（27—约97），字仲任。会稽上虞（今浙江上虞）人。中国古代著名哲学家、思想家。

王充前后经历汉光武帝、汉明帝、汉章帝、汉和帝四朝。一生著述颇丰，有《论衡》《政务》《讥俗》《养性》等书，现今只有《论衡》一书流传下来。

东汉初年，自汉武帝以来就已经形成并系统化的天人感应思想已成为统治思想，谶纬迷信思想更加广泛深入民间。王充立足道家天道自然思想，并博采众家之长，同时注意结合当时自然科学成就和生活实例，高举“疾虚妄”的大旗，在对天人感应思想的批判中建立起自己带有浓厚道家色彩的哲学体系。

天道思想是王充哲学思想的核心。他继承了道家自然主义学说，并引用大量实例，提出了自己的天道自然无为的理论，即“夫天道，自然也，无为”，批评当时盛行的儒家经学天人感应论。王充首先将儒家宣扬的人格之“天”还原成道家的自然之“天”，同时吸收了道家的“气自然”论，建构了“气”与天地万物和人之间关系的新模式：天在不停的运动中施“气”于地以生万物，万物皆禀天之“元气”而生，人是万物中有智慧者，所以禀受天之“精气”，圣人、瑞物乃禀天之“和气”而生。天施“气”生万物的过程是自然而然的过程，而不是有意志的行为。从天道自然无为出发，王充批评了天人感应论者宣扬的“符瑞”思想、“谴告”思想和“人能感天”思想。

王充从道家“性本自然”的角度考察人性。王充指出，天地万物，普遍存在差异，如土地有黄、赤、黑之分，水有清浊之分和南北不同，面有黑白、身有高矮之别，那么人性也一样是由自然力量决定，有善恶不同，这是与生俱来的。王充认为人性的差异乃是由于禀受天之元气有厚有薄而产生的。他将人性分为三等：中人以上，性善；中人以下，性恶；中人，性无善无恶或善恶相混。虽然王充认为人性生来有善恶之分，但也主张后天的教育和环境影响可以使其改变。

王充相信有“命”，肯定人的生死寿夭、贫富贵贱都是由“命”决定，在对“命”的态度上，他继承了老庄顺其自然的观点，因为他认为既然人的生死寿夭和吉凶祸福都是由先天所禀之气决定，不随人的操行而改变，那么人能做的就只能是顺应它。在对待生、死问题上，王充从“气自然”论出发，结合黄老道家思想中的形、神理论，否定了当时流行的鬼神迷信思想。

在政治观上，王充主张社会的发展也有其客观规律，他称之为“国命”，国家的治乱兴衰与国君贤明与否无关，而是由“国命”决定，贤与不贤之君只是偶遇当治或当乱之世。既然各种“有为”都是无济于事的，那么王充特别推崇“无为”，要求统治者顺应自然，“无为而治”。王充特别推崇道家关于天道自然无为的法则，认为这一法则同样应用于人世和政治。个人修身养性需要无欲无求，禀天气多，故能则天，自然无为。人性的最高境界就是效法天的自然无为，而黄帝、尧、舜在治国理政上都达到了这种“无为”的最高境界。

王充作为东汉学界一代奇人，有着特立独行的探索精神，对各家学说采取分析批判、兼收并蓄的态度，不为一家所限。他对黄老自然思想尤为推崇，将其吸收为自己思想的重要组成部分，贯穿到自己思想体系的各个方面。对于王充的思想，历代褒贬不一，但正如《四库全书》中提到的：“攻之者众，好之者终不绝”，王充作为一个难以取代的思想标识，始终闪烁在中国历史文化的源远长河之中。

郑玄

郑玄（127—200），字康成。北海高密（今山东高密）人。著名思想家、经学家。

郑玄18岁为乡小吏，后造太学受业，遍习今古文经学。32岁西入关，拜在马融门下，7年后回归故里。因遭党禁，闭门教学撰述达14年之久，这是他学术大成时期，“三礼”注即完成于此时。58岁党禁解除，仍潜心经学，却时刻关注国家命运。70岁写下著名的《戒子书》，74岁病逝于元城。郑玄的著述在流传的过程中大部分都已经散佚，只有“三礼”注和《毛诗传笺》完好保存下来。郑玄对两汉传统的今古文经学进行了全面的加工改造，创立郑学，对当时及后世产生了深远而巨大的影响。

汉武帝独尊儒术使儒学上升为国学，也开启了作为神学经学的谶纬之学在两汉盛行。郑玄对谶纬也格外钟情，除了受时代风气、统治阶级的倡导等影响外，还在于郑玄本人是一个典型的儒家学者。他注经也好，讲经也罢，其根本目的还是为了实现孔子所描画的“君君臣臣父父子子”的理想社会状态。尤其是在东汉末年宦官外戚干政、社会极其混乱的状态下，这个理想社会的形象在郑玄一类的传统儒家学者心中就更加清晰起来。而谶纬作为汉代占据重要地位的神学世界观，它除了宣扬占卜预言吉凶的神学迷信思想，更重要的是它与上层是可以对话的，这个工具不但帮助了统治阶级，也成就了一批经学家的官梦。自董仲舒以后的很多儒家学者都将政治与自然灾异联系起来。郑玄引谶纬注经多体现在两个方面：

一是以“天命论”注诗。两汉是经学的第一次繁荣时期，两汉经学的特点之一便是神学化，在郑玄心目中天神是无处不在的。天神具有至高无上的力量，他是宇宙万物的创造者，也是宇宙万物的监督者和主宰者。天神派皇帝代替他来人间行使管理权力，皇帝也必须听从天神的命令。天神的命令就是“天命”，郑玄认为天命是决定一切的力量，人的生死、富贵、吉凶、祸福等等，都是由天命支配的，人只能听从天命的安排。郑玄提出了“太平嘉瑞”说和“灾异谴告”思想，认为只有君主贤明，上天才可降下祥瑞之兆，更含蓄地强调了作为君主要贤明才会受到上天保护的道理；而大水、飘风折木、地动、雷电击人等灾异现象的发生都是由于“不顺天地”“不敬宗庙社稷”以及政治上的混乱惹怒了神灵引起的。灾异的出现是上天对为政不善的君主的惩罚，而惩罚的目的是希望君主都能够贤明仁爱。

二是郑玄以“五精感生说”释诗。郑玄依据纬书之说和《礼记·月令》之文，建立了一个天帝人神系统。天皇大帝为至上神，居紫宫中，天皇大帝之下，有太微五帝为之佐，大帝加太微五帝，合称六天，这就是“六天说”。

在祭祀五天帝时，各以其精所感生的五人帝配食，即太昊配苍帝，炎帝配赤帝，轩辕配黄帝，少昊配白帝，颛顼配黑帝。五帝之下又有五官，五官死后为神，各配食其帝，即句芒配太昊，祝融配炎帝，后土配黄帝，蓐收配少昊，玄冥配颛顼。这便是“五精感生说”，所谓感生，就是指五人帝分别是其母感五天地之精，受孕而生的。郑玄建立这样一个天帝人神的体系后，在他的经注之中都有运用。

此外，阴阳说与儒学的结合，也成为汉代经学的重要内容之一。郑玄注释经书的时候多用阴阳之气的盛衰来解释自然界，进而通过自然界的变化联系到社会和国家的变化。如在对《周易·剥》“剥，不利有攸往”一句的注释中，郑玄写道：“阴气侵阳，上至于五，万物零落，故谓之剥也。五阴一阳，小人极盛，君子不可有所之，故不利有攸往也。”他将阴气和小人联系起来，小人也就是奸臣。在郑玄看来，自然界万物的凋落都是阳气被阴气所侵蚀造成的。因此，社会的动乱也是阴气很重的小人造成的，这里所说的小人就是那些贪官、酷吏和篡权的宦官。

郑玄作为汉代最后一位经学大师，在他生前或是死后，都是很多学者着力褒贬的对象之一。不可否认的是，郑玄使今古文经学从分裂走向融合，在经学史上开创了一个属于“郑玄”这个名字的新时代，使得这个名字永远被后人深深铭记。

王符

王符（约85—162），字节信。安定临泾（今甘肃镇原东南）人。东汉中后期著名的政论家和思想家，社会批判思潮的重要代表人物。

王符与王充、仲长统被合尊为“后汉三贤”。王符的一生主要经历了安帝、顺帝、桓帝时期，经历了东汉政权由稳定向衰败急剧转变的全过程。他为人性格耿介不流于俗，自名其论集为《潜夫论》。

“元气”作为一个哲学范畴，在战国时代已经初见端倪，两汉是元气论正式形成的时期。王符批判地继承了前人各种哲学思想的成果，对“元气”范畴重新作了规定，形成了独具特色的宇宙论观点。他将宇宙的产生，说成物质性元气“自化”的过程，这显然是对当时盛行的官方神学之说的公开抵制和批判。

《本训》篇开宗明义地指出：“上古之世，太素之时，元气窈冥，未有形兆，万精合并，混而为一，莫制莫御。若斯久之，翻然自化，清浊分别，变成阴阳。阴阳有体，实生两仪。天地壹郁，万物化淳，和气生人，以统理之。”

王符认为，世界的太初首先是一团浑浊不分的“元气”，经过长久的运动，翻然自化，分为清浊，形成“阴阳”二气。再由此二气产生天地。有了天地之后，出现一种“和气”，最后“和气生人”。这一过程是“气”的运动所致。王符否定“天是有意志的存在”的观点，通过具有某种具体形态的物质来解释世界的本原与统一性，具有典型的古代唯物论特征。同时，王符强调元气的“莫制莫御”和“翻然自化”，排除和否定了元气之上或之前存在任何神秘事物，认为整个宇宙的产生过程就是“元气”的自化过程，元气自身具有一种自我变化、自我分化的内在力量。

接下来，在元气思想基础上，王符围绕天人关系展开讨论，并予以当时盛行的神学天人感应论迎头痛击。他在《潜夫论》中就明确指出“天地之所贵者人也”，提出了“人道曰为”的主张，重新倡导先秦人本思想的回归。他说：“是故天本诸阳，地本诸阴，人本中和。三才异务，相待而成。各循其道，和气乃臻，机衡乃平。天道曰施，地道曰化，人道曰为。为者，盖所谓感通阴阳而致珍异也。人行之动天地，譬犹车上御驰马，蓬中櫂舟船矣。虽为所覆载，然亦在我何所之可。”

如前所述，在王符的宇宙生成论里，是以元气变阴阳、生两仪之后有了天地，再由天地之间创出包括人在内的万物，是以天不但是创生万物之天，本身亦是被创造者。天既然是没有意志和意识的存在，那么它也就不能支配和干预人事。而天、地、人三才作为宇宙中最重要者，各司其职、各行其道，但三者之间又具有互相补充的关系。统理人类社会的为政者，通过遵循、顺应宇宙终极的支配原理——道，和于元气而实现“三才”之功用。王符认为，“人行之动天地”就像车夫或船夫能够驾驭和掌控车船的运行一样，强调了人为的能动作用，使人道在恢弘的天道中凸显出来，进而否定和驳斥了天人感应的谬论。

王符“人道曰为”这一命题的提出，体现了他对人主体能动性的肯定，并且以此作为自己道论体系的依据之一，由此出发，论述了君臣民三者在兴邦强国中的重要作用，确立了一个君臣民和谐发展的政治思想体系。

作为一个深受传统儒家思想影响的政论家，王符的政治理想是恢复三代以前的圣王太平之治。在这个理想国度里，总有一个超于常人，具备儒家理想人格的圣君，“内圣外王”就是这个理想人格的基本特征。这个君王对内勤于修身，以儒家观点来规范自己的行为，成为圣贤；对外能够将儒家的治国理论付诸实施，社会依照先秦典籍中对太平盛世的描绘来规范次序实现大一统；而其中的关键主要取决于如何处理好君民、君臣两种关系和如何认识君臣民三个环节的作用。为此，王符进行了一一论述，并首先提出了“民为国基”的重民思想。

王符讲道，“国以民为基，贵以贱为本”。这种观点既坚持了儒家传统的民本论，又明显吸收了道家“贵以贱为本，高以下为基”的思想。他提醒统治者，民众是国家存在和君主王天下的基础和保证，社会上如果出现了民变、民乱，无论哪个国家或哪个君主都不会安稳。因此，君主必须对民众的重要性有一个正确的认识，不能够随心所欲地“役民”，而应该多方面地“利民”，这是君主的基本职能所在。

王符在总结先前历朝历代兴亡历史经验的基础上，深刻认识到人才能否被重用也是直接关系到一国兴衰的大事。在进一步论证人才问题的重要性上，提出了“国以贤兴”的观点。他说“臣者治之材也。工欲善其事，必先利其器。是故将致太平者……必先安其人；安其人者，必先审择其人”。王符认为，统治者如果能够重贤、任贤，那么国家就会强盛，反之，国家则会有衰亡的危险。而选拔人才的标准则应根据个人的特长，“量材授任”，使各类人才都能得以施展才智，落实到具体层面，就是要以“恕”“平”“恭”“守”为标准来鉴别人才。

如果说王符的“民为国基”及“国以贤兴”思想都是希望能够恢复国家太平稳定的必要措施的话，那么最终这一切还是要落实到君主身上，前两者的提出实质上都是针对在位的君主而言的。王符认为，有道的君主必须具备以下几点：一、立公。君主身为一国的最高代表，必须以身作则，率先做到公正无私，然后才能防止并惩治臣下的以公谋私。二、正刑。王符认为，赏罚是国家“治乱之枢机”，法令是赏罚的根据，无论是立法、司法都应该以惩恶劝善、防奸利民为宗旨。统治者应加强国家的法制建设，君主必须手握实权，尊君重令是国家稳定的重要保障。三、德化。尽管王符主张法治，又明以刑罚，但并没有就此否定“德化”的重要作用。他认为爱恤人民、任贤使能、重刑明法，固然可以将天下治理好，但这只能算较低的成就，对创建心中理想的“太平盛世”是不够的，还必须有更高明的治国方法，即以德治国、化育民心。王符同样接受了儒家正统的德治观念，重视教化作用，将其视为抚世安民的最理想方法。

不难看出，王符的政治思想虽然大力宣扬民本为重，但究其实质仍然属于中国传统思想领域君为政本的心理定式。东汉到魏晋时期，是我国古代社会思潮进行转型的一个重要时期，即由神学化的两汉经学向魏晋玄学转变，王符及其所代表的整个汉末思潮在其间起着思想环节的、承上启下的联系过渡作用，这也使得王符成为中国思想史上一面标志性的旗帜。

仲长统

仲长统（180—220），字公理。山阳高平（今山东微山西北）人。汉末著名哲学家、思想家、文学家，东汉社会批判思潮的最后一位代表人物。

仲长统的代表作是《昌言》，全书“十余万言”，至今仅存有《理乱》《损益》《法诫》三篇。仲长统提出的历史治乱说和政治批判思想对于东汉末年残破的社会状况和混乱的意识形态具有特殊的价值。

在历史治乱说中，仲长统有意识地总结了历代治乱兴亡的规律，对历史的发展趋势作了精辟的概括。他在《昌言》中指出，社会的治乱经历着一个由盛到衰的历史过程，可以分为三个阶段：

第一个阶段是一个诸豪强武力兼并、建立政权的过程。仲长统驳斥了君权神授说，指出所谓的天命只不过是群雄斗争的舆论工具或斗争胜利的标志，真正推动这一时期历史发展、改朝换代的是争斗。

仲长统通过对历史变化的观察和思索，总结出了历史的惯性，即在“大治之后，有易乱之民者，安宁无故，邪心起也，大乱之后，有易治之势者，创艾祸灾，乐生全也”。这就是历史发展的第二个阶段。对当权者来说，第二个阶段是一个社会的稳定期，这时候天下归心，即使皇帝是“下愚之才”也依然会得到人们的拥护，因此这个阶段又是一个各种矛盾逐渐显现的阶段。

第三个阶段是孕育新的循环过程的阶段。这一阶段，末世的统治者更加腐败无能，“运徙势去，犹不觉悟”，人民反抗不断，最终王朝走向败亡。历史变化大势就是从争夺权势开始，经过在位之君凭借权威进行统治，一直到滥用权威造成天下大乱，如此反复循环进行的。

仲长统对历史发展的总结发端于其朴素唯物主义的天人关系论，同时也清楚地展示了东汉王朝由兴起到衰败的过程。这也是自夏代开始，历朝历代创立、兴盛、衰败、灭亡过程的总结。他站到了君权神授和天命论的对立面，形成了人文主义的历史循环论。仲长统在对社会发展动力的探索上，提出了人道与天道相对抗。他指出历史发展的这三个过程是由人决定的，与天命、历数没有关系，所谓“人事为本，天道为末”，这就排斥了社会上流行的三统说、五德终始说、五行相生相克说等理论。

仲长统的批判思想主要体现在他对现实政治的批判上，带有明显的理性反思和建设性色彩，涉及本末、名实、才性、天人关系等问题，“其言时事，切中利弊”，为整个传统哲学与文化的人文主义发展扫清了道路。

仲长统呼唤“明君”，对所谓的“暗主”进行了无情的鞭挞。他认为年幼而无能的君主是危害国家的罪魁祸首，同时要求加强对皇室子弟的教育，以使其能够担负起统治国家和臣民的重担。

有了“明君”之后，政府应该大力加强中央集权，主张中央政府应掌握绝对的最高权威及行政权力。君臣之间的贵贱尊卑等级秩序是“天下之常法”，必须遵守。他认为东汉政权一蹶不振的一个主要原因就是外戚宦官相继专权，打破了国家的正常秩序，废分封、行郡县就是针对外戚宦官专权问题提出的。

仲长统的政治批判思想，对汉末的社会进行了大胆的剖析揭露，它反映的是仲长统对儒家传统思想的继承和归纳，体现了他强烈的社会责任感和积极参与国家政事的心态。

仲长统的社会批判思想还体现在他的经济改制论上，提出了“限夫田以断并兼”“厚禄养廉”“去末作以一本业”等主张。在中国思想史上，仲长统一直是被当作“异端”看待的。对此，有学者认为仲长统的社会批判都是在以另一种方式捍卫儒学。虽然他对经学持怀疑态度，但受当时社会发展的限制，他对经学的批判有创新又难免有局限。

何晏

何晏，字平叔，生年不详，依《世说新语》记载：他 7 岁随母亲在魏武宫中时，为魏武所喜爱，据此推算，其生年应在献帝兴平二年前后，即 195 年前后。

何晏、王弼，被史学界推崇为魏晋玄学首创的代表人物。学者又因其二人推翻前朝汉人经学思想，别树义理，尊称其学术思想为“新”学。魏晋玄学承借于荆州学派的渊源，自刘表割据荆州之后，学者归顺者数千，改订五经章句，删除烦重，后定新义。何、王新学之“新”就学术的内容而言并没有本质意义的“新”，而是对经学形式作出了重要的革新。自汉武时期以来，经学形式是以《春秋》为中心，魏晋人则选择了轻《春秋》、重《论语》和《周易》，汉学重在“由辞以通道”的训诂，魏晋学重在“天人之际”的义理，前者是宋代“心传”之学的死敌，后者则成为宋代“理学”的鼻祖。

正始十年（249），因辅佐曹爽秉政，为司马懿所诛。何晏出身名门，是汉大将军何进之孙，但史书里关于他的记载颇多贬辞，说他喜爱修饰，沉溺酒色，好食五石散，身为尚书一职时又党同伐异，轻改法度，甚至妄图强占国家财富。何晏的著述，完整保存下来的很少，主要见于《道论》和《无名论》。

何晏“新”学表现之一在于他的内道外儒的本体论。他提出“天地万物皆以无为本”，这种唯心主义的世界观在《论语集解》中早有体现，在《道论》及《无名论》中就更直截了当了。他说：“有之为有，恃‘无’以生，事而为事，由‘无’以成。夫道之而无语，名之而无名，视之而无形，听之而无声，则道之全焉。故能昭音响而出气物，包形神而章光影。玄以之黑，素以之白，矩以之方，规以之圆。圆方得形，而此无形，白黑得名，而此无名也。”（《道论》）

在他看来，超乎实在事物的“无”生成实在事物的“有”，而“无”也是自然社会运行的内在法度。自然运行的大道范畴，不能依据名相去把握，也不能由思维对存在的反映而定义，而应由统摄其全体的“无”去体会。“无”的本体自然运行，而能够达到天人感应的圣人则可以用神秘的自然解释一切。和汉人的三统五德说相反，何晏提出“天道以自然运，圣人以自然用”，孰为圣人？唯以自然用者能之。

何晏“新”学表现之二在于他的知识论。何晏指出，不论感性认识还是理性认识，都是依据有限的语言所规定的，这些语言不能反映真实的事物，唯有超乎语言诠释的内在的本然，才能真实地表达事物的本意。何晏的知识论有两层含义：

其一，有名有誉不知道，无名无誉乃得道。这是说神秘的精神本体（无）是事物最初生成演化的母体，有名有誉的对象并不是由外至内，由现象至于本体，而是相反的，一切事物的运动变化都是派生于“无”的外现。

其二，无名无誉才可以有名有誉，即知其元则众善举。事物的各种外在表现或规定，都随“无名无誉”的真宰而存在、而变化，故对事物的理解不应拘于语言的局限。

何晏的人性论偏向二元之辩，讲求性静情动，又是君子和小人的分别点。性是发生之全，情是后天之欲。这就是后来宋儒天理人欲论的渊源。

王弼

王弼（226—249），字辅嗣。魏晋时期著名思想家。

王弼死时年仅 24 岁，却是魏晋阵营中最杰出的后起之秀，少年时便声名远扬，人称“天才少年”。王弼出身官宦世家，东汉末年有“八俊之一”称号的荆州牧刘表是其曾外祖父，“建安七子”之一的王粲是其继祖父。王弼曾为《道德经》和《易经》撰写注解，在 1973 年长沙马王堆汉墓发现《道德经》原文之前，他的《道德经注》是该书的唯一留传。

王弼是讲求天人之际的玄学典型代表，其“无中生有”的本体论主张主要来自于道家思想。王弼奉《老子》《庄子》《周易》为三玄，又综合儒道两家的思想，运用名辨析理的方法反复论证“无”和“有”的关系，论证自然和名教皆“义务为本”的道理，从而在学术上开一代新风——正始玄风。

王弼以老子“有生于无”、“道”是宇宙根本的思想作为自己思辨的起点，极力发挥改造《老子》。他认为“无”就是老子所谓的“道”，指出：“道者，无之称也，无不通也，无不由也，况之曰道。”但又认为，“道”只是“无”的名称，不等同于“无”，不是宇宙的本根，“无”才是宇宙的本根。宇宙的本根是无形的，无法定名，老子名之曰道，“强为之名曰大”是勉强的，不准确的。注曰：“责其字定所由，则系于‘大’。‘大’有系则必有分，有分则失其极矣。故曰：‘强为之名曰大。’”

就是说，“道”和“大”不是宇宙的本根，只是宇宙本根的一个特性——万物遵循的规律。但是又说：无形的宇宙本根，虽不能为其定名，但是可以从不同的角度称呼它为“道”“玄”“深”“大”“微”“远”等。王弼把宇宙的本根从老子的“道”改造成了“无”。“无”处于王弼哲学的最高范畴，“道”“玄”等则是对“无”从不同角度所取的称谓。

在方法论方面，王弼对老子的辩证思想有所继承和改造，善于运用对立和名辨析理的方法提出以简驭繁的主张。

“夫众不能治众，治众者至寡者也；夫动不能制动，制天下之动者贞夫一者也。故众之所以得咸存者，主必致一也，动之所以得咸运者，原必无二也。物无妄然，必由其理，统之有宗，会之有元，故繁而不乱，众而不惑。”

这一段话，明白道出王弼天人之学的“新”义，在执一御万、一名举义的认识之下，万事万物就有本可知、有踪可寻了，这是玄学家贞一无二（一元世界观）的命题起点，一切变化运转都可以用“主必致一”的道理来统御。

王弼的认识论集中表现在他对《周易》中的“意”“象”“言”三个概念关系的论述上。所谓“言”是指卦象的卦辞和爻辞的解释；“象”是指卦象；“意”是卦象表达的思想，即义理。王弼的认识逻辑是：“言”生于“象”，而说明“象”；“象”生于“意”，而说明“意”；要得“意”，必须借助“言”“象”，但又不能执着于“言”“象”。既然卦意（圣人之意）可以认识，那么世界的本体“无”也是可以认识的。因为“圣人的意”是“无”在社会方面的体现，也就是自然无为的治世之道。

嵇康

嵇康（224—263，一作223—262），字叔夜，因官至曹魏中散大夫，世称“嵇中散”。魏晋时期著名思想家。

“竹林七贤”是“魏晋清谈”中的标识，就他们的社会影响来说，嵇康、阮籍的影响最深，但就其思想来讲，嵇康却是超过阮籍，也非注《庄子》的向秀所能比拟，是竹林七贤名副其实的“精神领袖”。

嵇康因得罪钟会，为其构陷，而被司马昭处死。嵇康的著述，有《高士传赞》及诸文六七万言，其思想不仅在当时有重大影响，对后世的影响也深刻而广远，所谓“扇风誉于海内”。嵇康的思想，是魏晋清谈思想中的典范，从其许多篇文论中可窥见一二。

嵇康主张的本体论用他自己的话来讲，就是“心声二物”的二元论。在宇宙本体上，嵇康表面上似乎承袭了道家的自然变化观，他承认万物的变化与生长，而这变化与生长，是从运动中产生的，运动的发生则是本体自在的属性。但是，在种种变化之中，嵇康又提出有某种超时空存在的不变；在由种种变化生成的普通的物之外，存在着由不变产生的神秘的“至物”，“至物微妙，可以理知，难以目识”（《养生论》）。

以此类推，论音乐，有所谓的“至和”“至乐”与普通的“和谐”“音乐”相对：“理弦高堂，而欢戚并用者，直‘至和’之发滞导情，故令外物所感，得自尽耳。”（《声无哀乐论》）论人，也有所谓的超凡的“至人”“神仙”和“圣人”，而与“常人”相对：“唯‘至人’特钟纯美，兼周外内，无不毕备。”（《明胆论》）论道理，有所谓微妙的“至理”与“常理”相对：“‘至理’诚微，善溺于世。”（《答难养生论》）

总之，嵇康认为，在寻常之外，还有特殊。寻常是具体的、现实的、低级的；特殊是虚幻的、概念的、高级的；运动变化的是“常”的世界，是现实的世界，而超时空不变的是“至”的世界，是绝对的、概念的世界。在嵇康的思想中，世界便分为这样的两个，并且试图脱离“常”的现实的世界，向“至”的概念的世界实现飞跃。这样，就可以否定客观的存在，而只有神气独来独往了。

与世界观密切关联着的，是嵇康的诡辩思想的认识论。对于至物的微妙，嵇康认为并非通过“目见”，而是通过“较论”，并非通过“目识”，而是通过“理知”来认识。他说：“夫神仙虽不目见，然记籍所载，前史所传，较而论之，其有必矣。”（《养生论》）“夫至物微妙，可以理知，难以目识。譬之豫章，生七年然后可觉耳。”（《养生论》）

因为物质是虚幻的，所以认识的方法也必须离开物质感觉。不由目见目识，而由较论理知，以抽象的精神能力来直接认识所要认识的物质本体。反过来说，在嵇康看来，以物质感觉为基础的认识，有时倒不免是谬误的。

嵇康的政治思想，是道家清静无为的政治理想的复述，这与魏晋之际的现实政治环境密切相关。在他的思想中有一部分反映出些许贵族的理想，有一部分则批判了现实政治。

嵇康的文化论思想，一言以蔽之，就是反礼乐、反名教、反教育。而他所反对的，正是司马氏篡夺政权以欺蒙天下人耳目的法宝，因此，客观上也具有政治的意味。

嵇康在人性论上的根本主张是，否定人是社会动物，要人返归自然，所谓“越名教而任自然”；更进一步，把人的自然人的身份也加以否定，仅仅肯定一个空空洞洞的“道”，所谓“以大道言，及吾无身”。

但是，人不但以其自然人的身份而存在，为自然界的一分子，而且通过一定的生产关系而存在，特别是在阶级社会，人的活动和思维是刻着阶级烙印的。身为人，就不可能越名教而任自然，更不可能无身。嵇康的人性论实则是一种“超人”的假说，希望达到两点：一是无措，就是不关心是非；二是通物，做到与物情通顺，即对外物不表现出好恶的情感。

因为无措和通物，所以行为并没有对功利、道德、是非等后果加以考虑的必要，行为就变成了直接的动作，就变成了自然而然的行为，无措就符合了自然。

在论及生命目的时，嵇康以为，生命的目的在于保持生命本身的恬静，让生命像一道平稳的长流，无喜无乐地过着自然的生活，长生而不死。

向秀

向秀（约227—272），字子期。魏晋时期著名玄学家，“竹林七贤”之一。

他的主要著作是在当时颇有影响的《庄子注》《周易注》，然两书皆已佚失。如今我们只能透过《嵇康集》中保存下来的他与嵇康讨论养生问题的《向子期难养生论》一文，以及张湛《列子注》、陆德明的《经典释文》中所保存的《庄子注》等一些零星材料，来研寻向秀的思想。

向秀主张“不为而自然也”，所谓“唯无心者，独远耳。得全于天者，自然无心，委顺至理也”（张湛《列子·黄帝》中引向秀《庄子注》)。向秀认为，要无心以任应自然，委顺至理，如“泛然无系之舟”一样，“与变升降”，随顺自然的变化而变化，只要如此，便能做到无物役于我心，就能凌驾于万物之上，成为物主。虽然都是在讲无为而为，向秀却与嵇康强调的“越名教而任自然”的思想不同。这里的“任自然”主要是指随着自己心的自然变化，即所谓的“越名任心”。嵇康的“任心”可以超越名教，向秀的“无心”则可以随顺名教；嵇康的“任心”必然因其越名而遭诛杀，向秀的“无心”可以随顺名教，可以到司马政权当中去做官，但做官又是无心而做，不为而任其自然，仅仅是“容迹而已”。

在事物生成变化问题上，向秀提出了“自生”说。“吾之生也，非吾之所生，则生自生耳，生生者岂有物哉？故不生也。吾之化也，非物之所化，则化自化耳，化化者岂有物哉？无物也，故不化焉。若使生物者亦生，化物者亦化，则与物俱化，亦奚异于物？明夫不生不化者，然后能为生化之本也。”

这就是说，物之生化，既不是物自己所生，也不是他物变化所致，而是“生自生”，“化自化”的结果。按照向秀的观点，如若存在一个万事万物生生变化的本体，那么这个本体自身的产生、变化也需要有原因，这样一来，这个物本体与一般物也就没有什么差别。物是自生自化的，并没有造物者使之生化。这一主张颇具唯物主义倾向，后郭象又在此基础之上将向秀的“自生”“自化”说进一步述而广之。

魏晋思想好谈同异离合，在儒道之辩上，我们大可归纳出四条线索：儒道同、儒道异、儒道离、儒道合。向秀则是典型的主张“儒道合一”的代表。从向秀的“无心而自然”来看，无心即为道家的无为之说，任自然则表示可以随顺儒家礼乐之名，故道家、儒家并无矛盾，可以统一起来。此外，从向秀《庄子注》中对《逍遥游》一篇的注义，也可对其了解一二。“夫大鹏之上九万，尺鴳之起榆枋，小大虽差，各任其性，苟当其分，逍遥一也。”大鹏高飞九万里，满足了自己的性分而逍遥，尺鴳则抢榆枋而止，既满足了自己的性分，也得到了逍遥。圣人的逍遥虽为无待，但也可随有待而同于大通。这说明要得到道家的逍遥，并不需要弃世离俗，只要在世俗中满足自己的性分，做到“玄同彼我”，都可以得到逍遥，这里的儒道是合二为一的。

郭象

郭象（？—312），字子玄。西晋时期著名玄学家。

郭象好老庄，善清谈。曾注《庄子》，将《庄子》编订为33篇，成为后来《庄子》的定本。向秀注本佚失后，仅存郭注，留传至今。在魏晋思想史上，郭象无疑占有十分重要的地位，对后世影响甚大。唐代陆德明在《经典释文》中就称赞他道："惟子玄所注，特会庄生之旨，故为世所贵。"郭象的思想主张儒道融合，主要体现在《庄子》注释当中。

郭象主张儒道融合，其思想的主题之一在于解决自然与名教的关系问题。他放弃了嵇康的"越名教而任自然"、向秀的"不为而自然也"的思想，提出了"名教即自然"的主张。在他看来，不必到名教之外去寻求自然，"夫圣人虽在庙堂之上（名教），其心无异于山林之中（自然）"，这说明他对自然和名教都要顾及，在《庄子》注释中随处可见郭象渗透其中的儒家思想。

神人和圣人分别是道家和儒家追求的最高境界。一般说来，二者是截然不同的，而郭象要融合儒道，就需要把这两者统一起来。

郭象在注《逍遥游》中"藐姑射之山，有神人居焉"一句时说："此皆寄言耳。夫神人即今之所谓圣人也。夫圣人虽在庙堂之上，其心无异于山林之中，世岂识之哉！"神人本是庄子所追求的精神理想，是世俗圣人所不能比拟的，但郭象通过"寄言出意"的方式将二者统一，"言王德之人而寄之此山，将明世所无由识"。

尧舜是儒家心目中的圣王，却是庄子诋毁的对象。郭象通过名与实、迹与所以迹把二者统一起来。他说："尧舜者，世事之名耳；为名者，非名也。故夫尧舜者，岂直尧舜而已哉？必有神人之实焉。今所称尧舜者，徒名其尘垢秕糠耳。"（《逍遥游》注）在郭象看来，尧舜不过仅仅是"名"而已，尧舜之所以为尧舜，不在其"名"，而在于其有"神人"之实。郭象认为的圣人，其实是神人化的圣人或者老庄化的圣人。

在人性论上，传统儒家主张"性善"，而道家则主张人性中朴实原始的一面，郭象要融合儒道，对这两方面的对立也要作出合理回答。

郭象说："夫仁义者，人之性也。人性有变，古今不同也。故游寄而过去则冥，若滞而系于一方则见，见则伪生，伪生则责多也。"（《天运》注）不难看出，虽然郭象表面上主张"仁义即性"，但另一方面他又极力说明人性中先天存在仁义，不需要另外标榜仁义。同时，仁义是变化的，如果我们执着于仁义之"名"，不顺时而变，便会生伪。所以，郭象反对名义上的仁义，名义上的仁义会使人变得伪诈，从而丧失自己的真性，应该随顺人之本性，仁义自然就能体现。所以郭象更多地讲"率性""足性"，反对标榜仁义之名惑乱人性。

在政治主张上，儒家强调有为、德政，道家则主张无为、任性。为了把这两种对立的政治主张融合在一起，郭象对无为作出了新的解释。

郭象指出，无为并非什么都不做，而是任万物之自为。"无为者，非拱默之谓也，直各任其自为，则性命安矣。"（《在宥》注）同时，郭象还注意用儒家的思想来解释其无为的理论。他为《为政》篇注："万物皆因得其性而谓德，夫为政奚事哉？得万物之性，皆云德而已也。得其性则归之，失其性则违之。"儒家强调"德"在管理国家事务中的重要性，郭象则认为万物各自顺应其本性存在就是"德"，治理国家就是要使万物各得到其性，否则就会民心向背，天下大乱。

葛洪

葛洪（约281—341），字稚川，自号"抱朴子"。中国古代著名思想家。

道家思想到了魏晋时期成了中国社会思想的正宗。然而，打着"道"的招牌，集中了所有原始的、封建的、神秘的理论与做法，以宗教形式出现的神仙道教较之道家，对中国社会的影响更为深刻广泛。作为宗教来说，道教是在东汉末年出现的，它曾是农民起义斗争的旗帜，道教徒最初主要是被压迫的下层群众。早在汉顺帝时，民间就已有"太平道"出现，至灵帝熹平年间，农民领袖张角更以太平道广泛地组织了起义者，其徒众在十余年间发展到数十万人。张角在传布太平道的同时，张衡在汉中传布五斗米道。根据史料记载，五斗米道与太平道的教法略同，都透露出起义农民的反抗意识和对统治阶级的诅咒与仇恨。但是，这些农民起义的道教徒先后被统治阶级所剿灭，其首领和徒众或被杀，或受招安，而受到招安的则变成统治阶级的附属，农民起义的道教由此开始分化：张角被杀之后，太平道逐渐衰亡；张鲁投降了曹操，他的天师道流传甚广，其中的一部分更变质为统治阶级所御用。农民道教只成为在生命无保障之下幻想式的抗议，而贵族道教却是违反生死自然的规律来寻求长生不老的神仙世界，葛洪就是其中的著名代表人物之一。

总结葛洪一生，可算是出则为仕宦贵族，处则为神仙贵族，外儒术而内神仙的具体应用，在他的一生中作了最典型的体现。

在葛洪的神仙思想中，关于本体论主张，仍旧袭用道家范畴，名之曰“元”（玄），这是道教依附道家的地方。所谓“元者，自然之始祖，而万殊之大宗也”，这表明宇宙的本原是“元”，一切事物（万殊）都是从“元”产生出来。而“元”深远高旷，无所不在，无所不有，无所不为，无所不能。

葛洪道教的中心目的，是长生与成仙。葛洪认为神仙是必定有的，神仙是可以学得的。他曾用很多篇幅反复说明神仙的存在。他引用古人的记载，认为人的生命不但可以延长，而且可以否定生命的极限而取得长生。其途径和方法需要依靠内修与外养两方面功夫。所谓内修，即是“守一”，保有元气；而外养，主要依靠服食，其中以金丹最为紧要。在葛洪的论述中，以极多的篇幅不惮其详地描写金丹的服炼，显然，在他看来，外养更重于内修。

这种求长生的思想，与道家的齐生死之说大相径庭。因此，道教虽然借用了道家的“元”“道”等概念，附会在道家的名义之下，但在发生矛盾的时候，便毫不犹豫地攻击起道家来。《外篇·用刑》篇道，“道家之言，高则高矣，用之则弊，辽落迂阔”。

葛洪的政治思想，虽自称属儒家，但实际上是内法外儒的憧憬。他在《君道》《良规》《臣节》中说明，阶级关系是绝对的，尊卑的对立是合理的，因为君如父，像天，这道理如同自然规律，不可改换。君只要“去偏党以平王道，遣私情以标至公”，不偏不倚地维持贵族间的势力，而臣能尽股肱之力，尊事其君，则天下太平。

张湛

张湛，字处度。东晋著名玄学家，生卒年月不详。撰有《列子注》，关于其人史书记载甚少。张湛的《列子注》被视为魏晋玄学的第四个发展阶段和终结者。张湛玄学的归宿和目的在于解决社会现实问题，因而独步当时，在玄学史上具有特殊的地位和无可替代的价值。

张湛的自然观是其玄学的重要内容。“气”的观点原本在《列子》中占有重要的位置。《列子・天瑞》篇载道：“夫有形者生于无形，则天地安从生？故曰：有太易、有太初、有太始、有太素。太易者，未见气也，太初者，气之始也，太始者，形之始也，太素者，质之始也。”对此，张湛进行了创造性的阐述和发挥，提出了“太虚”“至虚”的概念。在《天瑞》篇注中讲道：“易者，不穷滞之称，凝寂于太虚之域，将何所见耶?”在张湛看来，尽管天地、万物、四海看起来已经足够大了，然而与“太虚”相比，也只不过是沧海一粟而已，微不足道；万物亦是以“太虚”为本宗，张湛由此构架出了自己玄学理论的本体论基础。

张湛玄学的另一个重要内容是对人生观的讨论。他在《杨朱》篇题注中说明：“夫生者，一气之暂聚，一物之暂灵。暂聚者终散，暂灵者归虚。而好逸恶劳，物之常性。故当生之所乐者，厚味、美服、好色、音乐而已耳。”生命是短暂的，张湛从人的本性出发，肯定了人的基本欲望。人们应该珍惜这宝贵的人生，享受人生的乐趣。但是应该说明的是，张湛的珍惜生命、享乐人生，不同于《列子・杨朱》篇中所宣扬的无是非、无高下、穷奢极欲、及时行乐的人生主张。张湛主张立足现实人生，顺从人的本性去自然而然地生活，“若夫刻意随从，违性顺物，失当身之暂乐，怀长愁于一世，虽支肢具存，实邻于死者”。不要让外在的东西来破坏人的“生生之趣”。

政治观也是张湛玄学的重要组成。在政治和社会思想上，张湛并不是消极避世，他对儒家的入世主张给予了极大的肯定。《列子·仲尼》篇原意是任自然而越名教，而张湛则注云："唯弃礼乐之失，不弃礼乐之用，礼乐故不可弃。"在他看来，儒家礼乐本身没有问题，问题在于统治者如何运用。其所为"即而不去，为而不恃"，就是说运用礼乐制度不能古板生硬，要合于时宜。张湛是站在维护名教的立场上，试图纠正玄学颓废弃世，蔑视礼法，放纵己欲，自甘消沉的迹象。

在具体的治理原则上，张湛认为是否达到了圣人之治在于能否清静无为、顺乎自然，使万事万物各得其所、各安其事。他在《汤问》篇注说："圣人顺天地之道，因万物之性，任其所性，通其逆顺，使群异各得其方，寿夭尽其分也。"由此足见张湛心目中的圣人之治是无为而有为，形式无为而实质有为，是名教与自然的统一，是儒道两家的融合，这是张湛玄学的归宿，也是他宣扬玄学的目的。

道安

道安（314—385），本姓卫。东晋、前秦时期杰出的佛教学者。

印度佛教在释迦牟尼逝世后百余年分裂为上座部与大众部两派。1 世纪前后，由大众部的各支派演化出大乘佛教，出现许多假托佛说的大乘经书，大造新说，在哲学思维上超过了原来的部派佛学。后起之秀的大乘佛教把坚持原有教义的教派贬称为小乘佛教。3 到 5 世纪，大乘佛教又逐渐形成"空""有"两宗，从不同角度对佛教基本教义进行庞大的理论加工，把佛教由早期简朴的宗教形式发展成为富于哲学思辨的唯心主义哲学形式。

佛教最初在中国的流传，主要有两大系统：一为安世高系，此系重禅法，归实践宗教一类；二为支娄迦谶系，此系重义理，以宗教理论为主。安世高的禅法思想对中国北方佛教产生显著的影响，居于河北的道安，其佛学思想的形成明显受此影响。

道安早丧父母，12 岁出家，后事佛图澄为师，甚得赏识。佛图澄逝世后，他经常代替佛图澄讲法，解答了许多理论上的疑难问题，赢得了

"漆道人，惊四邻"的美名。

作为佛教在中土的早期传播者，道安积极试图在佛教理论上融进中国传统文化，在理论上形成中国自己的佛学。同时，还要在管理体制上、组织上、制度上，包括信仰方式上都打上中国文化的烙印，这也使得他成为印度佛教中国化的第一人。

在如何处理弘扬佛法与国家政权的关系问题上，道安提出了"不依国主，则法事难立"的基本原则。即提出了如何与所在社会相适应的问题。这种适应，要求佛教主动适应社会，接受国家政权的管理。也就是说，在佛教管理体制上，要强化佛教的社会性和政府性，佛教要服务于国家，服务于民众，以此争取国家政权对佛教的支持。

中国开始有自己的佛学，是以般若学的兴起为标志的。而般若学的兴起，正是道安在襄阳发起并领导的。道安创立的般若学，从理论上成为印度佛教中国化的基础。

道安的这一理论建设主要体现在两个方面：一是著述立说，以儒道释佛，创道安佛学；二是创立学派，以玄释佛，兴起般若学。

佛教初入中国时，传道之僧多为天竺（今印度）、安息（今伊朗、阿富汗一带）、康居（约在今乌兹别克斯坦东境塔什干一带）一带人。这些外籍之僧，不通汉语，不懂中国文化，从而导致中国人对佛教的理解完全是囫囵吞枣。直到道安等一批汉僧的出现，才使佛教中国化有了可能。道安认为，要使佛教在中国能够延续下去，必须保证有一批本国僧人。于是，他在恒山立寺收徒，弟子达400人之众。并南下东晋弘扬佛法，开始了"教化之体，宜令广布"的计划。同时，道安认为，外僧随国姓，汉僧随师姓，体现不了四海一家的真精神。而"大师之本，莫尊释迦"，于是，道安就"以释命氏"，将自己和几百名徒众改成了释姓。从此，僧尼皆以释姓命名，便成定式。

此外，道安制定了《僧尼规范》《佛法宪章》，保证佛教僧众能够遵守戒律，规范修持和弘法，成为在制度上保证印度佛教中国化的重要措施。

道安首创称名念佛式的净土信仰，将佛教在民间的信仰上，变玄妙为普通，变深奥为简易，找到一个普通民众能接受的、适应中国社会各阶层的新的信仰模式。自道安始至今，佛教之净土宗仍是汉传佛教的主要信仰形式，已成为中国式佛教的一个重要特征。

慧远

慧远（334—416），东晋时期著名的佛教理论家与佛教活动家。

典籍记载，慧远居庐山，精通儒学，旁通老庄。道安门下最著名的弟子，高尚其事，影不出山，深得当时文人名士、高门权贵乃至东晋皇帝的崇仰，其佛学思想对当时的思想界产生了重要影响。作为道安之后净土宗的最主要的传人，慧远大大丰富和改造了乃师的思想，以自己的贡献得以在东晋后期与僧肇、道生三足鼎立。

大乘有宗的般若妙心，佛教学者有时称之为心，有时称之为神，有时称之为智。慧远在《沙门不敬王者论·形尽神不灭五》中讲道："夫神者何也？精极而谓灵者也，精极则非卦象之所图，故圣人以妙物而为言。虽有上智，犹不能定其体状，穷其幽致。"可以看出，慧远所谓的般若妙心至少应具有以下两个特征：其一，超越形色，不可拟议；其二，般若妙心虽然对外物有所应对，却并不执着于物。

人的般若妙心，即心神，所以具有这样的特征，是与他对大乘般若学派的道体论的自觉师法分不开的。按照大乘般若学派的理论，"法性无性"，本性空寂，"生缘无自相，虽有而常无"，但是它的"常无"却又不等同于形色俱灭，万物的妙法，即实相是不可拟测的。正如慧远在《大智度论钞序》中所说："有而在有者，有于有者也；无而在无者，无于无者也。有有则非有，无无则非无。"那些认为万物为有的人，是因为他们执着于有，所以为有所困；那些认为万物为无的人，是因为他们执着于无，为无所缚。其实，那些被误认为有的并不是真有，被误认为无的也不是真无。凡是对"有""无"有所执念的，都是与万物本性空寂相违背。也正因如此，佛教才认为人的心神，即心体也必须是至纯无染的；因为至纯无染，自然也是超越言相，不能拟议的。

那么是不是所有的众生都有成佛的可能呢？对此，慧远并未明确说明，但实际上，按照他的神不灭论的思想逻辑，人人皆可成佛的结论已经包含在其中了。

慧远在《沙门不敬王者论·形尽神不灭五》中说道“情有会物之道，神有冥移之功”，“火之传于薪，犹神之传于形。火之传异薪，犹神之传异形”，“前薪非后薪”，“前形非后形”，“惑者见形朽于一生，便以谓神、情俱丧，犹睹火穷于一木，谓终期都尽耳”。既然本神轮回不灭，传形不尽，则凡为众生，自皆含灵神。既皆含灵神，则也自皆可成佛，自然也就成了理所当然的结论。尽管他没有直接提出“人人皆有佛性”的说法，而实际上竺道生的“阐提成佛”说在他的佛学思想中已经呼之欲出。

竺道生

竺道生（355—434），俗姓魏，巨鹿（今河北平乡西南）人，寓居彭城（今江苏徐州）。中国古代佛学家。

早期中国佛教界对佛学义理的探讨日渐深入，对大小乘佛教学说的研究和译解开始在理论上呈现出独立发展的趋势。其中的代表人物慧远已逐渐成为中国佛教的领袖，他的道场庐山也成为南方佛教研究的中心，般若学的观点和思维方式变成了中国本土佛教的主流。但随着《大乘涅槃经》的译出和流传，越来越多的汉地僧人将兴趣和关注转移到了以佛性理论为中心的涅槃学。这一佛性理论的创立和发挥，既吸收了中国传统文化，又顺应了当时佛教的发展需要，成为佛教中国化的重要标志。竺道生便是促使佛学从般若学向涅槃学转变的重要人物之一。

竺道生出身士族，幼年时便师从当时的名僧竺法汰，专心道业，后跟随鸠摩罗什游学多年，成为鸠摩罗什著名门徒之一。竺道生平生著述颇多，如《善不受报义》《顿悟成佛义》《二谛论》《佛性当有论》《法身无色论》《佛无净土论》《应有缘论》等，但因历史原因，大多业已佚失。我们只能从《法华经疏》《注维摩诘经》《大般涅槃经集解》以及一些别人的记述中总结整理出竺道生的佛性思想。

首先，竺道生将中国传统的“理”概念引入佛教理论，以“理”统摄佛教诸多范畴，形成了独特的佛性思想。道生借鉴传统哲学对“理”概念的使用，将理的范畴等同于佛性、涅槃、真如、法性等佛学最高范畴，认为理就是佛，佛就是理，从而把理归结成为众生成佛的本原和根据。他说：“理为法身，法者，理之实名也。然则，法与法性理一而名异。故言同也。”（《大正藏》）在《法华经疏》中，道生借法华“会三归一”的思想，说明“理”就是大乘佛学的最高范畴，他说：“既云三乘是方便，今明是一也。佛为一极，表一而出也。理苟有三，圣亦可为三而出。但理中无三，唯妙一而已。”（《续藏经》）在传统的般若学中，对诸法实相这一最高真理的认识，需要通过对世间万物一步步的否定来形成，其否定性的思维方式决定了般若学对佛教最高真理的表述只能通过遮诠的方式来进行；而道生借助“理”这一中国传统哲学概念对佛性、涅槃等佛教最高范畴进行解释，以“理”概括宇宙人生的本质，从正面、用肯定的方式予以表述，引导了般若学向涅槃学的转向，为佛教理论的中国化开启了新的方向。

其次，佛性理论也是道生思想中重要的组成部分。道生提出“众生本有佛性”，这包含两个方面的含义：一、众生皆有佛性，即人人皆可成佛；二、佛性本有。这一理论，是道生在佛教学理上通过逻辑论证的结果，也符合了大乘佛法众生平等的精神。他在《法华经疏》中讲道“闻一切众生皆当作佛”“一切众生莫不是佛，亦皆泥洹”（《续藏经》）。同时，道生还受到了玄学“得意而忘言”思想的影响。“得意忘言”这种思维方法不同于汉代烦琐僵化的经学，注重超脱文本追求义理。在佛教初传时期，由于中国学者对佛教概念义理的不了解，使得当时以解释佛教名相为主的格义佛学成为主流；但当单纯的格义不能满足人们对佛教义理的需求之后，“得意忘言”的思维方式便显示了其在解释经典方面的重要作用。道安在《道行经序》中说：“然凡谕之者，考文以征其理者，昏其趣者也；察句以验其义者，迷其旨者也。何则？考文则异同每为辞，寻句则触类每为旨，为辞则丧其平（卒）成之致，为旨则忽其始拟之义矣。若率初以要其终，或忘文以全其质者，则大智玄通居可知也。”（《大正藏》）在道安看来，研究经文的字词和寻求经文的句意，都不足以明了经典真正的意旨。应该要从一开始就把握经文的精神，不拘泥于文句而直接求诸意旨，这才是理解佛教的方法。

此外，“顿悟成佛”也是道生佛性理论的重要组成，构成了其佛性理论的实践部分，它说明了成佛的步骤和方法。按照佛教传统的说法，无论是禅修还是明理，都需要遵循一定的过程，是一个长期渐进的过程。印度小乘佛教以阿罗汉为最高境界，认为需要经过艰苦的累世修行，方能达到。而道生认为，渐悟渐修并非真正的顿悟，顿悟必然是全悟，而不是逐渐的、部分的悟，不能通过阶段或程序。要想成佛，必须在刹那间产生一道“金刚道心”，用如同金刚般坚固和锋利的力量破除一切妄念，当下顿悟即可成佛。所谓“一念无不知者，始乎大悟时也。……一念知一切法，不亦是得佛之处乎”？即是说一旦顿悟，便可明了一切法理，得理而成佛。

在道生之后，继承并弘扬其佛学思想的人很多，其中最为人知的就是南朝大诗人谢灵运。在谢灵运看来，道生的顿悟说结合了佛教的“能至”和儒家的“一极”思想，是儒家和佛学思想优点的结合。竺道生的佛学思想特别是顿悟说的影响极其深远广泛，乃至成为后世禅宗的渊源。

范缜

范缜（约450—约510），字子真，南乡舞阴（今河南泌阳西北）人。中国古代著名无神论思想家。

与西方思想史相似，在中国思想史上也贯穿着唯心主义和唯物主义的斗争，而在中世纪，特别表现为宗教和无神论的斗争。南北朝时期的271年终，既有佛教国教化，必然也有反佛教的无神论与之相争。其中最突出的一位反佛斗士莫过于范缜。生于南北朝佛教国教化时代的范缜，不但“盛称无佛”，而且是反佛斗争的发动者。这一位在当时被视为异端的伟大思想家，可以说是两汉魏晋以来所有神灭思想的综合者和发展者。

范缜少年丧父，家境清贫，10岁时跟随当时著名儒家学者刘献读书，精通儒家经典，他“性质直，好危言高论，不为士友所安”。他不信鬼神，反对迷信，虽屡遭门阀士族打击，却坚贞不屈。范缜的著作大多已经失传，现仅存《神灭论》和《答曹舍人》两篇文章。

范缜在《神灭论》的开头就提出了“神即形也，形即神也。是以形存则神存，形谢则神灭”的基本命题，即“形神相即”的主张。这里的“即”，意思是“不离”。也就是说，人的精神离不开人的形体，形体消亡，精神也即灭亡。范缜的这个观点有力驳斥了有神论者“灵魂不灭”论，同时，也将传统的无神论思想向前推进了一大步。范缜之前的无神论者在论述形神关系上都不免带有形神二元论的不彻底性。如先秦齐国稷下学派把精神看成是物质性的“精气”；《淮南子》中把“形”看成是“精之舍”；汉代桓谭用“烛火”来比喻形神关系，被当时的有神论者以“薪尽火传”钻了空子，反变成了论证“神不灭”的工具；王充则把精神当成是一种不同于形体又可以离开的单独存在物。范缜的形神一元论彻底克服了以往无神论者在形神关系上的二元论缺陷，成为他神灭论主张的出发点。

接下来，范缜提出“形者神之质，神者形之用；是则形称其质，神言其用；形之与神，不得相异”。用“形质神用”的观点，明确了形神的体用关系。在他看来，“形”是“质”，是本原、本体，“神”是“用”，是“形”的功能、作用。形体和精神是一个统一的整体，而不是可以分离的两部分东西，这就彻底批判了有神论提出的“形神相分离”“形神不共亡”的唯心主义观点。

范缜还利用物质世界的差异性、多样性来驳斥神不灭论的诡辩。范缜指出：“人之质，质有知，木之质，质无知也。人之质非木之质也，木之质非人之质，安有如木之质而复异木之知?”这就是说，树木是无知的物质实体，人是有知的物质实体，人的质与木的质是有区别的，其功能、作用也就必然不同。离开了特定的“质”，无所谓独立存在的精神、灵魂。

同时，范缜指出，人的精神活动，有其生理基础，精神活动是建立在物质基础之上的，即“神”是“形”的产物。范缜力图揭示精神活动是人的生理器官的产物。他认为人体“五脏各有所司”，痛痒的知觉是以手足为基础，听的知觉是以耳为基础，视的知觉是以眼为基础。在此基础上，范缜进一步把精神活动分为两类，一类是能感觉痛痒的“知”，即感觉、知觉；另一类是能判断是非的“虑”，即思维。范缜认为，这两类精神活动有程度上的差别，“浅则为知，深则为虑”，但它们没有本质上的差别，都是精神活动的表现。以此来反对佛教徒把“知”“虑”相对立，认为“知”要依靠形体，而“虑”可以脱离形体独立存在的唯心主义主张。

在《答曹舍人》一文中，范缜对（有人认为做梦时）“形留神逝”，并企图以此证明形式相分的观点予以了驳斥。指出梦幻是虚假的，是精神混乱的结果，并不是事实，不能用虚假的梦境作为证明形神相分的证据。面对宗教迷信一直利用鬼神传说来论证神不灭的观点，范缜也予以了正面回击。他指出，人的生命是由物质性的“形”“气”所形成的，人死，形气俱灭，哪里还会有独立不灭的神灵和精神呢？鬼神之说，乃是“圣人之教然也”，是圣人为了政治上的需要，为了便于对民众施与教化的结果。

范缜的《神灭论》一出，朝野喧哗，连当时的皇帝梁武帝及光禅寺大僧正释法云在内，受到了猛烈的攻击。梁武帝组织了70多篇文章来攻击《神灭论》，这些文章虽然都冠以“难”，即向范缜辩难，但实则只是对于范缜加了一些“背经”“灭圣”的帽子，毫无名理价值，范缜一概不予回答，只针对曹思文《难范中书“神灭论”》一文，写了一篇《答曹舍人》。可见范缜着实具有丰富的自然认识和深厚的思辨修养。因此，范缜也就成为继王充以来最伟大的唯物主义思想家，在中国中世纪逻辑史上具有空前的成就。

寇谦之

寇谦之（365—448），字辅真。上谷昌平（今北京）人。中国道教思想家。

道家学说自王充以降，多以宗教形式出现，并逐渐成为农民战争的旗帜。到了魏晋南北朝时期，道教开始复兴，并完成了其重要发展阶段——由民间走向上层社会，从民间宗教第一次成为国教。在这个过程中，首先要提到的就是南北朝时期北方的道教领袖——寇谦之。

寇谦之是北朝新天师道改革家和代表人物。他生活的年代处于十六国后期至北魏初期，当时的中国北方正处在少数民族割据混战的纷乱之中。寇谦之从小就喜好仙道，有绝俗之志，直到遇到仙人成公兴后，先后入华山、嵩山修道，成为他修道生涯的转折点。寇谦之嵩山修道 30 余年，59 岁时才决定出山实践他的政治梦想，并选择北魏太武帝拓跋焘作为辅佐对象，这样，道教的影响第一次传播到了北魏拓跋部。寇谦之的著述见于《云中音诵新科之诫》和《箓图真经》两部经书中，这些经书应该都是寇谦之自己编著，而假借太上老君的名义传授给他的。

南北朝是中国道教的大变革阶段。这一时期内，道教组织多存在教团涣散，教规松弛，传统修炼方法败坏风俗、有伤道教形象等问题，所以先后出现了多次由道教徒发动的道教改革，使道教在组织制度、教义教规、思想体系等方面逐步丰富起来，将原始的民间宗教改造成了上层的贵族宗教。寇谦之领导的天师道改革就是其中最重要的一步，而他改革的核心思想就是“援儒入道”，实现道教的发展和安邦治国的使命。

首先，寇谦之提出儒家的“礼”改造道教。他假托太上老君之口说：“嵩岳道士上谷寇谦之，立身直理，行合自然，才任轨范，首处师位。吾故来观汝，授汝天师之位，赐汝《云中音诵新科之诫》20 卷，……汝宣读《新科》，清整道教，除去三张伪法，租米钱税，及男女合气之术。……专以礼度为首，而加之以服食闭练。”寇谦之先以儒家的礼仪制度改造道教的神仙世界，在他的《箓图真经》中明确上界“有三十六天，中有三十六宫，宫有一主”，“无极至尊”为最高天神，次以大至真尊、阴阳真尊、洪正真尊、牧土宫主，以及五等天宫等仙者构成的诸神系列，对诸神的礼拜、坛位、衣冠、仪式也都作了“各有差品”的规定。此外，他还强调巩固统治政权和伦常关系，要求道教徒“不得叛逆君王，谋害国家”，“于君不可不忠”，攻击农民利用道教起义是大逆不道。总之，天师道经过寇谦之“清整”后，从组织到教义，以及与当权者的关系，都发生了很大变化，提倡礼度及规诫，约制教徒身心，使天师道与皇权结合，一度成为国教。

其次，寇谦之借用儒家“唯贤是授”来选拔道官和统领道民。他在《新科》中宣布，将旧道法“尽皆断禁，一从吾乐音诵诫新法”。新法首先废除了道官的世袭制度，代之以儒家“唯贤是授”的原则，并加之三年的考验期，都是按照儒家的礼法来清理道教组织的。

寇谦之还将儒家“中和”思想融入道教。“中和”是儒家文化的核心内容之一，就是要求人们立身、处世均取不偏不倚、无过无不及的态度，这样才能做到和而不同，对立的因素交融统一。寇谦之把“中和”思想与维持社会秩序紧密结合起来。他认为，“不和”是产生“坏乱土地”“称官设号”“贫者欲富”“颠倒伦常”“诈伪乱真”等行为的根源。他盛赞“中和”思想的重要意义，乃是大地合和、国家合和、室家合和的关键。

儒家哲学追求的最高境界是“内圣外王”之道，而“三纲八目”是儒家实现“内圣外王”的修养功夫。寇谦之也借用儒家的这种入世精神改造道教，他不仅积极参与政治，还曾以仙人之口表达其为“帝王师”的政治理想，在《老君音诵诫经》中宣称，自己作为教主的使命就是“并教生民，佐国扶命”。

寇谦之推动的道教改革，促使天师道由民间走向官方，成为北魏的国教；推动儒释道三教的融合，促使北魏政权的汉化。遗憾的是寇谦之的改革成果随着北魏政权的更迭而最终走向衰落。

陆修静

陆修静（406—477），字元德，吴兴（今浙江湖州）人。中国道教思想家。

陆修静，早期《道藏》的编辑者，也是南朝道教斋戒与仪范的制立者。相传他“祖述三张，弘衍二葛”，是南朝刘宋时期道教著名学者，一生著述颇丰，“凡撰记议论，百有余篇，所著斋醮科范百余卷”。可惜这些均多已失传。现存于《正统道藏》中的有：《太上洞玄灵宝众简文》《洞玄灵宝五感文》《陆先道门科略》《太上洞玄灵宝授度仪》《洞玄灵宝斋说光烛戒罚灯祝愿仪》各1卷，是灵宝派必读的道教经典；佛教著作中载陆修静著述有《必然论》《劳隐论》《遂通论》《归根论》《明法论》《自然姻缘论》《五符论》以及《三门论》。

陆修静收集魏晋以来的《上清》《灵宝》《三皇》等三大经系道书，刊正真伪，分为洞真、洞玄、洞神三部，即“总括三洞”，为《道藏》的编撰奠定了基础；宋泰始七年（471）陆修静编撰《三洞经书目录》，把其中记录道家经戒、方药、符图等1228卷分为“三洞四辅十二类”，是最早的道教经书总目。此外，他整顿和改造道教组织，建立和完善斋醮科仪，将五花八门的祭祀祈祷仪式规范化、制度化，编著道教斋戒仪范等书100余卷，对道教的振兴作出了巨大的贡献，是中国道教史上一个里程碑式的人物。

长生不老是道教的一个基本信仰。道教重生恶死，追求肉身成仙。受到儒学的影响颇多，陆修静的长生不老思想强调“行善成德以至于道，若不作功德，但守一不移，终不成道”，在他的长生理论中，还纳入了孝慈等传统的道德观念。《洞玄灵宝五感文》中说到，一旦获得神丹以济沉溺，则首先给我的父母，因为父母对我有养育之恩；其次给我的整个家族，以泽被后代。他还借鉴佛教“三业清静”的思想，结合长生不老的追求和儒家仁孝之教，构立起斋醮规范，为后代典式。

所谓斋醮，是道教的祭祀和祈祷的仪式。斋是衣服整洁、身体干净、心灵纯洁的意思，醮是道士登坛祭祀礼神的礼仪。斋可分为三种：一种是设供斋，一种是节食斋，还有一种是心斋。陆修静斋醮思想的特点是以“心斋”作为上士所行的斋法。所谓心斋，是“谨守天戒，心意同符，内外同仪，无思无欲，无虑无恐，悠然坐忘，德同真人，道合仙格”（《灵宝无量度人上经大法》）。陆修静强调在祭祀活动中要偏向于追求宗教精神的清雅超越，抛弃世俗祭祀中满足欲望的内容，使斋醮的重心由追求身体的苦行转向内在精神的超越。

政教结合的主张在陆修静的道教思想中占有很重要的部分。陆修静建立的三会制度、授箓制度、五感理论等确保了道教内部组织纪律的严明，又使教徒受到世俗文化的约束，使教徒行为限制在统治阶级所允许的范围之内，防止出现犯上作乱，有利于社会安定和秩序平稳。

在中国道教史上，陆修静和北朝的寇谦之一样，都是著名的道教思想家、改革家，特别是他的《三洞经书目录》对于中国道教目录学的重大学术贡献，使得他完全可与中国古典目录学上的刘向父子、佛学目录学史上的道安相媲美。

王通

王通（584—617），字仲淹。绛州龙门（今山西河津）人。中国古代著名思想家。

在经历了纷乱动荡的魏晋南北朝之后，中国社会走向了短暂的统一——隋朝。王通就是生活在这个转折点朝代的一位伟大思想家。王通一生致力于推崇孔孟之道，在儒学走向没落的紧急关头，王通思想起到了承前启后的重大作用，为儒学指明了新的发展出路，对后来理学的出现起到了一定的启蒙和引导意义。

王通死后被其门人私谥为“文中子”。王通著述有《太平十二策》《续六经》等多部，但大部分章节遗失，《中说》非王通自著，而是其门人记录王通言论整理而成。王通一生虽然短暂，但提出了许多有价值的思想和主张，这些思想多见于《中说》中。

隋朝统一全国，分裂和动荡的魏晋南北朝告一段落。但没过多久，各种社会矛盾在战乱平息之后重新暴露出来：一方面，地主制逐步取代农奴制，使得农奴获得了相对的人身自由，他们不愿意生活于暴政之下，有希望国家行仁政的愿望和要求，渴望过上安定的生活；另一方面，新兴的地主阶级也希望通过仁政来缓和阶级矛盾，以巩固自己刚刚获得的经济、政治权益。于是，建立新的道德准则迫在眉睫。

王通的“王道”思想应时而生。他著《续六经》就是要对古代的王道予以继承和发展，围绕这个思想核心，提出了关于仁政的一系列具体思想和主张。

“王道”即“圣人之道”，其内容就是要“以德吸人”，实行仁政。王通一生以明周公、孔子之道为己任，并以“周礼”作为王道的最高准则。他说：“吾视千载已上，圣人在上者，未有若周公焉，其道则一，而经制大备，后之为政有所持循。吾视千载而下，未有若仲尼焉，其道则一，而述作大明，后之修文者，有所折中矣。千载而下，有申周公之事者，吾不得而见也；千载而下，有绍宣尼之业者，吾不得而让也。”由此可见，王通是要以“周礼”为核心来阐发儒家经典，行“先王之道”。王通又说：“仁义，其教之本乎？先王以是继道德而兴礼乐者也。”可见，“先王之道”，其核心内容就是“仁义”，借助礼乐形式表现出来的社会政治秩序、社会人际关系方面的伦理之道和个人修养之道。

关于“仁政”的具体措施和建议，总的原则就是“中庸之道”，“中”指仁、义、礼、智、信五常的统一。王通指出，统治者应该首先要“正主”，就是要求君主做到遗身、无私、至公、以天下为心。王通建议统治者为政要“推诚”与“赏罚”并用，其中“推诚”为主。他尤其赞扬两汉之主实行的“休养生息”政策，并提出要“以德授官”，将“官”与“禄”区别开来：对有功劳者，应授之以禄，而不能授之以官；只有有德行者，才可以委任官职。

王通政治思想中最辉煌也是最可贵的部分是其“民本说”。其民本思想包含五个要点：（1）人民是国家的根本；（2）当政者应当重视民意；（3）以民为贵、以君为轻；（4）政府要以爱民利民为主；（5）人民的好恶足以左右国运。《中说》中讲到“不以天下易一民之命”，就是说统治者即便是失去江山，也不能草菅一民的性命。

此外，在自然观上，王通对于“天人关系”展开了积极的探讨。他对传统“天人感应论”将天神秘化、道德化和人格化的批判，使得传统哲学由天人感应论向理学天理论转变迈进了一大步。

面对儒学地位进一步下降，儒、释、道三教并世而存，统治者根据自身利益需要在三教之间进行权衡和选择的现实形势，王通从当时的大局出发，并没有固执于“唯儒独尊”的门户偏见，而是提出了“三教合一”的主张，肯定了三教的存在均在各自不同的方面有利于社会的稳定。

王通倾其毕生精力致力于儒学的改造和振兴，他的思想在兵荒马乱的隋末虽然未产生什么影响，但到唐朝受到了极大的重视。他的“民本思想”和“任贤纳谏”之议，恰是唐太宗一再标榜的两大重点，他的“王道”“仁政”思想开启了唐宋仁政学说的先河，为振兴儒学指明了方向。

孔颖达

孔颖达（574—648），字冲远，一作仲达、冲澹。冀州衡水（今河北）人。著名经学家。

青年时代的孔颖达接受了传统的儒家教育，以精通五经著称于当时。隋炀帝大业年间，举明经高第，授官河内郡博士。唐建国后，他担任国子助教，被秦王李世民聘为文学馆博士，成为秦王府智囊团中的重要人物，是著名的“十八学士”之一。玄武门之变，李世民夺取了皇位，孔颖达成为太子右庶子兼国子监司业。贞观十一年（637），他参加撰修五礼，因成绩卓著而晋升子爵。贞观十六年（642）受李世民之命，撰写《五经正义》。这一部180卷的巨著完成后，李世民盛赞这部著作是“博综古今，义理该洽，考前儒之异说，符圣人之幽旨”。孔颖达卒于贞观二十二年，奉旨陪葬昭陵，以示荣宠。

《五经正义》是孔颖达的主要著作。在唐太宗李世民统治时期，他治理国家的理论基础，主要是吸收了儒家学说中的精华部分——施行仁政，尊崇礼法。因而他积极提倡儒学，发展教育，出现了“四方儒士，多抱负典籍，云集京师”的局面，儒学之盛世前所未有。但前人对儒家经典的注释，章句繁杂，义旨浅略，使教者多烦惑，学者劳而少功，这就不符合当时社会形势发展的需要。所以唐太宗李世民亲自下诏，由孔颖达主持，根据“存其是去其非，削其繁而增其简”的原则，经过两次修订，编撰出集合《周易正义》《尚书正义》《毛诗正义》《礼记正义》《春秋左传正义》的《五经正义》，流传至今。这部书成为唐、宋以来解说五经的标准本，从而完成了中国经学史上从纷争到统一的过程，也使得孔颖达成为对中国经学具有总结和统一之功的大经学家。在这部宏大的著作中，也反映了孔颖达的哲学思想和政治理论，在古代思想史上占有相当重要的地位。

孔颖达在《周易正义》中，对《周易》进行了引申和发挥，形成了他的客观唯心主义宇宙观。他把宇宙的形成分作三个阶段：第一个阶段是没有形体的太易阶段，第二个阶段是产生气太初阶段，第三个阶段是产生物质的太素阶段。在这里孔颖达吸收了“道”的观念，他说“道”是无体之名，形式有质之称，凡有从无而生，是先道而后形，道在形之上，形在道之下，故自形而上者谓之道，形而下者谓之器也。他把老子的“道”和《易经》中的易理结合在一起，以虚无的超自然的实体作为世界的本原，这种观点也成为宋代程朱理学的先导。

孔颖达继承并发展了《周易》中关于运动的思想，认为宇宙万物都处于不断运动及变化之中，他说：“夫易者，变化之总名，改易之殊称。自天地开辟，阴阳运行，寒暑迭来，日月更出，孚萌庶类，亭毒群品，新新不停，生生相续，莫非资变化之力，换代之功。”他把万物发生发展消灭的变化过程归纳为事物本身阴阳、刚柔、动静的矛盾对立和统一，包含着朴素辩证法的思想因素。

孔颖达的政治思想主要是进一步阐明和发展了儒家的礼治思想和王道思想，提出了顺势应时的思想，为维护和发展大一统的政治局面，提供了理论根据和政治策略。

孔颖达吸收了荀子礼治学说，在《礼记正义》中进一步阐述和发展了这种思想。他认为礼是先天地而存在的，并非由人制定，是不教而能的自然本能，并且把礼与天地运行结合在一起，指出“礼则理也，其用以治则与天地俱兴”，只有顺从维护秩序的礼，国家才可以与天地俱兴。可见，孔颖达认为礼是立国的根本，是稳定社会的重要手段，这一思想正是为巩固当时的统治制度、维护大一统的局面起着重要作用，因而受到唐太宗的高度重视。

自春秋、战国以来，“王道”和“霸道”就是两种截然不同的政治主张。“王道”主张以德服人，通过尚贤使能、节用裕民等政策，争取人民的拥护；“霸道”则强调以武力服人，以暴力进行统治。儒家主张“王道”，唐太宗李世民采纳儒家学说，在施政上积极推行王道政策。孔颖达也从多个方面探讨了王道问题，他主张王道应包含以下内容：

第一，讲究君道。帝王拥有至高无上的权威，国家的治乱兴衰与帝王的一言一行有着直接关系，因此孔颖达极力主张用儒家的标准来衡量皇帝的所作所为，提出帝王一定要谨言慎行，以身作则。皇帝只有真正做到“昭法诫，慎言行”才能稳定社会秩序，达到治国安邦的目的。同时，一个贤明的君主，还必须虚心采纳臣下的意见，否则会造成“上下情隔，君臣道乖”，可致亡国。

第二，善于养民。他说“养民者，使水、火、金、木、土、谷此六事，惟当修治之。正身以法，利民之用，厚民之生，此三事惟当和谐之”。为君之道关键在于养民，能够为人们兴利除弊，开拓财源，人民富裕起来，国家才能富强，社会秩序才能稳定。

第三，选用贤能。孔颖达认为，一个国家的政治是否清明，关键在于能否选拔和使用贤能之人。他说“圣人先须养贤乃得养民，故曰养贤以及万民也”，论证了君、臣、民三者间的关系，阐述了对稳定国家秩序的看法。

第四，主张教化。儒家把教化作为王道思想的主要内容之一，用来缓和阶级矛盾，达到暴力统治所达不到的目的。孔颖达特别提出“诗”对教化所起的作用。他说：“诗者，论功德之歌，止避防邪之训，无为而自发，乃有益于生灵。”教化最终要达到“不怒而人威，不赏而人劝”的功效，是抚世治民的根本。

此外，孔颖达还指出，一个贤明的君主，要想使政治治理收到良好效果，就应当顺应时势的变化。万事万物的存在都是遵循客观规律而成长的，人们只有遵循客观规律才能培育万物，促其成长。“故王者动必则天地之道，不使一物失其性；行必协阴阳之宜，不使一物受其害。”统治者所制定的一切政教措施，必须根据客观的需要，顺应当时的形势“量时设教，须用而行”。

吉藏

吉藏（549—623），俗姓安，又称胡吉藏，祖籍安息。南陈至隋唐时期著名高僧。

吉藏与天台宗智𫖮、静影寺慧远被后世并称为“隋代三大士”。年少时随三论大师法朗出家，聪慧机悟，勤学博览，以宣扬摄山三论正统为己任，最终集三论学之大成，完善了三论学体系，被后世尊奉为三论宗创始人。

隋、唐之际的佛学，其历史源流，可以上溯至魏晋南北朝时代。佛学传入中国之初，有两个系统：一是禅法，一是般若学。般若学在晋宋之际衍变成为六家七宗，在南朝更与三论之学相结合而有新的发展；早期的禅法最终也在北朝找到了生根的土壤，成为禅法、净土和戒律。前者倾向于思辨，是魏晋玄学传统的延展，后者倾向于苦行，是北方宗教传统的持续。随着后来的发展，佛学出现了南方义学和北方禅法互相混合的一种趋向，至隋、唐之际形成两大宗派，即三论宗和天台宗，其中势头最盛的是三论宗。三论宗的教义与般若学、三论学一脉相承，代表人物为吉藏。新的佛学仍不断传入，《地论》流派和《摄论》流派的出现，以及《地论》一派于三论宗的会合中，又酝酿了华严宗。直到玄奘的出现，创立了唐初势力最盛的唯识宗，这就是隋、唐之际涌现出来的三大佛学宗派。

吉藏三论宗的宗旨可以概括为“无所得”。这个思想既上承于龙树、提婆的“遍无所依”“一切法空”“空亦复空”的主张，同时也针对南北朝末年诸家异说而提出。吉藏在《法华游意》中说道：“若有因果等见，即是有所得。有所得名之为粗，不名为妙；有所得名为非法，不名为法；有所得即是不净染著，非是莲花。今息因果等见，即是无所得。无所得故，名曰妙法，称为莲花，故是经宗。”在吉藏看来，一切佛教经典都是在申明无所得之旨，“无得正观”是一切佛法之精义所在，于无所得之外，别无佛法。“莫问大乘小乘，内道外道，有文作义还是无文构造，凡心有一毫依得，言有一句定相，皆悉洗之令毕竟净。”佛教经纶之所以提倡“无所得”，是因为心有所得、有所执着是一切烦恼和痛苦的根源，所以，要消除烦恼和痛苦，首先就必须断除“有所得”之心，若心有所期待，便有了束缚，便不得解脱生老病死忧悲苦恼。

同时，“无所得”也是区别佛法与外道邪说的重要标准。吉藏认为，区别“正”“邪”的唯一标准就是“无得”与“有得”。“有得”是邪须破，“无得”是正应申。也就是说，一般所谓的邪见，就是执着于某种固有的见解，以图揭示事物的真相；而一般所说的正见，就是对任何东西都不执着。而且，人们通常是在破除了他所认为的邪见之后，随之建立起自己对真理的见解，并往往固执于此，这样，其实已经沦为有得的邪见了。

因此，吉藏主张，昭示佛法的正确方法，应该是“唯破不立”“破邪显正”。

吉藏三论宗的核心是二谛——中道。中道是其终极目标和理想境界，二谛是为实现此目标而假名施设的言教。中道是三论宗修行的目的，但又是不可言喻的，所谓“言语道断，心行处灭”；二谛并非中道，但要体悟此妙不可言的中道，必借助二谛之名，“二谛是教门，不关境理”。吉藏借助二谛之名，以独特的“四重二谛”渐舍方法，以世俗之说有说无，契入佛理之非有非无，却又不落入非有非无。

说有是俗谛，说空是真谛。说有说空都是俗谛，说非有非空才是真谛。说空有之二与非有非空之不二都是俗谛，非二非不二才是真谛。以上三重二谛都是教门，超越了它们的无所得才是真谛。可以看出，吉藏讲求的四重二谛的方法是有层次的、由浅入深的，通过重重否定，最后达到言忘虑息、无得无依的境界。

法藏

法藏（643—712），著名佛学家。

在隋唐佛学中，华严宗与禅宗最晚出现，对道学的影响也较大。华严宗的教义《华严经》很早就传入中国，东晋时觉贤译出 60 卷《华严经》，自晋至南北朝，研究这一经典的僧侣并不很多，自梁末至唐初，《华严经》的研究才开始盛行，直到武周时期的法藏，华严宗才成为一个宗派。

华严宗教义极为烦琐，其思辨哲学也杂糅着各派论点，因而它是佛学中的“杂家”。所谓“杂家”在形式上好像企图总结以前各宗思想，但在内容上却是凑合以前各宗思想，其所以名为一家，又在于以一个中心论题为线索而贯穿于许多思辨形式之中，其实际的创始人为法藏。

法藏先人为西域康居国人，高祖和曾祖都曾任康居国宰相，是显赫的官宦世家，法藏的祖父后从康居迁居长安。法藏 16 岁时，在阿育王舍利塔前燃手指一根，以作供养，表明虔诚向佛的决心。第二年，他入太白山学习佛教典籍，再后来，慕名拜在云华寺高僧智俨法师门下，后被推荐入王室。法藏与武周政治关系很密切，奉皇命在太原寺、云华寺等地弘扬佛法。

法藏的世界观以“缘起”论为基石。他认为，每一个别事物只存在于全部事物的相互依存关系之中，这就涉及事物之间普遍联系的哲学观点。当然，法藏不承认有客观存在的事物，他所论证的只是“事相”的普遍联系，而所谓“事相”，正和三论宗中的“相”一样，被规定为没有“自性”的，即没有自己本质属性的虚幻存在；这种“事相”只被认为由“心”所现，但又在自己和自己对置之中，构成“心”的客体，因而它又和唯识宗的“外境”一样，不过是对象化了的自我意识。

从法藏关于“事相”世界的一些基本论调中，已经可以看到，他的理论既强调事物之间的差别性，又强调它们之间的联系与依存的关系，“摄”与“入”的关系，“有力”与“无力”的关系。

法藏的缘起论着重论证了“事相”普遍联系，但在普遍联系的存在中却最终归结于一个存在的安排者，这就是他所要烘托出的“理”的本体。在华严宗教义中，“事相”世界是依据“理”“性”而成立的，其中，“事”与“理”相对，“相”与“性”相对，“事”“理”关系是华严宗教义中最为主要的论题。

在这里，华严宗有一个唯心主义哲学的古典论题：“理”有分限，还是没有分限？“理”在各个事相中是分遍还是全遍？如果“理”是整体的、绝对的，而“事”是杂多的、差别的，那么，“理”显现为“事”时，“事”是分有“理”的部分呢，还是分有“理”的整体？法藏关于这个问题用中道观作了一个狡猾的回答：在某种意义上，“理”可以说是有分限的，因为每一事物都存在着完整的“理”；在另一种意义上，“理”也可以说是没有分限的，因为“理”是普遍的存在；在某种意义上，“理”可说是既有分限又没有分限的，因为“理”既是普遍的存在，同时又存在于各个事物中；而在另一种意义上，“理”还可说是既非有分限，又非无分限的，因为“理”是一个绝对的存在。但不论这个回答如何卖弄中道观的玄虚，其主旨还是明白地表述出来了：即“理”是一个整体，不同的事物显现都是“理”的结果。

法藏进而从“理”“事”相互关系的角度论证“一多相摄”的命题，

把客体归结为由主体派生的东西。

华严宗的“理事”说对程朱“理学”有一定影响，后者有不少论题、思维途径、提法及使用范畴，都是从前者那里得到启示。而它的实际创始人法藏也因其深邃的思辨力和佛学修为被后人尊奉为华严宗三祖。

玄奘

玄奘（602—664），俗名陈祎，洛州缑氏（今河南偃师缑氏镇）人。著名佛学家。

玄奘即小说《西游记》中唐僧的原型。在中国佛教发展史和翻译史上作出了卓越的贡献，占据重要的地位。

印度大乘佛教可分为两大派：一派是以龙树、提婆为首的空宗，一派是以无著、世亲为首的有宗。在中国，空宗的教义，即《般若》《三论》之学，自魏晋南北朝以来一直是占据优势的；有宗的教义，即法相唯识学，则传入较晚。

传译并介绍法相唯识宗的，在南方有真谛，所译著作有《摄大乘论》《中边分别论》《转识论》《显识论》《唯识论》等，他所开创的学派一般称为“摄论宗”；在北方有菩提流支、勒那摩提，所译有《十地经论》《深密解脱经》等，他们所开创的学派一般称为“地论宗”。此后，随着南北佛学的交流，南方的摄论宗和北方的地论宗会合在一起，唯识学也因而传布开来。然而大肆弘扬唯识学的则是玄奘及其弟子，他们所建立的学派被称为法相宗（或唯识宗、慈恩宗）。

陈祎幼年不幸，父母先后辞世，已出家的二哥长捷带他来到了净土寺。陈祎天资聪慧，又爱好佛学，13 岁时，破格剃度为僧，法名玄奘。随着唐朝政局的逐步稳定，在强烈求知欲驱使下，玄奘于 623 年离开四川，到处奔走，拜访名师。最后，他来到长安，向道岳等佛学大师学习。玄奘师从诸多高僧不同派系，这既极大丰富了玄奘的佛学修为，也带给他一个很大的疑惑，佛教中同一个问题的解释，不同教派的观点大相径庭，各派各执一词，这使玄奘感到无所适从。同时，他深感佛经的译本太少，不能满足研究的需要，有些译本还存在明显的文笔错误。为了解开心中的疑惑，玄奘决定去当时的佛教中心——印度取经。

623 年，玄奘从长安出发，开始了他漫长而又艰辛的西行求经之路。玄奘到达印度，师从戒贤法师，在当地最大的佛教寺院那烂陀寺开始了佛经的学习。玄奘在印度一共待了 14 年，641 年，他谢绝了各方的挽留，携带 657 部经书、150 粒舍利、7 尊佛像踏上了回国之路，于 645 年回到长安。在此后大约 20 年时间里，玄奘把自己的主要精力用在了佛经翻译上，664 年，玄奘逝世。

玄奘在印度生活学习多年，得到了很多印度高僧的指点，他所创立的法相宗被看作是最接近印度佛学的宗派。而法相宗的基本思想包括三性说、阿赖耶识说和真唯识量。

所谓三性说，是讲一切事物的实相要区分为三性，其中人们对事物的分别、认识是一种虚妄的幻想，为遍计执自性；认识到事物是因缘而起，这是相对真实，是依他起自性；由此进而认识到事物的实性，才是所谓绝对真实、称圆成实自性。

玄奘的又一个基本思想是阿赖耶识说。阿赖耶识又叫藏识，即收藏一切现象的种子的仓库。“阿赖耶识因缘力故，自体生时内变种子及有根身，外变为器。”“非断非常，以恒转故。”阿赖耶识是包括一切现象种子的总体，玄奘认为一切现象都是由阿赖耶识所变现，由阿赖耶识的种子所变现，总的说来，宇宙万事万物都离不开“识”，“万法唯识”。

真唯识量，是玄奘在发展印度因明学说基础上提出的，是他的宗教思想里第三个基本思想，是他提出的学习佛法的一个重要法门。其内容就是把色（现象）分为本质色和相分色，强调相分色离不开识，“如是处处说唯一心”。

玄奘开创的唯识宗，以后又在窥基、慧沼的发展下得到极盛，但其所遵循的基本教义仍是以玄奘的思想为主流。

慧能

慧能（638—713），俗姓卢。祖籍河北范阳（今河北涿州）。著名佛学家。

禅宗在唐代的隆盛应该追溯至隋唐初弘忍（602—675）在今湖北黄梅开创的“东山法门”，即所谓的“北宗”。当时这一宗派得到了武则天的重视，被选拔为新的“国教”。北宗的势力，一直延续到玄宗开元年间，持续不衰，直到肃宗至德二年（757），南宗代北宗而兴。而南宗的创始人便是六祖慧能。

慧能3岁丧父，与母亲相依为命，以卖柴维持生计。后至集市，偶闻《金刚经》而发明心地，便辞别母亲前往黄梅礼拜五祖弘忍法师。慧能慧根纯熟，自悟玄机，得到五祖的垂青，五祖遂密授衣钵于慧能，慧能成为禅宗六祖。记载慧能生平和思想的主要典籍是《坛经》，六祖生平历经后学编撰润色，饱含宗教色彩，但他所独具的般若正观，融摄万法会归一心，以明心见性、性净自悟等思想作为南宗禅学之枢机，使他成为佛教中国化之革命的最杰出的践行者。

在慧能的禅宗思想里，自性占有核心位置。众生的自性即是众生的自心、本心、本性，众生的本性也就是佛性。慧能在与弘忍初见时的对话中就表明了他是主张众生平等皆具佛性的。佛性既然是众生的本性、自性，所以认识了众生的本性也就成就了佛性，这就是慧能“自性成佛”的主张。佛性不是在众生身心之外、与众生生命截然分离的抽象存在，而是众生身心之本体，存在于众生身心生命中。

关于自性之与个体身心的关系，慧能讲道：“世人自色身世城，眼耳鼻舌是门，外有五门，内有意门，心即是地，性即是王，王居心地上，性在王在，性去王无，性在身心存，性去身心坏，佛向性中作，莫向身外求。”这就是说，个体身心好比一座城，自性是此城之王，自性从根本上决定了身心存在以及如何发挥作用，可见自性是众生身心生命的本体或主体。自性主宰众生生命，但又并非如灵魂那样的精神实体，而是如同虚空一样，没有任何规定却又包含一切规定，因而是性空的、无法可得。

自性真空、包含万法却又无法可得，是因为自性具有般若智慧。慧能认为，众生若无迷妄、尘劳的束缚，那么般若是不离自性而发挥其作用的，“从一般若生八万四千智慧，何以故？为世有八万四千尘劳，若无尘劳，般若常在，不离自性”。自性般若智体现在三个方面：自性法身、报身和化身。这三者是三位一体，不可分割的，称为自性三身。

接下来，慧能在自性三身的理论基础上，建立了成就自性佛的具体方法——定慧一体，成佛的方法实则就是自性三身理论的实践而已。而要做到定慧一体，就必须于一切时中常行直心或行平等直心，即做到无念、无相知和无住，这样才能保证一切时中，发挥般若无住的作用，于一切法都无执着。即“无念法者，见一切法，不着一切法，遍一切处，不着一切处，常净自性，使六识从六门走出，于六尘中，不离不染，来去自由，即是般若三昧，自在解脱，名无念行”。

众生若能真正实践自性定慧一体的般若行，则能消除、摆脱迷妄，而真正地、完全地回复自性本觉。众生由摆脱迷妄而完全回复自性本觉是通过“悟”来实现的，“悟”即“见性”，这就是慧能强调的“见性成佛”思想。

悟是众生自悟，是众生自性自悟，故要达到自悟，就要发挥自己本有的自觉的能动性。慧能说：“三世诸佛，十二部经，亦在人性中，本自具有。不能自悟，须得善知识示导见性，若自悟者，不假外善知识，若取外求善知识，望得解脱，无有是处。识自心内善知识，即得解脱。若自心邪迷，妄念颠倒，外善知识即有教授，救不可得。汝若不得自悟，当其般若观照，刹那间，妄念俱灭，即是自真正善知识，一悟即知佛也。”

慧能讲到的“悟”，或者“见性”是“刹那间”，即是顿悟，“妄念俱灭”，是妄念一下子全部消失，而不是部分地消失。这就好比天空浮云被风吹散而万象显现一样，自性自悟时，妄念浮云被吹散、消灭，故而内外明彻，自性中万法皆现。

慧能禅宗思想的核心是自性说，尤其是其中自性三身的理论；慧能的方法论、认识论就是自性三身理论的具体运用，即定慧一体；同时，慧能还突出强调了自性自悟的作用。这些思想对以后的菏泽宗、洪州宗乃至宋明理学的形成产生了深远的影响。

刘知幾

刘知幾（661—721），字子玄。彭城（今江苏徐州）人。唐代大史学家、著作家。

刘知幾著述有《刘氏家乘》15 卷、《刘氏谱考》3 卷、《史通》20 卷、《睿宗实录》10 卷、《刘子玄集》30 卷，以及和别人合修的书 1600 多卷。《史通》包括内篇 39 篇，外篇 13 篇，内篇为全书主体，着重讲史书的体裁体例、史料采集、表述要点和作史原则，以评论体裁为主；外篇论述史官制度、史籍源流并杂评史家得失。《史通》是刘知幾的代表作，是他唯一流传至今的著作，也是中国第一部史学理论专著。

刘知幾是以儒家伦理思想为指导进行学术研究的，将弘扬儒家伦理思想当作史学家的责任。他在《史通·史官建置》中说道："苟史官不绝，竹帛长存，则其人已亡，杳成空寂，而其事如在，皎同星汉。用使后学者，做披囊夹，而神交万古；不出户庭，而穷览千载。见贤思齐，见不贤而自省。若乃《春秋》成而逆子惧，南史至而贼臣书。其记事载言也则如彼，其劝善惩恶也又如此。由斯而言，则史之为用，其利甚博。乃生人之急务，为国家之要道。"刘知幾认为，史学的基本职能是记事，但不是为了记事而记事，记事是为了让后人见贤思齐，见恶自省，树立良好的道德品质。他认为史学家的重要职责之一是以历史作为工具，"劝善惩恶"，弘扬社会道德，使儒家人伦纲常内化为人的价值观念和精神力量。总之，儒家伦理思想成为他撰写《史通》的精神主轴。

同时，刘知幾把儒家经典《春秋》一书所体现出来的伦理思想当作学术评论的标准和尺度，符合这一标准的即给予肯定，反之就给予批评。这也影响着儒家伦理思想指导下的史学批评被纳入了正统史学的轨道，整个正统史学的发展呈现出以儒家伦理思想为坐标的倾向。

《史通》的"通识"方法始终贯穿刘知幾的治学实践，是刘知幾一家独断之学的精神所在。所谓"通识"，是指史学家有纵向和横向联系的眼光，善于将表面上的分散孤立的材料加以归纳贯穿，发现其内在联系，作出合理的分析，从而讲清历史问题的真相，发前人之所未发。

"通识"方法的使用，使得刘知幾对中唐以前的史学有着超越前人和同时代史学家的认识，《史通》反映出其在史学思想上的贡献：第一，他创造性地对中国史学功用理论进行了首次系统阐述，开创了史学批评的新纪元；第二，他系统考察中唐以前的修史制度，开启了史学史的先河；第三，他系统总结中唐以前史书体例，使纪传史编纂更趋规范；第四，他提出史家修养标准，成为历代公认的一种人才观；此外，他提出修史的具体方法和要求，推进史书编纂不断完善。

刘知幾在对《史通》全面、系统总结的基础上，创造性地提出一些新观点和新方法，使史学内容更丰富，叙述亦更加详细。关键在于，他创立的完善的编次结构和一套较系统的思想体系，把史学向前推进了一大步，标志着中国史学水平进入到一个更高的阶段，对后世的史学发展具有深远影响，也被后人誉为“载笔之法家，著书之监史”。

韩愈

韩愈（768—824），字退之。河南河阳（今河南孟州南）人。对宋明理学有重大影响的哲学家，也是唐代著名文学家，古文运动的领导者。

在中唐政坛上，韩愈是一个政治思想和世界观比较复杂的人物，他以儒学复兴为己任，具有积极入世的理想和抱负，率先打破佛老在思想界的统治地位，创造性地恢复了儒学的意识形态地位。

韩愈年幼时生活在新禅学学说浓厚的环境中，深受其影响，为了抵御、压倒佛道两派，他建立了一套自己的“道统”理论体系，试图通过“道统”来还击佛教的祖统论，重树儒学地位。

韩愈批评了佛道的所谓道和德，并肯定了自己所言之道与佛老不同。“斯吾所谓道也，非向所谓老与佛之道也。”（《原道》）韩愈之道，讲求仁义道德统一，“博爱之谓仁，行而宜之之谓义，由是而之焉之谓道，足乎己而无待于外之谓德。仁与义为定名，道与德为虚位……凡吾所谓道德云者，合仁与义而言也”（《原道》）。韩愈的道，是由仁义构成的，德是自得其道。道与德皆是虚位，是没有具体内容的概念，只有把仁义作为道德的实际内容，这样的道才能称为善道，这样的德才能称为善德。韩愈所言之“道”，是其思想的核心和统帅，故而名曰“道统”，而自己的使命就是恢复从尧舜到孟子的儒家道统，使之相续不断。

韩愈反对佛教宣传所谓的灭情以见性的出世观点，认为恰恰在人情伦理关系内才能使情“动而处其中”，因情而见性。为了与佛教出世的人性论划清界限，韩愈提出了自己的性三品说，并说明了性与情之间的关系：“性也者，与生俱生也；情也者，接于物而生也。性之品有三，而其所以为性者五；情之品有三，而其所以为情者七。性之品有上、中、下三。上焉者，善焉而已矣；中焉者，可导而上下也；下焉者，恶焉而已矣。其所以为性者五：曰仁、曰礼、曰信、曰义、曰智。上焉者之于五也，主于一而行于四；中焉者之于五也，一不少有焉，则少反焉，其于四也混；下焉者之于五也，反于一而悖于四。性之于情视其品。情之品有上、中、下三，其所以为情者七：曰喜、曰怒、曰哀、曰惧、曰爱、曰恶、曰欲。上焉者之于七也，动而处其中；中焉者之于七也，有所甚，有所亡，然而求合其中者也；下焉者之于七也，亡与甚，直情而行者也。情之于性视其品。”（《韩昌黎全集》）

韩愈认为，性是与生俱来的，情是接触外物而产生的，人性分为上、中、下三品。上品是至善的，上等的人天生就是善的。在构成人性的五德方面，他们能以仁慈为根本，兼具其他四种道德，配合得十分齐全。中品的性是可善可恶的，中等的人与生俱来就是有善有恶相混的。在人性构成的五德方面，中等人缺少仁，甚至违背仁，其余四种德也有好有坏，杂而不纯，这类人需要后天教育而达到性之上品；下品的性是最恶的，构成其人性的五德，他们不仅缺少仁，同时也背离了其他四德，这类人因其先天不足，即使施加教育也得不到人性的升华。

韩愈接下来由“性三品”衍生出“情三品”说。情具体包括喜、怒、哀、惧、爱、恶、欲。上品的情七个方面发动都符合道德原则；中品的情发动有过与不及，但部分合乎道德原则的要求；下品的情恣意而行，都不符合道德的标准。

韩愈把性与情放在一起，指明了二者的关系：性情是一致的，情的品级和性的品级是一一对应的；但二者又是不同的，性是与生俱来的，先天获得的，而情是性接于外物而产生的。较之传统儒家人性主张，韩愈的人性论更加细致，他试图说明善恶根源于性，而表现为善恶，实由于情。

安史之乱后，一批文人志士希望通过自己的努力，帮助唐朝再次达到经济、文化、政治的中兴，以期再现唐朝盛世。虽然这种尝试没有从根本上改变唐朝走向覆灭的结局，但是他们的努力使唐朝出现了元和中兴，韩愈就是其中的代表。韩愈是中国儒学发展史上的一个承前启后的人物，他的思想特别是道统论、人性论及反佛主张对当时以及后来的宋明理学都产生了相当大的影响，被学术界公认为道学运动的先驱者之一。

柳宗元

柳宗元（773—819），字子厚。河东解（今山西运城西南）人。杰出的诗人、哲学家、儒学家，成就卓著的政治家。

柳宗元，“唐宋八大家”之一。著述600多篇，被后人编辑为30卷，名为《柳河东集》。

隋唐以来，儒、释、道三教鼎立，但在斗争中它们彼此融合、相互渗透。面对三教并存，尤其是佛教的异军突起和势力膨胀，儒学内部就如何应对佛教的挑战，存在着一定的分歧：一派以韩愈为代表，主张反佛、避佛，独尊儒术，排除异己，这一主张在形式上走向了思想文化的专制，不适应唐朝开国以来所形成的开放、融合的文化态势；另一派以柳宗元为代表，提出“统合儒释，宣涤凝滞”，主张以儒学为主体，兼容各家之所长，以开放的思维使儒学获得新的生命力。由此，开启了中唐时期儒学的复兴之路，而中唐的儒学复兴恰是后来宋明儒学发展的胚胎。唐宋儒学的复兴，成就了唐宋思想的转型，成为中国史上唐宋变革的重大表现之一。柳宗元提出的以“儒”为基点的“三教融合”观，批判地吸收三教的思想资源，完成了其儒家宇宙论与心性论的建构，成为唐代“三教融合”思潮中的杰出代表。

如何做到融合三教，柳宗元提出了三条基本原则：

其一为夷夏若均。从孔孟开始，传统儒家思想里就表现出了对夷狄文化的戒心，韩愈坚持传统立场，谨守“夷夏之大防”。对此，柳宗元提出了不同的观点：“夷夏若均，莫取其是非。”（《送贾山人南游序》）主张以“道”而不是“夷夏”作为判断是非的标准。

其二为伸长黜奇。柳宗元主张汲取儒释道三家思想之长而舍弃其短，做到互相补充、互相融合。例如，对儒学，吸收其经世济民的思想，批评汉代以来的“天人感应”论；对佛教，吸收其“中道观”与心性论，而批评其“无夫妇父子”；对道教，吸收其“元气论”和“自然论”，而批评其服饵、食气等方术。

其三为佐世。传统的儒家思想讲求“内圣外王”之道。韩愈、柳宗元都试图建立儒家“道统”，但二者对“道”的理解有不同的倾向：韩愈注重“内圣”之道，柳宗元则注重“外王”之道，更强调“道”的经世致用，从而在“佐世”功能上实现三教的融合。他认为，尽管三教有“抵忤而不合”之处，但“皆有以佐世”之功用：儒学可以“施于事，及于物”，佛教可以“诱掖迷浊”、引人“趣于仁爱”，道教可以使“生人之性得以安”。所以，三教可以“通而同之”。

明确了三教融合的原则之后，柳宗元批判地吸收三教思想资源，开始积极进行其儒家宇宙论与心性论的建构。柳宗元的宇宙论中，有两个最重要的命题：“惟元气存”与“以一统同”。

关于宇宙的本原，柳宗元提出“惟元气存”的命题。他说：“本始之茫，诞者传焉。鸿灵幽纷，曷可言焉！曶黑晰眇，往来屯屯，庬昧革化，惟元气存。”（《天对》）柳宗元的元气论观点，肯定元气的实存性，坚持了传统儒道两家“气化论”主张，否定了佛教的“心识变现论”。“心识变现论”否定世界的真实性，理论的落脚点在“生灭”；而“气化论”则肯定世界的真实性，理论的落脚点在“生生”。

柳宗元的元气论，否定了“大道生成论”，肯定元气的终极性。传统儒道两家，都在元气之上设置了一个更具终极意义的“道”或“天”，认为元气有道产生，受天支配。这一点是传统儒道与佛教最大争执点之一。佛教讲求“缘起论”，否认存在一个创生宇宙万物的母体。柳宗元同样认为不存在生养宇宙万物的母体，将“元气”作为宇宙论的逻辑起点。

柳宗元的元气论，还否定了“天人感应论”，肯定“元气”的自然性。柳宗元所谓的“天”，是自然之天，是阳气上升自然凝聚而成的。天地万物的生成是一个自然而然的过程，根本不存在一个万能的造物者，天人之间是互不干预的。

柳宗元以“元气”作为理论探讨的起点，不再追问“元气”的来源问题，认为元气是宇宙的终极存在，元气之上没有任何母体，宇宙之中也不存在元气之前的“虚无”。元气自本自根，没有起点。元气之中又分阴阳，阳气上升而成天，阴、阳、天由元气分化而成，三者又统一于元气，这就是柳宗元所谓的“合焉者三，一以统同”。

心性论是儒家哲学的基础理论，其产生、成熟得很早，从孟子、荀子到扬雄、董仲舒，都有相对完整的心性学说。但从南北朝至中唐，儒家心性学说整体来说处于相对停滞状态。而与此同时，佛教与道教在自身心性资源的基础之上又大量吸纳传统儒家心性思想而建构起比较系统的心性理论体系，这强烈地刺激了中唐儒家学者敏感的神经，一些儒士开始从心性理论的缺失来反思儒学衰落的原因。柳宗元一方面积极寻找三教心性论的契合点，以实现三教的融合，另一方面努力建构自己以“志”“明”为核心的心性理论，既吸纳了佛、道二教的思想资源，又坚持了儒家的本位立场。

柳宗元的“志”是一个抽象的哲学范畴，是人禀“刚健之气”而形成的。“刚健之气，钟于人也为志，得之者，运行而可大，悠久而不息，拳拳于得善，孜孜于嗜学，则志者其一端耳。”（《天爵论》）

柳宗元的“明”是人禀“纯粹之气”形成的。“纯粹之气，注于人也为明，得之者，爽达而先觉，鉴照而无隐，盹盹于独见，渊渊于默识，则明者又其一端耳。”（《天爵论》）

柳宗元利用“志”“明”的说法，斩断了传统儒家赋予的道德与“天”的联系，“天”不再是一切存在秩序与善的形而上的根据和源泉，他抽空了“天”的道德内涵，还原其自然属性。

柳宗元的“志”“明”，是在涵容三教心性资源基础之上形成的两个心性论范畴。如果说“志”的内涵更近于儒家刚健、向善的心性特征的话，那么“明”的内涵则是吸收了佛家的“明心见性”、道家的“归根复明”思想。“志”与“明”，一刚一柔，一动一静，一向外追索一向内收敛，前者更近于儒家而后者更近于佛道，刚柔、动静、内外“应变若化”，从而成就其“圆外方中”的人格理想。

柳宗元在三教融合的构建过程中，始终坚持儒家立场，始终把“圣人之道”与“生人之意”放在首要位置，把它们作为思考问题的出发点与归宿。在唐代三教融合思潮中，柳宗元与佛教的宗密、道教的杜光庭并列为三，分别代表了各自立场之上三教融合的方向。

刘禹锡

刘禹锡（772—842），字梦得。洛阳（今属河南）人。唐代著名文学家、哲学家。

刘禹锡与柳宗元是同时代圣人，他们的思想都具有唯物主义倾向。刘禹锡认为柳宗元的《天说》对于天人之际的全面关系尚有“未究”，续作《天论》，提出了“天与人交相胜、还相用”的独创学说。

“元气一元论”是刘禹锡天人观产生的基础。刘禹锡认为，物质性的“气”是世界万物存在的基础，并且用清气、阳气和阴气，以及它们的相互作用来说明世界万物的生成和变化，他在《天论》下篇中写道：

“今夫人之有颜、目、耳、鼻、齿、毛、颐、口，百骸之粹美者也，然而其本在乎肾、肠、心、腹，天之有三光悬宇，万象之神明者也，然而其本在乎山川五行，浊为清母，重为轻始，两位既仪，还相为庸，嘘为雨露，噫为雷风，乘气而生，群分汇从。植类曰生，动类曰虫。倮虫之长，为智最大，能执人理，与天交胜，用天之利，立人之纪，纪纲或坏，复归其始……”

在刘禹锡看来，天空中高悬着的日月星辰是一切现象中最神奇的，不过它们的本原还是山川和金木水火土这些元素。天和地分别是清而轻的气和浊而重的气，后者是前者的根本。天和地形成之后就开始互相发生作用，元气缓慢地运动可以形成雨露，急剧地运动则形成风和雷。万物都是通过元气的运动而产生的，然后又按照不同的性质来分类归纳，包括植物和动物，而人是动物中最有智慧的，能够掌握人类自己的规律和天互相交胜，并且能利用和改造自然。

刘禹锡肯定了整个世界是物质性的存在，并将这种物质的本原归结为元气，自然和人都是元气作用的结果；同时，人的智慧是可以认识和利用自然规律，从而改造自然为我所用。在此基础上，刘禹锡开始了他独特的关于天人关系的论述。

刘禹锡讲道："大凡入形器者，皆有能有不能。天，有形之大者也；人，动物之尤者也。天之能，人固不能也；人之能，天亦有所不能也。故余曰：天与人交相胜耳。"凡是有形体的物质，都有所能也有所不能，天是所有形体中最大的，而人是动物中最有智慧的，因此各有所能，各有所不能。

然而，天和人有各自的职能，不能相互替代。"天之道在生殖，其用在强弱；人之道在法制，其用在是非"，自然的职能在于生养万物，万物都遵循着自然的规律发展，人的职能则在于利用自然规律进行生产活动以及制定各项规章制度来管理社会事务。

天所赋予的、与人的智慧所能达到的某些事情，某种程度上是相互胜过的（交相胜）。刘禹锡举例说明，人若是在旅行途中到达了荒野之地，想寻找茂密的树林休息和清凉的泉水解渴，一定是身强力壮的人占有优势，即使是圣人、贤人也不能和他们竞争，这是"天胜"的一种情况。如果到了城市里，要寻求华丽的房屋居住，品尝到丰盛的饭菜，必定是圣贤取得优先，即使是身强力壮的人也没法跟他们竞争。因为人是实行法制的，法是人制定的，是人之道，这是"人胜"的一种情况。

除了"天与人交相胜"，刘禹锡还提到了"天与人还相用"。他认为天与人之间是可以互相联系和互相利用的。在《天论》中，刘禹锡指出，"然则天非务胜乎人者也，何哉？天无私，故人可务乎胜也"。就是说，天没有一定要战胜人的意识，人只要在无法主宰自己的命运时候，不要将原因归诸于天，就能胜天。他又举例说，小船在小河中可以安全渡过，而在大海中却未必，很有可能会沉没，这是由于操作的缘故。在小河中，人们很容易驾驭，而大海由于大风大浪，令人难于驾驭。这跟人们对规律的掌握情况是类似的，如果没有认识和掌握客观规律，就很容易陷入天命论的泥淖中。反之，如果掌握了规律，就像懂得如何驾驭思维和理性一样，就不会轻易陷入天命观的怨天尤人之中了。这就是说，人和自然界是可以互相利用的。人类只要掌握自然界的客观规律，就可以将这种规律运用到实际生活中，使它们朝着对人类有益的方向发展。

范仲淹

范仲淹（989—1052），字希文，世称“范文正公”。先世彬州（今陕西省彬县）人，后迁居苏州吴县（今江苏省苏州市）。北宋著名政治家、思想家、军事家、文学家。范仲淹生前著有著名的《范文正公集》。

范仲淹大中祥符八年（1015）进士及第，复本姓。监泰州西溪镇（今江苏东台附近）盐仓，请筑捍海堤，长数百里，后人称为“范公堤”。天圣六年（1028），上书言朝廷得失、民间利病，为宰相王曾所知，晏殊荐为秘阁校理。宋仁宗赵祯亲政，由陈州通判召为右司谏。值江淮、京东大旱，出使安抚东南，开仓赈灾，奏蠲折役茶和江东丁口盐钱。以谏仁宗废皇后，出知睦州（今浙江建德东）、苏州。景祐二年（1035），权知开封府。因反对宰相吕夷简擅权，出知饶州（今江西波阳）、润州（今江苏镇江一带）、越州（今浙江绍兴一带）。宋与西夏开战后，任陕西帅臣，曾分延州（今陕西延安附近）兵为六将，每将3000人，分部训练，量敌众寡出战，《熙宁将兵法》即以此为本。开营田，羌族归业者数万户，边防赖以巩固。庆历三年（1043）召为枢密副使，旋改参知政事。上疏条陈十事，建议改革吏治，裁汰冗滥，选贤任能，并论减徭役、厚农桑、修武备等事。这些建议大都被宋仁宗采纳，陆续施行。史称“庆历新政”。但因新政损害了官僚贵族的利益，遭到强烈反对，被诬为“朋党”。庆历五年（1045），罢参知政事，出知邠（今陕西彬县）、邓（今河南邓州市）、杭等州。皇祐四年（1052）卒，谥文正。

政治思想方面，范仲淹提出“劳心者治人，劳力者治于人，治于人者食人，治人者食于人”的论点。提出“民贵君轻”说，劝告统治者重视人民，认定残暴之君是“独夫”，人民可以推翻他。反对武力兼并，认为只有“不嗜杀人者”才能统治天下。并极力主张“法先王”“行仁政”，恢复井田制度，省刑薄赋，达到“黎民不饥不寒”，以缓和阶级矛盾。

教育思想方面，范仲淹十分重视教育这项最基本也最重要的工作，把“兴学”当作是培养人才、救世济民的根本手段。在充分肯定学校教育是培养人才、实现经世邦国功能的基础上，范仲淹又针对当时科举考试的状况，提出改革科举制度的主张，他在《上执政书》中明确提出“固邦本”“厚民力”“重名器”“备戎狄”“杜奸雄”“明国听”等六大主张。范仲淹教育改革的基本思想是继承和发展了儒家正统的教育思想，他针砭时弊，反对“不以教育为意”的做法，主张“劝学育才”振兴社会。

哲学思想方面，范仲淹强调人的主观精神作用，在儒家哲学中形成了一个唯心主义的理论体系。他还提出了“纲维三才”的天人合一观，穷神知化的辩证思维，理一分殊，“内圣外王”的四德说，实开《易》学研究中义理派先河。宗经则是其哲学思想的取向，他于六经中求文、道、用的统一，实创“以《易》为宗，以《中庸》为体，以孔孟为法”的治学路子。范仲淹还出入佛老，精研三教经典，力求会通而经世致用，正如他诗中所高度概括的那样：“清静道自生”，“读《易》梦周公”，“养志学浮丘”。这种有容乃大、海纳百川的学术视野，使他成为众望所归、当之无愧的宋学开山。

文学思想方面，范仲淹作为宋代诗文革新运动的倡导者之一，提出了“救斯文之薄，而厚其风化”的主张。他还力主“文质相救”，文以载道，将道统与文统完美结合，他有独具一格的诗论和赋论。他对前辈作家王禹偁、穆修比较推崇，对同时代的尹洙、苏舜钦、欧阳修等人“力为古文”的文学造就也颇为赞赏。他自己也创作了文质兼备、情文并茂、骈散结合的散文和律赋。范仲淹和与他同时代的作家群体形成了一种新的文风，一扫西昆体“刻辞镂意”，“专事藻饰，破碎大雅”的弊弱文风。

范仲淹不仅是北宋著名的政治家和统帅，也是卓越的文学家和思想家。他领导的庆历革新运动，成为后来王安石“熙宁变法”的前奏；他对某些军事制度和战略措施的改善，使西线边防稳固了相当长时期；经他荐拔的一大批学者，为宋代学术鼎盛奠定了基础；他倡导的先忧后乐思想和仁人志士节操，是中华文明史上闪烁异彩的精神财富。

孙复

孙复（992—1057），字明复，号富春，因长期居泰山讲学，人称

"泰山先生"。北宋晋州平阳（今山西临汾市）人。宋代理学思想家。

孙复与胡瑗、石介被并称为"宋初三先生"，同为北宋理学先导人物。

孙复著有《春秋尊王发微》12卷，《春秋总论》3卷，《睢阳子集》10卷，《易说》64篇。从孙复著作内容看，他研究的学问，主要是阐述周孔之道。他主张"尊王说""道统论"，适合于统治集团的需要，顺应了统治阶级的意愿，因此，他的学术思想受到了上层社会的重视。

孙复幼年家贫，父早亡，力学不辍，饱读六经，贯穿义理。但四举开封府进士，均于科场失利，未能任官。32岁后退居泰山，专心于讲学授徒近20年。孙复科考失利，盖由于其重义理而轻传注，而宋廷沿隋唐学风，专以辞赋取士，偏重文学修养，所以孙复"知其道不与时合，不敢复进，乃退"。在泰山讲学时期，孙复贫穷不堪，又得不到权要资助，"衣弗充，食弗给，不足以逃饥寒之忧"。但孙复不以生计为意，安贫乐道，仍聚书满室，与群弟子讲求儒道，乐之不疲。其门下多出贤良之士如石介、文彦博、范纯仁等，皆一时精英，大有作为。一代名贤范仲淹虽年长于孙复，也曾拜孙为师，受益良多。孙复可谓"乐得天下英才而教之"。庆历二年（1042）范仲淹在朝实行新政，与富弼等推荐孙复，诏命之为国子监直讲，从此孙复踏入仕途，宋仁宗对之多为礼敬。后因事遭贬。到至和三年（1056）乃被荐复官，后迁殿中丞。嘉祐二年（1057）卒于家。宋仁宗赐钱治丧，欧阳修为之撰墓志铭。

经学方面，孙复提出"舍传以求经"的治经方法，即以时代的需要为出发点，直接从经学中寻求有用之道，并以自己的理解进行阐述，提出见解。孙复的"不惑传注""舍传求经"方法，一方面发展成为理学家的"义理之辨"思维模式，对人的思想是一大解脱，具有一定的自由思想含义，因而给人的思想注入了生机，推动了古代思维的发展；另一方面，这种方法具有玄想特征，由于阐述经学原则没有一个明确的规定性，所以易于流于空泛议论之途。孙复在提出"舍传求经"方法时，已经注意到这种方法含有的不确定性，又主张文以致用，道以致用，提倡务实之学，在方法上为研究经学开拓了一条新路；同时，他还提倡儒家"道统"，排斥佛、道二教，抨击科举时文。

教育方面，孙复治学突出儒学之道。此道非道家所谓玄妙难测的宇宙本体，乃是指一切社会政治伦理的最高原则。他继承韩愈之说，构建了一套由远古伏羲、炎黄经尧舜禹至周公、孔孟的道统，认为孔子使“治天下，经国家大中之道，焕然而备”。他还认为教化是提升人文明素质的最有效手段，儒家要弘扬大道，必先施之于教化，并把太学的教化与政治是否清明联系起来，将之安置到治国平天下的根本位置上。

文化方面，他认为所谓儒学六经是圣人之文，均是阐明儒道之言，六经因孔子传播，有极高的地位。所以明道离不开六经，但同时要直指六经，通其义理。孙复专重六经义理之说，开了后世宋学即理学敢于突破前人旧说的先例，宋学的创新思想和理念由此而发扬光大，这在当时也是一次值得肯定的思想解放运动。

胡瑗

胡瑗（993—1059），字翼之。泰州海陵（今江苏泰州）人。因世居陕西路安定堡，世称“安定先生”。北宋初学者，理学先驱、思想家和教育家。

胡瑗著有《尚书全解》28卷、《春秋要义》20卷等14种；现仅存有《周易口义》12卷、《洪范口义》2卷和《皇祐新乐图记》3卷。

胡瑗20岁时游学于泰山，与同窗孙复、石介提倡教育“以仁义礼乐为学”，成为一代宗师，世人并称“宋初三先生”。景祐二年（1035），苏州知事范仲淹礼聘他在苏州郡学任教，使苏州郡学名扬海内，被各地奉为楷模。曾谓“致天下之治者在人才，成天下之才者在教化，教化之所本者在学校”。宋宝元间，湖州知事滕宗谅、胡宿相继兴办州学。康定元年（1040），由范仲淹推荐，应知事滕宗谅之邀，胡瑗以保宁节度推官衔出掌湖州府学。在湖州讲学时，首创因材施教、明体达用的教学法，分“经义”“治事”两斋，开我国教育分科教学之先河，人称“湖学”。生徒不远千里就师受学。“弟子去来常数百人，各以其经转相传授”，“礼部贡举，岁所得士，先生弟子十常居四五”。东南公卿伟人，尤多出于胡瑗门下。庆历四年（1044），朝廷建太学于京师，取胡瑗教学法为太学法。皇祐四年（1052），胡瑗被召至进京师担任光禄寺丞、国子监直讲，并主持太学。嘉祐初，以太常博士致仕归。嘉祐四年（1059）卒于杭州，谥号文昭，次年迁葬于湖州何山（即道场山）之南麓。

胡瑗是宋初易学的权威，是一位开源发蒙、鼓动风气的人物，也是宋代义理易学的创立者。一方面，胡瑗表现了疑经惑传之精神。胡瑗对《周易》文本的校勘与订正，体现了其自身的怀疑与批判精神。与汉唐墨守章句之儒不同，思想更为解放与自由，同时也表现了其坚定的价值操守与严谨的治学态度，其怀疑与订正建立在其深厚的经学功底之上，与后世浮薄之风有很大区别。另一方面，胡瑗坚持了象数义理合一的易学基本理路。基于这一理路，他整合了前人各种象数学说和义理观点，并创造性地进行重建和转化，由此建构了其易学思想体系。

胡瑗易学正是立足于卦气说的大语境而展开的，其他象数体例皆笼罩在此语境之下。身处特定历史文化语境之中的胡瑗，以高度体用观下的价值理性意识之自觉及鲜明的时代问题之关切，明确提出了圣人之道有体有用的学说。他最终关注的是圣道之体的落实，即将仁义礼乐的核心人文价值推及天下，故重建天下意识在其思想中异常重要。天下意识不同于世界意识，乃是人文价值视域下整体宇宙人生意识的人文落实。胡瑗高举了先秦以来儒家的王道之理想，十分关注王道在现实人生与社会生活中的具体推行。其看重治理天下国家的礼乐刑政之道对于王道推行的必要性，又寄希望于当政者怀具仁义之道以助于其贯彻施行，更将目光投向广大士人推己及人的兼济天下精神。

胡瑗明体达用之精神影响深远，后世理学家普遍秉持明体达用之精神，将胡瑗的思想推向前进，对中国学术思想的发展起到了重要的作用。他的天道性命观推动了心性本体论的发展，也促进了经学子学化的进程。同时，他的天下关切意识蕴涵着对个体价值生命的不断追寻与探讨。

李觏

李觏（1009—1059），字泰伯。南城（今属江西）人。南城在盱江边，故学者称“盱江先生”。北宋儒家学者，哲学家、思想家、教育家、改革家、经学家、诗人。

李觏家世寒微，自称“南城小民”。但他博学通识，尤长于礼。他不拘泥于汉、唐诸儒的旧说，敢于抒发己见，推理经义，成为“一时儒宗”。由于重实用，所以李觏反对孟子，著有《常语》以驳孟子思想，反对所谓的“重义轻利”，成为宋学中“非孟”思潮的先驱者。学术上以儒学为宗，反对佛、道二教，是庆历之际排佛、道思潮的代表人物之一。

李觏的著作被后人编为《直讲李先生文集》。1981 年中华书局出版的《李觏集》是李觏著作比较完备的汇集，他的政治思想主要反映在《富国策》《安民策》《礼论》《国用》《原文》《刑禁》《教道》等篇中。李觏著有《盱江文集》，其中《礼论》《周礼致太平论》和《庆历民言》等是其思想和学术的代表作。《潜书》15 篇，即是出于“愤吊世故，警宪邦国”（《潜书序》），“以康国济民为意”（《上孙寺丞书》）纂写而成。

李觏自幼聪明好学，六七岁始“习字书”，12 岁就能写文章。14 岁父亲去世，母亲“垦阅农事，夜治女功”（《先夫人墓志》），得免冻馁之苦。服丧三年，17 岁始出外游学。20 岁以后，文章渐享盛名。李觏也像其他读书人一样，想通过科举，登上仕途，干一番事业。但是，他在科举仕进的道路上却一再受挫，未能如愿，自叹“生处僻遐，不自进孰进哉”！景祐年间，他步行到京城汴梁（今河南开封），寻求仕进之途，毫无结果而归。次年，参加乡举，又名落孙山。庆历元年（1041），应茂才异等科，有旨召试。李觏入京，又未中选，在京城“忧愁经岁”，抑郁不振。遭受这几次打击之后，遂无意仕进，隐居著述。南城立学，被聘为郡学之师。创立盱江书院，教授自资。后得范仲淹、余靖等推荐，皇祐二年（1050），旨授将仕郎，试太学助教。嘉祐二年（1057），用国子监奏，召为太学说书如故。嘉祐四年（1059），令其权同管勾太学。因迁葬祖母，请假还乡。八月卒于家。

李觏政治思想的基本特点是注重功利，具有改革时弊的政治倾向，这种政治思想是以其唯物主义天道观和通变的思想为理论基础的。李觏是唯物主义思想家。在哲学上持“气”一元论观点，认为事物的矛盾是普遍存在的；在认识论上，承认主观来自观，因此，成为宋代哲学唯物主义学派的先导，在我国哲学史上占有重要的地位。李觏在其唯物主义宇宙观的指导下，对佛教道教的唯心主义有神论以及各种世俗迷信等都进行了揭露和批判。李觏以他的宇宙论、礼论为思想指导，从其政治经济主张出发对佛教、道教进行了严厉的批判和无情的揭露；他用儒家的思想去批判佛教、道教的学说，主张以儒家的礼教来代替佛教、道教的宗教仪式，他从政治上经济上揭露佛教、道教的危害性，说明佛教、道教是祸国殃民的病根毒瘤，从而论证了根除佛教、道教及其思想的必要性。

李觏在军事上主张兵为大事的重兵思想，本末相权的用兵策略，兵农合一的强兵之策，精兵择将的建军思想。“民惟邦本”是儒家的传统思想，李觏继承了儒家传统的民本思想，主张“安民”“足食”；在治理国家的措施方面主张“本于财用”；认为土地问题是社会的根本问题，要解决土地问题他提出了“平土均田”的主张。义利之辨是儒家思想的重要内容，历代儒家大多重义轻利，李觏主张义利统一的功利思想。

从总的方面说，李觏的政治思想是从中小地主阶级的利益出发，主张抑制豪强、防止兼并，客观上有利于劳动人民，对当时的社会发展无疑起到了推动作用，是一种积极的、进步的政治思想。

邵雍

邵雍（1011—1077），字尧夫，谥号康节，自号“安乐先生”“伊川翁”，后人称“百源先生”。其先范阳（今河北涿州市）人，幼随父迁共城（今河南辉县市）。北宋哲学家。

邵雍少有志，读书苏门山百源上，故为后人称“百源先生”。创“先天学”，以为万物皆由“太极”演化而成。著有《观物篇》《先天图》《伊川击壤集》《皇极经世》等。

邵雍少时刻苦自学，博览群书，史称：“自雄其才，慷慨欲树功名。于书无所不读，始为学，即坚苦刻厉，寒不炉，暑不扇，夜不就席者数年。”（《宋史·道学传》）邵雍一生不求功名，过着隐逸的生活。仁宗嘉祐及神宗熙宁中，先后被召授官，皆不赴。后居洛阳，与司马光等人从游甚密。根据《易经》关于八卦形成的解释，掺杂道教思想，虚构一宇宙构造图式和学说体系，成为他的象数之学，亦称先天学。传说他的卜术很准。仁宗皇祐元年（1049）定居洛阳，以教授生徒为生。嘉祐七年（1062），邵雍就洛阳天宫寺西天津桥南五代节度使安审琦宅故基建屋三十间，为新居，名安乐窝，因自号安乐先生。富弼、司马光、吕公著、程颐、程颢、张载等退居洛阳时，恒相从游。熙宁十年（1077）卒，年六十七。哲宗元祐中赐谥康节。

邵雍哲学思想基本上属于客观唯心主义，也包括一些唯物主义的内容。邵雍认为宇宙的本原是太极，太极生出天地，天生于动，地生于静。他认为天地万物的生成变化是按照“先天象数”的图式展开的。他把这先天象数归之于心，说：“先天之学，心也”，“先天学心法也，故图皆自中起，万化万事皆生乎心也”。他所说的心既是个人的心，也是宇宙的心。邵雍认为，人是宇宙间“物之至者”，人灵于万物。万物具有声色气味的特性，人的耳目口鼻具有接受声色气味的功用。他提出“以物观物”，认为“以物观物”则明，“以我观物”则暗，反对认识客观事物时加入主观感情的成分。邵雍按照象数，把天地从始至终的过程区分为元、会、运、世，以此为宇宙历史的周期，一元十二会，一会三十运，一运十二世，一世三十年。

邵雍对于易学乃至整个思想文化的贡献不是承传道家思想或重复前人的思想，而是以数为框架建立起庞大的思想体系，即所谓“自得者”。邵氏易学的价值不在于对传统象数易学的继承，而在于继承传统象易学基础上对易学所进行的精心的改造和创新。

周敦颐

周敦颐（1017—1073），字茂叔，号濂溪。道州营道（今湖南道县）人。北宋著名哲学家，学术界公认的理学派开山鼻祖。代表作有《周元公集》《太极图说》《通书》等。

周敦颐父周辅成（亦名怀成）于大中祥符八年（1015），因六举以上特奏名赐进士出身，曾为贺州桂岭县（今广西贺州市）知县，后赠“谏议大夫”。北宋天禧元年（1017），时任桂岭县令的周辅成的儿子周敦颐降生在当时的桂岭县县衙。周敦颐自幼“信古好义，以名节砥砺”，青少年时期在桂岭读书求学，然后在桂岭循级应科举考试而直取进士。

周敦颐从小喜爱读书，在家乡道州营道地方颇有名气，人们都说他“志趣高远，博学力行，有古人之风”。由于广泛地阅读，周敦颐接触到许多不同种类的思想。从先秦时代的诸子百家，一直到汉代才传入中国的印度佛家，他都有所涉猎，这为他尔后精研中国古代奇书《易经》创立先天宇宙论思想奠定了基础。父亲去逝三年后，周敦颐和母亲一同到京城，投奔舅父郑向，当时郑向是宋仁宗朝中的龙图阁大学士。这位舅父对周敦颐母子照顾有加。在周敦颐 20 岁时，舅父向皇帝保奏，为他谋到了一个监主簿的职位。周敦颐在任职期间尽心竭力，深得民心。在生活中，周敦颐开始研究《周易》，后来终于写出了他的重要著作《太极图·易说》。它提出了一个宇宙生成论的体系。

中国哲学思想史上，宋明理学占有极其重要的地位。宋明理学以孔孟之道的儒学为主干，还多方吸收了道家、佛家的思想精华，逐渐成为中国封建社会中占统治地位的哲学思想。周敦颐就是北宋理学的创始人。《宋元公案》中对于周敦颐的地位有这样的论述：“孔孟而后，汉儒止有传经之学。性道微言之绝久矣。元公崛起，二程嗣之，又复横渠诸大儒辈出，圣学大昌。”这里所称的元公，就是周敦颐，元公原是他的谥号。这段话明确肯定了周敦颐作为北宋理学开山之祖的地位，他常常和高僧、道人游山玩水，弹琴吟诗。他的学问、气度，感动过许多人来追随他学习。其中最著名的，当然是程颢、程颐两兄弟。

周敦颐死后，随着程颢、程颐对他哲学的继承和发展，他的名声也逐渐显扬。南宋时许多地方开始建立周敦颐的祠堂，人们甚至把他推崇到与孔孟相当的地位，认为他“其功盖在孔孟之间矣”。帝王们也因而将他尊为人伦师表。而周敦颐生前的确也以他的实际行动，成就了一代大儒的风范，他的人品和思想，千百年来一直为人们敬仰。

三苏（苏洵、苏轼、苏辙）

“三苏”并称始见于宋王辟之《渑水燕谈录》。该书卷四“才识条”说：“苏氏文章擅天下，目其文曰‘三苏’，盖洵为老苏，轼为大苏，辙为小苏也。”

苏洵（1009—1066），字明允，号老泉眉。眉州眉山（今属四川）人。苏洵是有政治抱负的人，他的文章说古论今，纵横评说，长于分析，很有气势，代表作《六国论》。他说他作文的主要目的是“言当世之要”，是为了“施之于今”。在《衡论》和《上皇帝书》等重要议论文中，他提出了一整套政治革新的主张。他的散文主要是史论和政论，他继承了《孟子》和韩愈的议论文传统，形成自己的雄健风格，语言明畅，说理反复辨析，很有战国纵横家的色彩；有时不免带有诡辩气息，是其短处。著有《嘉祐集》。

苏轼（1037—1101），字子瞻，又字和仲，号“东坡居士”。眉州眉山（今属四川）人。

苏辙（1039—1112），字子由，号“颍滨遗老”。眉州眉山（今属四川）人。他在父兄熏陶和影响下，自幼博览群书，抱负宏伟。宋徽宗继位，他遇赦北归，寓居颍昌，闭门谢客，潜心著述，过了12年闲适而孤独的生活。政和二年（1112）病逝，终年74岁。著有《栾城集》《栾城后集》。

“三苏蜀学”是指北宋中后期以苏洵、苏轼、苏辙父子为代表的一个学术派别。它产生于宋代古文运动兴起、儒学复兴的大潮中，因此继承了古文运动的很多特点，思想上主要表现为疑注疏之学、尊史、擅长古文等。同时蜀学也浸染于蜀地的学术传统以及民风，学术比较博杂。

北宋时期社会转型，平民士人崛起，自下而上开始了一场儒学复兴运动，儒学复兴以古文运动为开端，发展到北宋中期的时候，开始出现了一些新的学术趋向，形成了王安石新学、二程洛学、苏氏蜀学、司马光朔学等学派。在这几个学派中，王安石新学多谈道德性命、二程洛学提出“天理”概念，主张理就是性，要穷究性理之道。这两个学派都有想要构建本体、超越传统儒学的想法。但三苏蜀学则坚持了传统儒家的特征，而对新学、洛学多有批评。这表现在三个方面：其一，三苏“以情为本”思想。传统儒家思想重视人情、主张以“礼”来调适人情。但新学重法而不重情，而洛学则主张用“理”来统情，重理而轻情。三苏蜀学以人情为本，既反对王安石新学，也批评程颐洛学，认为他们都是“不近人情”的。这是蜀学站在传统儒家的立场上批评新、洛等学派。其二，三苏不言性命，认为谈性说命没有意义。孔子关注人事、罕言性命，这也是儒家的传统。其三，三苏尊史，而新学、洛学贬低史学。史学是儒家的学术传统。三苏尊史，显示他们是比较正统的儒学，而新、洛学轻视史学，这是他们的学术不合传统儒家的地方。

苏氏蜀学兼收释、老、纵横之长，但又以儒家统御各家，希望吸取异学以丰富儒家思想。苏氏包容异学，还提出了一种主兼容、讲宽弘的“大全之道”。这种大全之道不光是学术意义上的，也具有政治含义，那就是主张宽容异见、包容异己，而不要党同伐异、独断专行。“大全之道”的思想是二苏在经历了熙、丰变法以及几十年党争之后的反思。苏轼、苏辙晚年用功于治经，作《书传》《易传》《春秋集解》等，他们二人治经学的一部分原因是反对王安石新学。王安石变法对诸家学派的刺激都很大，就苏氏而言，他们从早期有志变革的立场上退缩，成为王安石变法以及王安石新学的反对者。后来，苏轼、苏辙决心自作经传，以推翻新学的《三经新义》，动摇新学的根基。三苏的学术，与当时儒学复兴、熙丰变法有很大关系，在研究三苏蜀学时不可不注意这个问题。一般观点认为，三苏只是文辞之士而已，其学术并没有太多的思想意义。这种看法并不全面。实际上，三苏蜀学是北宋儒学复兴运动的重要组成部分，不但研究三苏本身有意义，还能从三苏蜀学入手，在苏氏与各家的矛盾冲突中对比他们之间的异同，因而获得一种新的视角，得以上窥宋学之源，使宋代儒学的发展脉络变得更清晰。

王安石

王安石（1021—1086），字介甫，号半山，谥号“文”，世称“王文公”，自号“临川先生”，晚年封“荆国公”，世称“临川先生”，又称“王荆公”。抚州临川（今江西抚州）人。中国杰出政治家、文学家、书法家、思想家、改革家。

王安石出生于临江军（今江西樟树），生活在地方官家庭，自幼聪颖，读书过目不忘。而且他从小随父宦游南北各地，更增加了社会阅历，开阔了眼界，目睹了人民生活的艰辛，对宋王朝“积弱”局面有了一定的感性认识，青年时期便立下了“矫世变俗”之志。在他进入仕途做地方官吏时，能够关心民生疾苦，多次上书建议兴利除弊，减轻人民负担。由于较长时期接触了解社会现实，对北宋中期隐伏的社会危机有所认识，“慨然有矫世变俗之志”。庆历二年（1042）三月，考中进士，授淮南节度判官。之后调任鄞县（今浙江省宁波市鄞州区），为人正直，执法严明，为百姓做了不少有益的事。组织民工修堤堰，挖陂塘，改善农田水利灌溉，便利交通。在青黄不接时，将官库中的储粮低息贷给农户，解决百姓度荒困难。1058 年冬，王安石改任三司度支判官。嘉祐三年（1058）《上仁宗皇帝言事书》，系统地提出了变法主张，法度必须改革，以求其能“合于当世之变”，要求改变北宋“积贫积弱”局面，抑制大官僚、大地主的兼并和特权，推行富国强兵政策。王安石认为变法的先决条件是培养人才，因此他改革科举制度，改革取士，废明经，设明法科，进士科不考诗赋考时务策，整顿太学，唯才是举，培养经世致用的人才。

王安石以注重功利、推行变法为主要内容的政治思想，针对社会现实，是为解决当时社会存在的实际问题而提出的，这种思想的理论基础，是以五行学说为核心的朴素唯物主义自然观和朴素辩证法思想。王安石政治思想注重功利主义，独辟“新学”功利主义蹊径，主张“养生保形”人性理论；为改革时弊，积极推行变法主张，主张“变祖宗之法”；主张“抑豪强，伸贫弱”均平思想；主张“急农事”与“良吏善法”理财思想。

王安石变法对北宋后期社会经济产生很深的影响，已具备近代变革的特点。王安石以“天变不足畏，祖宗不足法，人言不足恤”的精神推动改革，力图革除北宋存在的积弊，推行一系列措施富国强兵，是中国 11 世纪伟大的改革家。

在文学上亦具有突出成就，是“唐宋八大家”之一。其诗“学杜得其瘦硬”，擅长于说理与修辞，善于用典故，风格遒劲有力，警辟精绝，也有情韵深婉的作品。著有《临川先生文集》，现有《王临川集》《临川集拾遗》，著名散文《游褒禅山记》。

从王安石政治思想的进步性来看，他深知宋王朝国势积弱，因而以积极有为的进取精神，以切实可行的行动规划，以新思想推行新政，把他的功利主义政治思想推行到政事活动中去，虽然其根本目的是为了维护宋王朝的封建统治，但在客观上打击了豪强，抑制了兼并，有利于中小地主阶级利益，对社会生产发展也带来了一定效果。王安石变法，是在全国范围内长期封建专制的第一次变法，它先于戊戌变法 800 年，在中国历史上产生了深远影响。

司马光

司马光（1019—1086），字君实，号迂叟。陕州夏县（今属山西）涑水乡人，世称“涑水先生”。北宋政治家、史学家、思想家。

司马光死后获得追赠“太师”“温国公”，谥“文正”，赐碑“忠清粹德”。司马光是王安石变法的主要反对者之一，是标准的守旧派；同时，他为人温良谦恭、刚正不阿，其人格堪称儒学教化下的典范，历来受人景仰。

司马光最大的学术成就即主持编撰《资治通鉴》，形成我国最宏大编年体史书，全书共 294 卷，上起战国初期韩、赵、魏三家分晋（前 403），下迄五代（后梁、后唐、后晋、后汉、后周）末年赵匡胤（宋太祖）灭后周以前，凡 1362 年。除此之外，司马光的主要著作还有《通鉴举要历》

《稽古录》《司马文正公集》等。

宋仁宗宝元元年（1038），司马光中进士甲科，在华州（今河南郑州）担任地方官。初任奉礼郎、大理评事一类小官，后经枢密副使庞籍的推荐，入京为馆阁校勘，同知礼院，至和元年（1054），随庞籍到并州（今山西）为官，后改并州通判。嘉祐二年（1057），庞籍因事获罪，司马光引咎离开并州。宋仁宗末年任天章阁待制兼侍讲同知谏院。嘉祐六年（1061），迁起居舍人同知谏院。治平三年（1066），司马光撰成战国迄秦的《通志》，宋神宗即位后，以其书“有鉴于往事，以资于治道”，赐书名《资治通鉴》，并亲为写序。此时王安石在宋神宗的支持下行新政，司马光竭力反对。熙宁三年（1070），他自请离京，以端明殿学士知永兴军（现陕西省西安市），次年退居洛阳，任西京留守御史台，以书局自随，继续编撰《通鉴》，元丰七年（1084）成书。书成后，司马光官升为资政殿学士。元丰八年（1085）宋哲宗即位，高太皇太后听政，召他入京主国政，次年任尚书左仆射、兼门下侍郎，数月间罢黜新党，尽废新法，史称“元祐更化”。司马光执政一年半，即与世长辞。

司马光在政治上是标准的守旧派，曾几度上书反对王安石变法。他认为：对于法律，新建的国家使用轻典，混乱的国家使用重典，这是世轻世重，不是改变法律。所谓“治天下譬如居室，敝则修之，非大坏不更造也”。与王安石以大刀阔斧的经济、军事改革措施解决燃眉之急不同，司马光认为在守成时期，应偏重于通过伦理纲常的整顿，把人们的思想束缚在原有制度之内，即使改革，也定要稳妥，因为“大坏而更改，非得良匠美材不成，今二者皆无，臣恐风雨之不庇也”，因而与主流中国古代社会政治思想一致，司马光尊孔称儒，主张以仁义礼信来治国治民。他主张对百姓实行仁政。所谓仁政，就是要“兴教化，修政治，养百姓，利万物”。

作为保守的思想家，司马光崇尚君权与古制，但是在封建时代的变法运动中，对重要阶级利益的考虑是极其必要的，他是一个理性的改革者。同时，他在学术方面的重要贡献和在为人处世上的恭俭正直一直为同时代的大家和后世所称赞。

张载

张载（1020—1077），字子厚，凤翔郿县（今陕西眉县）人，世称“横渠先生”。北宋理学家。

张载是北宋理学支脉——关学创始人，封先贤，奉祀孔庙西庑第38位。其庙庭与周敦颐庙、邵雍庙、程颐庙、程颢庙合称“北宋五子”庙。

张载著有《崇文集》10卷，《正蒙》《横渠易说》《经学理窟》《张子语录》等，明嘉靖间吕柟编有《张子钞释》，清乾隆间刊有《张子全书》，后世编为《张载集》。

张载生于天禧四年（1020），庆历年间张载曾与范仲淹结识。宋仁宗嘉祐二年（1057）中进士，授祁州司法参军，调丹州云岩令。迁著作佐郎，签书渭州军事判官。熙宁二年（1069），除崇文院校书。次年移疾。十年（1077）春，复召还馆，同知太常礼院。同年冬告归，十二月乙亥卒于道，年58岁。嘉定十三年（1220），赐谥明公，宋理宗淳祐元年（1241），赐封郿伯，从祀孔庙，明世宗嘉靖九年（1530）改称先儒张子。

学术思想方面，张载认为，宇宙的本原是气，宇宙是一个无始无终的过程，在这个过程中充满浮与沉、升与降、动与静等矛盾的对立运动。他还把事物的矛盾变化概括为“两与一”的关系，“两不立则一不可见，一不可见则两之用息”。认为两与一互相联系、互相依存，“有两则有一”，“若一则有两”。在认识论方面，他提出“见闻之知”与“德性之知”的区别，见闻之知是由感觉经验得来的，德性之知是由修养获得的精神境界，进入这种境界的人就能“大其心则能体天下之物”。在社会伦理方面，他提出“天地之性”与“气质之性”的区别，主张通过道德修养和认识能力的扩充去“尽性”。他主张温和的社会变革，实行井田制，实现均平，“富者不失其富”“贫者不失其贫”。张载还提倡“民胞物与”思想：人类是我的同胞，万物是我的朋友，万物与人的本性是一致的。

张载是北宋时期重要的思想家、关学的创始人，理学的奠基者之一。他悟出了儒、佛、道互补、互相联系的道理，建立起自己的学说体系；通过区分天、道、性、心等概念，准确表达了理学的基本宗旨和精神。其学术思想在中国思想文化发展史上占有重要地位，对以后思想界产生了颇为重要的影响，其著作一直被明清两代政府视为哲学代表之一，作为科举考试的必读之书。

二程（程颢、程颐）

程颢、程颐，中国北宋思想家、教育家，二人同为宋明理学的奠基者，世称“二程”。

程颢（1032—1085），字伯淳，学者称“明道先生”。洛阳（今属河南）人。嘉祐进士，曾做过几任地方官吏，后到朝廷供职，任监察御史里行。曾上疏批评王安石新政，被赶出中央到外地做地方官。宋神宗去世后，新法的反对派执政，他被召回中央任事，官职是“宗正寺丞”，未及上任而病故。程颐在《明道先生墓表》中评价他：“使圣人之道焕然复明于世，盖自孟子之后，一人而已。”

程颐（1033—1107），字正叔，学者称“伊川先生”，洛阳（今属河南）人。十四五岁时，与兄程颢同学于周敦颐。在游太学时，作《颜子所好何学论》，主管太学的胡瑗惊异其才。王安石当政时，未被起用，与兄程颢在洛阳讲学。司马光执政时，被荐为崇政殿说书，与修国子监条规。在为哲宗侍讲期间，敢以天下为己任，议论褒贬，无所顾忌，声名日高，从游者日众。其后，程颐因反对司马光的新党执政而被贬，任西京国子监守。不久削职，被遣送至四川涪州，交地方管制。程颐在被贬期间，完成著作《周易程氏传》。徽宗即位，得以赦免，但不久又受排斥，遂隐居龙门，遣散门徒，不久病死于家。至南宋，追谥正公。

二程的理学思想较为丰富，在他们思想体系中的地位至关重要，为后世称为“身心之学”或“心性之学”。他们的最高哲学范畴是“理”，理作为绝对本体而衍生出宇宙万物；他们的最高心理范畴是“心”，理作为“理”的等同物而产生人的形体：“有是心，斯具是形以生。”

二程提出“理一元论”天理观，提出“天者，理也”的命题，又说：

"吾学虽有所受，天理二字却是自家体贴出来"，认为天理是最高实体，天理是他们哲学体系的最高范畴，是最高的精神性本体，这个理，是自然界万物的根本法则。

二程的理学思想对后世有极大影响，南宋朱熹正是继承和发展了他们的学说。二程的著作有《河南程氏遗书》《河南程氏外书》《河南程氏文集》《周易程氏传》《河南程氏经说》《河南程氏粹言》等。他们的理学思想主要见于《遗书》《文集》和《经说》等，均收入《二程集》中。

二程政治思想是以仁政为核心，把仁政作为王道政治的根本。从维护封建专制统治的需要出发，继承了儒家传统的民本思想，把"民惟邦本"思想作了发挥，提出"以顺民心为本"的民本思想。主张"以立志为本"的君道观。坚持"以择任贤俊为本"的人才观。在探讨义利关系问题上，提出"仁义未尝不利"的义利统一观。二程政治思想上承儒家的传统思想，是其理学体系的有机组成部分，是为维护封建的中央集权制度服务的。这种思想企图解决宋王朝的危机，然而，在尖锐的社会矛盾面前却显得软弱无力，根本解决不了现实的积弊。但其注重民力的问题，其义利统一的观点，以及"圣人创法……不无随时因革"的思想，都包含着积极的因素。

杨时

杨时（1053—1135），字中立，号龟山。南剑州将乐（今属福建）人。北宋学者、著名理学家。

杨时以龙图阁直学士专事著述讲学，与游酢、吕大临、谢良佐并称"程门高弟"。杨时曾受业于程颢、程颐兄弟，最早把二程理学传入福建，开创理学的"道南系"。他著有《龟山集》28卷，《文献通考》《二程粹言》及《四库总目》等，并行于世。

宋熙宁九年（1076），杨时中进士，次年被授予汀州司户参军。元丰四年（1081），杨时被授予徐州司法。他专门投于洛阳著名学者程颢门下，研习理学，与游酢、吕大临、谢良佐成为程门四大弟子。元丰六年（1083），杨时赴徐州上任；同年八月，完成《庄子解》著述。元祐三年

(1088)，杨时被授予虔州司法。元祐五年，杨时又因父亲杨殖去世，回乡守制。元祐八年（1093）五月，杨时投于程颢的弟弟程颐门下，到洛阳伊川书院学习。绍圣元年（1094），杨时赴浏阳上任。崇宁五年（1106），杨时奉敕差充对读官，转授浙江余杭县知县。政和二年（1112）四月，杨时赴萧山任县令。宣和六年（1124）经张舜民推举，徽宗召杨时为秘书郎。翌年三月，杨时上书《与执政论时事札子》，建言10件大事。同年七月，杨时被任命为迩英殿说书；八月授国子监祭酒，赐祭器、谱牒、金盆花。靖康元年（1126），杨时先后任著作郎兼侍经筵、谏议大夫兼侍讲、国子监祭酒等职。建炎二年（1128），朝廷任命杨时为工部侍郎。杨时力辞不受，后改为龙图阁直学士、提举杭州洞霄宫，赐对衣金带、紫金鱼袋。同年十一月，杨时回到镛州。建炎四年（1130），杨时以年事已高为由请求告老。绍兴五年（1135）四月，杨时辞世。高宗特赐其家银帛二百两匹，诰赠左太中大夫、太师太中大夫，谥“文靖”。

杨时一生精研理学，特别是他“倡道东南”，对闽中理学的兴起，建有筚路蓝缕之功，他的哲学思想继承了二程的思想体系，被后人称之为“程氏正宗”。

杨时还用《华严宗》《易经》内容来阐述其哲学思想，并用孔孟的《大学》《中庸》《孟子》中“格物致知”诚“形色”“天性”等概念来丰富、扩充自己的思想。对“理一分殊”“明镜”等学说有新的创见，还在自然观上，吸收了张载“气”唯物主义学说。此外，杨时上承师说，对《四书》重要性的阐释，对朱熹以《四书集注》集先儒言论之大成来构筑自己理学理论体系有深刻影响。

杨时不仅是一个著名的理学家，还是很有影响的政治家，“正心诚意”是杨时政治思想的重要内容。作为理学家，杨时对“正心诚意”作了理学化的注解。在当时异常复杂的历史环境下，他提出“正心诚意”和“格君心之非”，具有一定的现实针对性，特别是他提出要以正学术为先务，矛头更是直指王安石新学。

他的哲学思想对后来的罗从彦、李侗、朱熹等人产生了深刻的影响，也对我国的古代哲学，特别是思辨哲学产生过深远的影响，被尊为“闽学鼻祖”。他的哲学思想流传到国外，在南朝鲜、日本影响很大。

杨万里

杨万里（1127—1206），字廷秀，学者称诚斋先生。吉水（今属江西）人。南宋杰出诗人、思想家。

杨万里留下了大量脍炙人口的诗篇，与尤袤、范成大、陆游合称“中兴四大家”“南宋四家”。绍兴二十四年（1154）进士。开禧二年（1206），因痛恨韩侂胄弄权误国，忧愤而死，官终宝谟阁文士，谥“文节”，追赠“光禄大夫”。其思想主要包括易学思想和理学思想，其哲学作品主要包括著作《诚斋易传》《负暄集》。

在易学思想方面，杨万里从“变”的角度切入对儒学问题和《周易》的思考，坚持“《易》为圣人通变之书”的观点，采用以史解易的方式，证明了《周易》中蕴含着圣人处变之道，最根本的就是中正之道。杨万里对于《周易》的研究重心在于“用”，试图通过以史证易的方式，从《周易》中引申出能够切实解决现实问题，实现现实变革的治世之道。杨万里的易学思想既遵从程颐，又有自己的创见。他完善了以史解易的解易方式，标志着史事宗的正式形成。

理学思想方面，杨万里认为，人是广袤宇宙中的一类生命体，与宇宙万物有着非一般的密切联系。如何面对宇宙、认识宇宙非常重要，且要上升到理论追寻的高度。在杨万里的思想体系中，宇宙结构论、宇宙演化论及其他现象论，是一种自然哲学的起点，他的观点是以“气”为主体构成的气本原宇宙论。从本体论的角度考察，他是“道”本体论者。对于天命和人事之间的关系，杨万里是天人合一论者，但是他尤为强调人的主动性对改变命运的作用。

在社会政治思想方面，其思想核心是儒家的“齐家治国平天下”的济世情怀，期望君王仁政爱民、强国安邦。杨万里的官宦生涯，都在践履着自己的仁政爱民儒家思想。

朱熹

朱熹（1130—1200），字元晦、仲晦，号晦庵，别称“紫阳”。祖籍徽州婺源（今属江西）人，生于南剑州尤溪（今属福建），侨寓建阳（今属福建）。南宋哲学家、教育家、文学家。

绍兴十八年（1148），朱熹登进士第。二十一年（1151），铨试及格，授左迪功郎、泉州同安县主簿。任满归乡，被差监潭州南岳庙，拜李侗为师。一再辞去官职，专心著书讲学。宋孝宗淳熙间（1174—1189），历任知江西南康军、提举江西常平茶盐公事、提举浙东常平茶盐公事等。宋光宗时，历任知漳州、秘阁修撰、知潭州兼湖南安抚使。宋宁宗初，升焕章阁待制兼侍讲。庆元二年（1196），被反对派弹劾，落职罢祠。庆元六年（1200），病死，嘉定元年（1208）被谥为“文”。

朱熹平生广注儒学典籍，对经学、史学、文学、乐律以至自然科学均有贡献。在哲学上发展了二程（程颢、程颐）关于理气关系的学说，集理学之大成，建立起客观唯心主义的理学体系，世称“程朱学派”。

朱熹的文学作品十分注重理学的哲学思想，代表作有《菩萨蛮》《水调歌头》《南乡子》《忆秦娥》等。思想方面的著作主要包括《四书集注》《四书或问》《太极图说解》《通书解》《西铭解》《周易本义》《易学启蒙》，及后人所编纂的《晦庵先生朱文公文集》和《朱子语类》等。

朱熹最初积极主张北伐抗金，后来变为“合战、守之计以为一”，最后成为坚定的主守派。做地方官时，在福建、浙东实行社仓法，在漳州推行经界法，企图补救时弊。朱熹早年研习儒家经典外，还学佛教禅学、道经、文学、兵法等，无所不学。追随李侗后，遂为程颢、程颐之四传弟子，专心攻求义理之学。同时，又汲取了周敦颐、张载等人以及禅学的部分学说。在宋孝宗赵昚时，集北宋以来各派理学的大成，逐步建立起完整而系统的理学体系。

朱熹的理学主要包括哲学义理和伦理道德学说。朱熹以“理”作为自己哲学体系的基本范畴，明确阐述“理”与“气”的关系，认为“理”

产生于天地万物之先，即“理”先于“气”，“气”依“理”而存在。万物有万理，万理的总和就是“太极”，太极即“天理”。跟天理对立的是“人欲”。“圣人之教”是要人们“存天理，灭人欲”。人的天性本来都是善的，只因各人禀受的“气”有所差别，所以气质的性有善恶、贤愚的不同。由此提出了“格物致知”“正心诚意”“居敬”等一系列理论。朱熹还把传统的“纲常学说”加以理论化和通俗化，把“三纲五常”当作当时社会的最高道德标准，认为纲常伦理是永远存在、“不可磨灭”的。

朱熹生前在政治上并未取得较高的权位，但在社会上讲学授徒、著书立说，影响广泛。死后，其学说和著作得到宋理宗赵昀的推崇。从此，朱熹的学说成为理学的正统，理学成为官方哲学，并影响至朝鲜、韩国、日本等国，如日本德川时代，“朱子学”颇为流行。朱熹的博览和慎思精神，对后世学者影响至深。朱熹也被后代统治阶级尊为“大贤”，其学说对后世有巨大而深远的影响。

张栻

张栻（1133—1180），字敬夫，一字钦夫，又字乐斋，号南轩，世称“南轩先生”。汉州绵竹（今属四川）人。著名理学家、教育家。

张栻是“湖湘学派”集大成者。主要著作有《南轩文集》44卷，还有《论语解》10卷、《孟子说》7卷，后人合刊为《张南轩公全集》。

张栻为南宋“中兴”贤相张浚之长子，以父荫补右承郎，先后知严州（今属浙江）、袁州（今属江西）、静江（今属广西）、江陵（今属湖北）诸州府，在朝曾充侍讲。淳熙七年（1180）迁右文殿修撰，提举武夷山冲祐观。孝宗乾道元年（1165），受湖南安抚使刘珙之聘，主管岳麓书院教事，绍兴三十一年（1161），于碧泉书院从胡宏受业，为湖湘学派主要传人。在岳麓书院苦心经营三年，使书院闻名遐迩，从学者达数千人，并先后在宁乡道山、衡山南轩、湘潭碧泉等书院聚徒讲学，声名极一时之盛，初步奠定了湖湘学派规模，成为一代学宗。与朱熹、吕祖谦齐名，史称“东南三贤”，卒谥宣公。

政治上，张栻誓不与秦桧为伍，力主抗金。学术上虽承二程，但有别于程朱而又异于陆学。教育方面提出办学的主张，反对学校成为科举的附庸，主张以儒家的政治伦理去教育和培养修齐治平的人才。在教育方法上亦提出“为之则有其序，教之则有方”。认为学习必须循序渐进，“使学者知夫儒学之真，求之有道，进之有序，以免于异端之归”。反对学习上的好高骛远，在学与思的问题上，主张“学思并进”，与陆九渊的“只思不学”截然相反。

张栻理学上承二程，推崇周敦颐《太极图说》，以“太极”为万物本原，主张格物致知，知行互发。在知行关系上，他认为“始则据其所知而行之，行之力则知愈进，知之深则行愈达，行有始终，必自始以及终”，成为明清之际王夫之进一步提出“行先知后”唯物主义知行观的理论先导。

张栻主教岳麓书院期间，以此躬行实践，影响甚著。他在岳麓书院培养了一大批弟子，成为湖湘学派的中坚力量。黄宗羲曾评价张栻的思想是“见识高，践履又实”。正是这种思想，对后世学风产生了巨大影响，从明清到近代，长沙及整个湖南地区在湖湘学派教育背景下，产生了一代又一代叱咤风云的历史人物，这是一个令人惊叹而又深思的历史现象。

吕祖谦

吕祖谦（1137—1181），字伯恭。婺州（今浙江金华）人，人称“东莱先生”。南宋时期著名理学大家之一。

吕祖谦出身官宦世家，家世显赫，家学深厚。绍兴三十一年（1161），为右迪功郎，授严州桐庐县尉，主管学事。孝宗隆兴元年（1163），考中博学宏词科，进而中进士。乾道二年（1166）十一月，他的母亲去世，归葬婺州。由于为母亲守丧，他只得以教授学子为业。乾道五年（1169），他再娶韩氏（为原配之妹），并到严州任所。乾道六年（1170），他升任太学博士，并兼国史院编修官、实录院检讨官。乾道八年（1172），因父病告归，在守丧的三年中，他仍以教授学子和著述为事。淳熙三年

（1176），守丧期满，因李焘的推荐，升任秘书省秘书郎，并兼国史院编修官与实录院检讨官。越两年，淳熙八年（1181）病故。

吕祖谦所创立的“婺学”，也是当时颇具影响的学派之一。其著作颇多，主要有《东莱集》《丽泽论说集录》《近思录》《古周易》《易说》《周易音义》《周易系辞精义》《吕氏家塾读书记》《春秋集解》《东莱博议》《吕氏唐鉴音注》《历代制度详说》等。

吕祖谦在学业上体现的那种宽宏函容和兼收并蓄的精神，使他独树一帜，成为南宋一位重要学者和思想家。南宋的理学阵营中，就形成了吕学、朱学、陆学三大不同的学派。如果从哲学上分，朱学属客观唯心论，陆学属主观唯心论，吕学则试图将心学和理学相调和，带有明显折衷主义色彩。“吕学”最大的特点是“不名一师，不私一说”，具有一定开放性。“多识前言往行以畜其德”是吕氏家学之传统，自吕公著开始，其子孙都十分重视对上下古今历史和文献的广泛学习，这个传统一直延续到南宋。吕祖谦的理学思想主要来自家传，而吕氏家学虽然不私一说，但仍以儒学为宗，他们同其他理学家一样，特别注重对《中庸》《大学》的“治心养性”“穷理尽性”和“正心诚意”等学说的提倡和研究。吕祖谦发挥了孟子的“良知良能”之说。这一路径虽然同“心学”一致，但又把程朱以“穷理”为本的“格物致知”论同上述思想结合为一体，既主张“反求诸己”，又主张“格物致知”，以期达到保养良知良能，存其“本心”的目的。这也是意图把“心学”和“理学”相调和的表现。

总的来说，吕祖谦的思想主要可以归纳为：客观唯心主义天理观，试图调和“理学”和“心学”的“道”“心”合一论，注重实际，提倡务实致用之学。吕祖谦的“博杂”不仅有突破正宗理学的倾向，甚至还有超出“吕氏家学”的地方，由于他主张学以致用，这种“博杂”正好表现了其可贵之处。

陆九渊

陆九渊（1139—1193），字子静，自号存斋，世人称“存斋先生”，自号“象山翁”，世称“象山先生”“陆象山”。抚州金溪（今属江西）人。著名的理学家和教育家。

陆九渊乾道八年（1172）中进士，初任隆兴府靖安（今江西靖安）县主簿，后调建宁府崇安（今福建崇安）县主簿，迁国子正、敕令所删定官等职。淳熙十三年（1186），在朝中提出任贤、使能、赏功、罚罪是医国“四君子汤”，得到孝宗赞许。绍熙二年（1191），出知荆门军（辖今湖北荆门、当阳两市），政绩显著，社会风气大变。后因给事中王信反对，落职还乡。陆九渊当时名望已高，每开讲席，学者群集，“户外履满，耆老扶杖观听”。光宗即位，他被起用知荆门军，他“乃请于朝而城之”。经过一年左右的认真治理，“政行令修，民俗为变”。绍熙三年（1193）腊月，病逝于荆门任上，归葬于金溪青田。嘉定十年（1217），赐谥“文安”。

陆九渊在“金溪三陆”中最负盛名，与当时著名的理学家朱熹齐名，史称“朱陆”。是宋明两代主观唯心主义——“心学”的开山祖。

陆九渊一生不注重著书立说，其语录和少量诗文由其子陆持之于开禧元年（1205）汇编成《象山先生集》，共计36卷，并由其学生于嘉定五年（1212）刊行。

陆九渊融合孟子“万物皆备于我”和“良知”“良能”的观点以及佛教禅宗“心生”“心灭”等论点，提出“心即理”的哲学命题，形成一个新的学派——“心学”。断言天理、人理、物理只在吾心中，心是唯一实在：“宇宙是吾心，吾心便是宇宙”，认为心即理是永恒不变的，人同此心，心同此理。往古来今，概莫能外。这就把心和理、心和封建伦理纲常等同起来。企图由此证明所谓“天理”即封建等级秩序、封建道德教条，都是人心所固有，是恒久不变的。在教育方面，陆九渊形成了一套独特的教育思想理论。他认为教育对人的发展具有存心、养心、求放心和去蒙蔽、明天理的作用。他主张学以致用，其目的是培养出具有强烈社会责任感的人才，以挽救南宋王朝衰败的命运。在教育内容上，他把封建伦理纲常和一般知识技能技巧，归纳为道、艺两大部分，主张以道为主，以艺为辅，认为只有通过对道的深入体会，才能达到做一个堂堂正正的人的目的。因此，他要求人们在“心”上做功夫，以发现人心中的良知良能，体认封建伦理纲常。

陆九渊创立的心学成为宋明理学的一个重要派别，影响极大。明代王阳明发展其学说，成为中国哲学史上著名的“陆王学派”，对近代中国理学产生深远影响。陆九渊的思想经后人充实、发挥，成为明清以来的主要哲学思潮，一直影响到近现代中国思想界。

陈亮

陈亮（1143—1194），字同甫，学者称龙川先生。婺州永康（今属浙江）人。南宋思想家、文学家。

陈亮出身于一个没落的地主家庭。在他的序文中说：“陈氏以财豪于乡，旧矣，首五世而子孙散落，往往失其所庇依。”（《陈亮集》卷十五《送岩起叔之官序》）陈氏在其祖父代，家境富裕，人丁兴旺。“当时聚会，动则数百人”，“其后数年，死生困顿，何所不有”，从此便没落下来，陈亮的曾祖父陈知元在北宋徽宗宣和年间“以武弁赴京守御，从大将刘元庆”，死于抗金战斗之中；祖父陈益“明敏有胆决”，其父陈次尹刚成年即为全家生活奔波。陈亮母亲14岁生下陈亮，对陈亮的哺养教育之责主要由祖父母承担，他们把复兴陈家的希望寄托在陈亮身上。陈亮在青壮年时期，曾两次参加科举考试，都未得中。孝宗乾道四年（1168），陈亮25岁“首贡于乡，旋入太学”。次年，朝廷与金人媾和，“天下欣然，幸得苏息”，独陈亮敢冒风险，认为不可，他以布衣身份连上五疏，即史上著名的《中兴五论》。经过两次下狱，经受严重打击排斥之后，陈亮并未对恢复中原之志有所改变。陈亮竭忧于国事，为国家民族的复兴尽瘁忧梦，多次上书中，向朝廷提出了很多好的建议，虽也曾得到孝宗皇帝的赏识，但终未被任用。于绍熙五年（1194），52岁就病逝了。陈亮死后40年，其著作被编辑为《龙川集》行世。

陈亮以功利思想为核心的政治思想，与他的朴素唯物主义自然观是一脉相承的，他主张道在事物之中，这是他政治思想的理论基础。陈亮认为，物质欲望就是人的天性，在这种正当的天性中，有一种客观的不以人们的意志为转移的准则，这就叫作天命，主张“人之同欲”的理欲观；陈亮注重民心的统一和人民生活的安危，把民众的问题提到重要的地位，主张“正人心，活民命”的民本思想；陈亮在批判当时流行的空谈性命义理的斗争中，积极提倡功利主义思想；陈亮对传统的君道观赋予了新的内容，提出了“君臣戮力”的君道观。

陈亮的政治思想是当时阶级和民族矛盾的反映，也是商品经济发展的思想反映。他的注重实际的作风，他的功利主义的政治主张，代表着当时的进步倾向。

王嚞（王重阳）

王嚞（1113—1170），世称王重阳，原名中孚，字允卿。入道教后，改名嚞，字知明，号重阳子。咸阳（今属陕西）人。道教思想家，“全真道”创始人。

王嚞是金庸《射雕英雄传》和《神雕侠侣》中提及的“中神通王重阳”的历史原型，是道教内部从理论与实践两个层面实现中国文化中儒、道、佛三支主要流派“三教合流”的集大成者。

王嚞的传世著作有《重阳全真集》，内收传道诗词千余首，另有《重阳立教十五论》《重阳教化集》《分梨十化集》等。

王嚞出身于陕西咸阳庶族地主家庭。天眷元年（1138）考取金朝武举人。绍兴二十九年（1159）加入道教。三十一年（1161）挖穴墓居，取名“活死人墓”，自居其中潜心修持。后出潼关，前往山东布教，创立全真道。先后收马钰、孙不二、谭处端、刘处玄、丘处机、郝大通、王处一为弟子，建立全真教团。葬终南刘蒋村故庵（今陕西户县祖庵镇）。金章宗赐庵名为灵虚观。元太宗加封为重阳万寿宫。全真道尊为祖庵或祖庭。元世祖至元六年（1269）封为重阳全真开化真君；至大三年（1310）又加封为重阳全真开化辅极帝君。其死后三年间，全真道传教范围波及关中、河南、河北、山东大部分，遍于社会上下各阶层。目前，全真道是中国道教的重要派别。作为全真教三大祖庭之一的北京白云观现在是中国道教协会的所在地。

王重阳主张儒、释、道三教平等、三教合一，糅合儒家和道、释的思想，提出“儒门释户道相通，三教从来一祖风”、“天下无二道，圣人不两心”“教虽分三，道则唯一”的融合学说。所以全真道以《道德经》《孝经》《般若波罗蜜多心经 》为必修经典。王嚞在山东所创之全真道组织皆以“三教”二字冠首。他和七弟子创作的诗文中，三教合一言论更是俯拾皆是。

王重阳主张修行方术以内丹为主，不尚外丹符箓，主张性命双修，先修性，后修命。认为修真养性是道士修炼唯一正道，除情去欲，识心见性，使心地清静，才能返璞归真，证道成仙，即“人心常许依清静，便是修行真捷径”。

王嚞改革道教，一扫之前奢靡腐化之风。全真道规定道士必须出家住观，严守戒律，忍耻含垢，苦己利人。对犯戒道士有严厉惩罚，从跪香、逐出直至处死。这就在组织上为全真道的兴盛发展奠定了基础。

丘处机

丘处机（1148—1227），字通密，道号长春子。登州栖霞（今属山东）人。道教思想家。

丘处机，金代全真道道士，为金世宗、金章宗、金卫绍王、金宣宗和元太祖成吉思汗敬重，并因远赴西域劝说成吉思汗减少屠杀而闻名。在道教历史和信仰中，丘处机被奉为全真道“北七真”之一，以及龙门派的祖师。

丘处机遗著有《大丹直指》《摄生消息论》《磻溪集》和《鸣道集》等。其诗词作品，在金、元之交有一定的代表性，后人所编《元诗别裁》《词林纪事》都选有他的作品。丘处机西游经历，由其弟子李志常的《长春真人西游记》详载。

丘处机年十九出家宁海昆嵛山（今牟平东面，文登境内）。金大定七年（1167）开始学道。八年（1168）拜全真道祖师王重阳为师，王重阳为他取名处机，字通密，号长春子。大定八年至十年（1168—1170）间，丘处机跟随王重阳在山东和河南传教。大定十四年（1174）八月，丘处机隐居磻溪（在今陕西省宝鸡市西南部）潜修七年，又到陇州龙门山潜修六年。大定二十八年（1188）三月，丘处机应金世宗召，从王重阳故居赴燕京（今北京），奉旨塑王重阳、马丹阳（时已去世）像于宫观，并主持“万春节”醮事。金泰和三年（1203），刘处玄逝世，丘处机成为全真道第五任掌教。丘处机掌教时间长达 24 年，其间他在政治和社会上积极发挥自己的影响，使全真道的发展进入兴盛时期。正大元年（1224）春天，丘处机应燕京官员的邀请主持天长观。蒙古太祖二十二年、金朝正大四年（1227）农历七月初九日，丘处机在长春宫宝玄堂逝世。1269 年，元世祖忽必烈下诏赠封他为“长春演道主教真人”。

丘处机直接继承了王重阳三教合一的思想，认为先圣所示之大道，各有旨趣而一理相贯，不相违逆。另一方面，丘处机还宣传悲世悯人的思想，全真教是乱世中积极的宗教，而丘处机更是积极的人物。乾隆曾为北京白云观丘祖殿题联曰：“万古长生不用餐霞求秘诀；一言止杀始知济世有奇功。”真可谓至言之笔。长春真人之所以能为世人而立奇功，取得前哲后贤之佳誉，是他以“救世济民”思想为行动指南的结果。政治方面，丘处机宣传“去暴止杀”，在一定程度上减轻了蒙元统治者对所征服地区人民推行的残酷杀戮政策。丘处机针对成吉思汗希冀长生之心理，要他将追求“成仙”与行善结合起来，劝告成吉思汗，养生之道重在“内固精神，外修阴德”。他还宣传济世安民思想，为恢复和发展中原地区社会经济、救济贫困百姓、安定社会秩序作出了贡献。文化方面，丘处机诗词也有较高的文学造诣，从保留下来的近 500 首诗和 150 首词看，丘处机继承了唐诗宋词之长，不追求辞藻之华丽，自有朴实、流畅、明快之风格。

丘处机的三教合一的理论，他的济世救民的思想与实践，以及他在弘扬中国传统文化和对外文化交流等方面所作的贡献，都对当时和后世产生了重大的影响。与同时代宗教界、思想界代表人物相比较，可以说无出其右者。

叶適

叶適（1150—1223），字正则，学者称水心先生。温州永嘉（今属浙江）人。南宋著名的政治家和思想家。

淳熙五年（1178），叶適中进士，历官太学正、太常博士、尚书左选郎官、权兵部侍郎等。又调知建康府兼沿江制置使，后升宝文阁待制。开禧三年（1207），被诬附和韩侂胄起兵、夺职，返故乡讲学著述。晚年居永嘉城外水心村讲学，后人称为水心先生，他的学派称为“永嘉学派”。

叶適出生在浙江瑞安县城水心街。叶適的少年时代，家境贫困。父亲性情开朗，有大志而未入仕途。母亲杜氏嫁到叶家的那一年，正逢水灾，家中器物被大水冲尽，自此更为艰难，居无定址，先后迁过21处。11岁时，名儒陈傅良在县城林元章家执教，叶適经常在林家嬉戏，他得到机会从陈傅良学习。据他自己的回忆，从此受教、请益于陈傅良的时间，前后有40年之久。淳熙四年（1177），叶適得周必大的保荐，漕试合格，中举人。淳熙五年（1178），叶適授文林郎、镇江府观察推官。是年母病逝，服丧。八年（1181），服除，改武昌军节度推官。同年秋，宰相史浩推荐叶適等，叶適辞不就。淳熙九年（1182），升两浙西路提刑干办公事，居平江（今苏州）。淳熙十二年（1185）仍在平江，冬，参知政事龚茂良荐，奉召赴临安。淳熙十三年（1186），改宣教郎，任太学正。次年，升太学博士。叶適因“罪名”是曾“附（韩）侂胄用兵”被夺职，遂回永嘉水心村专心著述讲学16年。嘉定四年（1211），转中奉大夫，提举江州太平兴国宫，获祠禄，奉祠凡13年，直至嘉定十六年（1223）辞世时74岁。

叶適的思想代表着当时的进步倾向。他是一个爱国主义者。叶適的著作有《水心文集》《别集》以及《习学记言序目》，《文集》和《别集》已由中华书局于1961年编为《叶適集》出版，《习学记言序目》（全2册）也于1977年由中华书局出版。他的政治思想主要反映在《习学记言序目》和《别集》中的《财计》《民事》《君德》《应诏条奏六事》《上殿札子》《国本》等篇中。

叶適以功利主义为核心的政治思想，是以他的哲学思想作为理论基础的，也就是道在事物之中的唯物主义自然观。叶適的这种功利思想是与民本思想相联系的，他的民本思想重在宽民。叶適认为在社会生活中没有实际功效的事情都是没有用处的，只有发生实际效果、有利于社会和人类的事情才是有用的，提出了“以利与人”的功利思想。叶適对传统的重农抑商思想进行了修正，认为士农工商四民不可偏废，是互为补充的，厚本抑末是没有道理的，提倡本末并兴，为工商业的发展制造舆论。叶適对于君主与地方官吏的关系、中央与地方的关系提出了自己的看法，认为君主应重势，即拥有绝对的权势，同时，他又认为应该分权，不能由君主独权，所以，他提出了重势分权的治国思想。

叶適以注重实际的学风，认真地考虑了南宋的政治、经济和军事等现状，批判了理学家空谈性命义理的习气，提出了以功利主义为核心的政治思想，起到了进步作用。

叶適讲究“功利之学”，认为“既无功利，则道义者乃无用之虚语”。主张“通商惠工，以国家之力扶持商贾，流通货币”（《习学记言》），反对传统的“重本抑末”，即只重农业、轻视工商的政策。强调“道”存在于事物本身之中，“物之所在，道则在焉”。物由气构成，五行八卦都是气的变化形态。提出“一物为两”“一而不同”的关于事物对立统一的命题，认为事物对立面处于依存、转化之中，但强调“止于中庸”。叶適认识上主张“以物用不以己用”，提倡对事物作实际考察来确定义理。反对当时空谈性理，对于理学家们所最崇拜的人物如曾子、子思、孟子等，进行了大胆的批判。叶適认定《十翼》非孔子作，指出理学家糅合儒、佛、道三家思想提出“无极”“太极”等学说的谬论。在哲学、史学、文学以及政论等方面都有贡献。

真德秀

真德秀（1178—1235），字景元，后更为希元。世称西山先生。建宁浦城（今属福建）人。南宋著名理学家。

真德秀是南宋后期与魏了翁齐名的一位著名理学家，也是继朱熹之后的理学正宗传人，他同魏了翁一起在确立理学正统地位的过程中发挥了重大作用。

真德秀一生著作甚多，主要有《西山甲乙稿》《对越甲乙集》《经筵讲义》《端平庙议》《翰林词草四六》《献忠集》《江东救荒录》《清源杂志》《星沙集志》《西山文集》《读书记》《四书集编》和《大学衍义》等。

真德秀出身于福建浦城仙阳的一个贫寒之家。自幼聪颖，4 岁开始读书，即能一过成诵。18 岁便考上了举人，21 岁时即宁宗庆元五年（1199）和魏了翁同榜考中进士，授南剑州（今福建南平市）判官。再试，中博学宏词科，被闽帅萧逵聘为幕僚，协助萧逵办理政务，旋召为太学正，宁宗嘉定元年（1208）升为博士官。嘉定六年（1213）十一月，真德秀受职为秘阁修撰，实授为江南东路转运副使。嘉定十二年（1219），真德秀以右文殿修撰出知泉州。嘉定十五年（1222）真德秀以宝谟阁待制的关系出任湖南安抚使知潭州。真德秀在理宗时期再度历知泉州、福州，皆有政绩，后召为户部尚书，再改翰林学士，最后拜参知政事。因其晚年曾在其家乡的莫西山读书和从事著述，故人称“西山先生”。

真德秀的理学思想基本上是祖述朱熹，他对朱熹极为推崇，尊之为“百代宗师”，并自谓对朱学“尝私涉而有所得”。真德秀认为，人与动物不同，其形体和秉性都是天地之所赋，但人之所以为人，其与禽兽之根本区别，在于他们不但在形体上有别于禽兽，更具有仁、义、礼、智的特性。他将程朱的理学同董仲舒的“天人感应”论结合在一起，把理学涂上了神秘主义的色彩，这在当时的政治情况下虽然具有一定的现实意义，但从理论思维上看，却是一种倒退。程朱理学历来强调把认识论同道德修养论相结合。真德秀根据这种“穷理持敬”的思想，主张“穷理”与“持敬”相辅而行。人亦是物，求人理要从人本身的“良知”出发，结合对“洒扫应对”等人伦日用事物的推究，就可以达到对“义理”的本质性认识，用以扩充心中之理，这就使“本然之知”升华到义理之极致了。真德秀的“穷理持敬”思想是对二程思想的继承和发挥。二程说：“涵养须用敬，进学则在致知”，他在此基础上，进一步强调了认识论同道德论的统一性，强调把二者相结合、相辅而行。在理学思想上进一步强化了封建主义意识的知行统一观。真德秀还提出了“神者气之伸，鬼者气之屈”的泛神论思想，他用精气说来论证自己的形神观，用这种观点解释人之形神关系，其理论远不及范缜之精确，但它已与彻底的有神论产生了离异的倾向。

真德秀在理学处于低潮时期站出来为之树立了崇高的地位，在确立理学正统地位的事业中起了关键性的作用。他以经筵侍读的身份，不遗余力地给皇帝灌输理学思想，深得理宗的信任。终于使理学正式得到最高统治者的褒扬和肯定。

耶律楚材

耶律楚材（1190—1244），字晋卿，号“湛然居士”。杰出政治家、思想家。

耶律楚材是蒙古帝国时期大臣。主要作品有《湛然居士文集》《西游录》《便宜十八事》《玄风庆会录》等。

耶律楚材出身于契丹贵族家庭，是辽太祖耶律阿保机的九世孙。生于燕京（今北京），3 岁丧父，随母杨氏定居义州弘政（今锦州义县），12 岁入闾山显州书院。青年时代任金朝开州同知。金宣宗迁都后，完颜福兴留守中都，辟为左右司员外郎。金贞祐三年（1215）五月，蒙古军攻克中都，成吉思汗的蒙古大军攻占燕京时候，听说他才华横溢、满腹经纶，遂向他询问治国大计。而耶律楚材也因对腐朽的大金失去信心，决心转投成吉思汗帐下以拯救处于水深火热中的百姓。元太宗三年（1231）农历八月，始立中书省，以耶律楚材为中书令，其间推行各种改革及善政。元太宗十三年（1241），元太宗窝阔台病逝，乃马真皇后临朝称制，她当政期间，朝政多乱，耶律楚材身为中书令，却力争不得。乃马真皇后称制三年（1244），耶律楚材悲愤以终，享年 55 岁。至顺元年（1330），元文宗赠经国议制寅亮佐运功臣、太师、上柱国，追封广宁王，谥文正。

在哲学宗教方面，耶律楚材提出了“三教合一”的思想。在儒佛会通思想史上，耶律楚材以居士身份，推动儒家政治，建立佛教徒政治家前所未有的功业，他认为“三教根源本自同”。他的儒佛思想是以大乘菩萨的济世精神与儒家的入世主义会通，从根本处取消佛家出世与儒家入世的对立。并从实用主义的立场，撷取儒家治国之长与佛家治心之长，使儒佛相资以为用，使佛家教理和禅修参悟的实际修为，成为心灵安定的力量源泉，以此回馈一己之政治理想，成就一番儒家礼乐中原、泽世安民的功业。耶律楚材的政治思想主要体现在他担任中书令期间所采取的一系列改革措施，主要包括：确立跪礼，制订君臣之仪；兴科崇儒，发展文人治国；改变屠城传统，着重富国保民；整顿吏治，废除羊羔儿利；刚正不阿，以为天下表率等。在文化方面，耶律楚材向蒙古贵族传授儒家思想，促进了蒙古族的改革以及多民族的融合。

耶律楚材以其智慧和能力引导统治者看到了汉文明的优越，使蒙古帝国本身没有的礼仪、赋税制度建立起来，使蒙古落后的分封制和部落联盟的管理制式逐渐消失，使蒙古幼稚的法制得以发展、成长。在蒙古国向元朝过渡的创业中功不可没。他的思想，对成吉思汗及其子孙产生深远影响，他采取的各种措施为元朝的建立奠定了基础。

许衡

许衡（1209—1281），字仲平，学者称“鲁斋先生”。河内（今河南沁阳）人。元代杰出的政治家、教育家、天文学家、思想家、哲学家。

许衡在思想、教育、历法、哲学、政治、文学、医学、历史、经济、数学、民俗等方面皆有颇深的造诣和卓越的建树，是我国元代一位百科全书式的通儒和学术大师。

许衡的主要著作包括《鲁斋集》《鲁斋心法》《授时历经》（与郭守敬合著）、《读易私言》《鲁斋遗书》（又名《鲁斋全书》）、《许文正公遗书》等。

许衡年十六，从其舅学习吏事，但不愿为吏，便决意求学，专心研究儒家经典。元宪宗四年（1254），忽必烈于京兆封地置宣抚司，以廉希宪为宣抚使，姚枢为劝农使，征许衡为京兆教授。宪宗八年（1258）宣抚司罢，许衡还居河内。中统元年（1260），元世祖忽必烈即帝位于开平，召许衡北上。次年，授为国子祭酒，不久便辞职还乡。三年（1262），复应召入朝，因病滞居燕京，至元元年（1264）辞归。二年（1265），忽必烈以朝中文臣都称誉许衡才学，下诏再召，许衡闻命即赴，奉命入中书省议事。三年（1266），召至上都访问政事。四年（1267），告病还，不久，复召入，参与议定朝仪及内外官制。七年（1270），授中书左丞。十年（1273），许衡知很难有所作为，辞归怀州。十三年（1276），再召至大都，命与王恂、郭守敬商订历法，仍授集贤大学士兼国子祭酒，领太史院事。十七年（1280），授时历成，致仕还乡，次年去世。大德元年（1297），谥文正。皇庆二年（1313），诏与宋九儒并从祀孔子庙。

许衡在哲学上，称世界本原是“独立”的“道”。认为“道”生“太极”，“太极”函“一气”；“气”具阴阳，由此化生天地万物，而其中又以人为灵贵。他又称太极是理、天理，说“有是理而后有是物”，“无理则无形”，认为形而上之理是世界根源。在论到天地万物时，认为“万物皆本于阴阳，要去一件去不得”。万物皆有刚柔、动静、内外诸矛盾。每一矛盾双方都相济相胜，“天下事，常是两件相胜负，从古至今如此”。但他认为，矛盾发展最终“以静为主”，止于无对、静止的状态，又表现了形而上学的思想倾向。在心性问题上，许衡认为人禀赋天理即天命之性。人性本善，是本然之性。但人禀气有清浊之不同，故又有气质之性。他还提出心与天同的天人合一论，强调“反身而诚”“尊德性”等自省自思的认识和修养方法，认为这样就可以尽心、知性、知天。

许衡哲学虽本于程朱，但不重玄奥“隐僻”之理，而强调道德践履，这在客观上有一定积极意义。

黄震

黄震（1213—1280），字东发，学者称“於越先生”。慈溪（今浙江宁波市江北区慈城镇）人。南宋末哲学家、思想家。

黄震的著作主要有《东发日钞》（又作《黄氏日钞》），是一部满含睿语哲理的读书笔记，对古书辨伪功力至深，为“东发学派”的代表作。另著有《古今纪要》《古今纪要逸编》《戊辰修史传》《读书一得》《礼记集解》《春秋集解》等。

黄震南宋宝祐四年（1256）中进士，授迪功郎、吴县尉。咸淳三年（1267）擢国史馆检阅，参与修纂宁宗、理宗两朝《国史》《实录》等。继因上疏建议停办僧道度牒，收回庙宇土地，以纾民力，触怒度宗，贬官三级。次年出为广德军通判，禁淫祀恶俗甚严。六年（1270），因指责郡守不法，被斥以挠政罪免职。未几改为绍兴府通判，有政绩。后历官提举江西常平仓司、江西提点刑狱、提举浙东常平茶盐、侍郎官等。宋亡后隐居定海灵绪乡泽山（今属慈溪田央乡），后寓居鄞县，讲学著述，自称“非圣人之书不观，无益之诗文不作”。卒于故里（《宋元学案》称饿死于鄞县宝幢山），葬鸣鹤乡钱家岙，门人私谥文洁先生。

黄震以朱熹为学宗，兼综叶適“功利之学”，形成“东发学派”。主张经世致用，反对空谈义理，批判“心即天”和道器为二物观点，认为天是客观存在的自然界，人心之灵可以认识客观世界，但不能以心为天，批判理学家“人心道心”“即心即道”，认为心只是灵明，不能传，也不须传。提出“道不离器”、物各有理观点，主张知先行后。他主张理是“四时行，百物生”的“自然之准则”；释“道”为日用常行之理，斥道家高谈“人心”“道心”之玄虚。其子黄梦干、黄叔雅、黄叔英及学侣陈著，均重经史考辨，将“东发学派”思想传播至闽浙一带。

黄震所创立的“东发学派”，既是受当时的学术思潮影响而逐渐形成，又是从理学阵营内部来纠正朱熹后学流弊的面目而出现，从而形成了宗朱而不守门户这一学术特征。

邓牧

邓牧（1247—1306），字牧心，自号“三教外人”，人称“文行先生”。钱塘（今浙江杭州）人。宋元之际思想家。

邓牧是中国中世纪的“异端”思想家，他自称“三教外人”，以表明他不列入任何正宗的行列。

邓牧一生淡薄名利，精于古文，著有《伯牙琴》《洞霄宫志》《洞霄图志》《大涤洞天记》《游山志》《杂文稿》等传世。

关于他的身世，史籍上少有记载。只知他在寺院闭门静坐，每日用饭一次。德祐元年（1275）至余杭洞霄宫，友人住山沈介石为建白鹿山房石室居住，匾曰空屋，旁植梅竹，和五松相间。平时不着布衣，以楮纸作服，常去超然馆静坐，有时竟数月不出，与里人叶林为至交。元贞二年（1296），王修竹延至山阴陶山书院。大德三年（1299），入余杭洞霄，四方名胜多求其文。大德九年（1305），朝廷派玄教大师吴全节请牧出山，断然拒绝。与南宋遗民谢翱、周密等友善，来往甚密，为翱作传，为密作《蜡屐集序》。大德十年（1306）卒，年六十。

邓牧虽自称“三教外人”，但从其处世态度及对社会交往的论述中考察，其社会思想并没有超出道家与儒家思想，尤其是受老庄道家思想的影响最大。同时，从其处世与社交思想中，也可看出邓牧之社会思想的时代特色。在人际方面，邓牧提倡结交朋友要志同道合，身份地位相当。在处理人际关系方面，邓牧吸收了孔子、孟子的思想，主张“与人为善”。在社会思想方面，邓牧猛烈抨击封建君主统治是“竭天下之财以自奉”；认为战乱的原因在于“夺其食，不得不怒”，憧憬大同世界，以为“欲为尧舜，莫若使天下人无乐为君；欲为秦，莫若勿怪盗贼之争天下”。幻想出现“废有司，去县令，听天下自为治乱安危”的社会。在邓牧的社会批评与对理想社会模式的构想中，他虽是一个“遁世”者，但其社会思想是有务实精神的。他崇尚道家精神，但其理想社会构想不像庄子那样远离现实，而是构想出他所理想的完全不谋私利的尧舜之君，全心全意为社会、为民众办事的社会管理者，以及拥有没有剥削、豪夺，人各自食其力的社会经济环境，人人讲求道德、与人为善、人际关系和谐的生活环境的社会。

邓牧的思想其实带有朴素的民主意味，对后世学者产生了一定的影响。邓牧的理想社会构想对当时的社会现实具有批判和否定意义，在阶级对抗的社会中，他的“尧舜之世”的理想社会模式，仍然属于乌托邦之列。

刘因

刘因（1249—1293），字梦吉，号静修。初名骃，字梦骥。雄州容城（今属河北）人。宋元之际著名理学家、诗人。

刘因一生倾心理学，著书立说，成为名重一时的理学家。其一生著作甚丰，主要有《四书精要》《易系辞说》等。后清廷收入《四库全书》。广泛行世的《静修集》是诗文集，收入各体诗词800余首。

刘因3岁识字，6岁能诗，10岁能文，落笔惊人。年刚二十，才华出众，性不苟合。家贫教授生徒，皆有成就。因爱诸葛亮“静以修身”之语，题所居为“静修”。元世祖至元十九年（1282）应召入朝，为承德郎、右赞善大夫。不久因母病辞官归。母死后居丧在家。至元二十八年（1291），忽必烈再度遣使召刘因为官，其以疾辞。死后追赠翰林学士、资政大夫、上护军，追封“容城郡公”，谥“文靖”。明朝时，县官乡绅为刘因建祠堂。

刘因的理学思维方式是“全而通”的，是一种辩证理论思维方式，甚至近乎辩证逻辑思维方式。在全面贯通的思维作用下，刘因的理学思想在气、道、理、心四个方面都取得了创新与突破。刘因崇元贵阳的思想贯通于其气论的各个方面，尤其是他对阳刚之气的呼唤具有重要意义。他兼顾“所以然之理”与“所当然之理”的全面性，提出“心与心理元无间”的重要思想。另一方面，刘因理学思想与文学思想高度契合，他将“气”范畴与气之具体概念、“心”范畴与心之具体概念迁移到诗歌创作中，并转化为诗歌意象，使哲理与形象在细微处贯通。刘因在宏观上将哲学时空转换为审美时空以容纳万物，表现其博大的胸襟和气魄；诗歌情理交融。因而刘因理学思想对其散文理论和诗歌理论都有重要影响。

元、明、清的学者对刘因比较重视，有关著述不少，明清之际的学者孙奇逢对刘因更是十分推崇。中华人民共和国成立以来，学术界对元代思想的研究较少，刘因的名字便也不大为人所知。近年来，有关元代刘因的文章和专著逐渐多了起来。从刘因生平看，他是个普通人，但从思想方面来看，他是杰出的思想家，他对理学的发展及在北方的传播作出了积极的贡献。

吴澄

吴澄（1249—1333），字幼清，晚字伯清，学者称“草庐先生”。抚州崇仁（今属江西）人。宋元之际杰出思想家、教育家。

吴澄与当世经学大师许衡齐名，并称为“北许南吴”，以其毕生精力为元朝儒学的传播和发展作出了重要贡献。著作有《吴文正集》100卷、《易纂言》10卷、《礼记纂言》36卷、《易纂言外翼》8卷、《书纂言》4卷、《仪礼逸经传》2卷、《春秋纂言》12卷、《孝经定本》1卷、《道德真经注》4卷等并行于世。

吴澄幼聪敏好学，曾受教于朱熹再传弟子饶鲁的门人程若庸，与其族子程钜夫为同学。宋度宗咸淳六年（1270），应乡贡中选；次年，就试礼部，落第。授徒于乡里，作草屋以居，题名“草庐”，因此被称为草庐先生。入元后，避兵乱隐居乐安布水谷，从事著述，至元二十年（1283）还居草庐。二十三年（1286），程钜夫奉诏到江南搜罗人才，从之至大都，不久即辞归。元贞年间，讲学于龙兴（今江西南昌），为江西行省左丞董士选所赏识，荐于朝。大德五年（1301），授应奉翰林文字，次年至京，而该职已改授他人，遂南还。八年（1304），被任为江西等处儒学副提举，迁延不赴。后称病辞职。至大元年（1308），授国子监丞；四年（1311），升司业。皇庆元年（1312），辞职还家。延祐五年（1318），授翰林直学士，遣虞集驰驿召入朝，中途因病不行。至治三年（1323），超拜翰林学士，复遣近臣至其家征召，乃入京。泰定元年（1324），命为经筵讲官，复命修《英宗实录》。二年（1325），《实录》成，辞官南归。晚年仍致力于著述、讲学，南北士人来从学者甚多。元统元年（1333），卒于家，谥文正。

许衡主要是承传程、朱之学，而吴澄则主要是折衷朱、陆之学。在道统论方面，吴澄借用董仲舒“道之大原出于天”之说，视天为道统之原，尧舜继之。同时他高度重视宋代理学，自我标榜为朱子传人。天道观方面，关于天、地、日、月和人、物的形成，吴澄认为皆本于“一气”。但这种“气”具有实体性，是形成天地人物的质料，具有一定的唯物论因素。然而，吴澄并未把“气”作为宇宙的本原，而将宇宙本原另属之于“理”和太极。他认定理是气的主宰者，但它又寓于气中，理气不可分割。关于理和太极的关系，吴澄则视理为太极，为精神本体。他眼中的“太极”，不仅是宇宙的本体，是普照天地的万能神，而且它还具有道德的属性，是人生最高的理想和极则，也就是天理。

吴澄的草庐学说是折衷朱、陆的产物。对于朱、陆之学，他既看到了其相同的一面，也看到了其相异的一面，他试图解决朱、陆之间的矛盾，进而和会朱、陆。在理学上，吴澄确实谈了不少朱学的内容；但对于朱、陆的分歧，他又基本否定了朱熹的“道问学”论，而接受了陆学的本心论，提倡读书问学当以陆象山的“尊德性”为本，这在一定程度上克服了朱熹哲学方法与体系的矛盾。

马端临

马端临（约 1254—1323），字贵与，号竹洲。饶州乐平（今属江西）人。宋元之际著名历史学家。

马端临为谋求治国安民之术，探讨会通因仍之道，讲究变通张弛之故。一生中最重要的著作就是以杜佑《通典》为蓝本完成的《文献通考》。《文献通考》是中国古代典章制度方面的集大成之作，体例别致，史料丰富，内容充实，评论精辟。另著有《大学集注》《多识录》等。

马端临出身于官宦家庭，其父马廷鸾早年丧父，甘贫力学。自登进士第后在馆阁任职，曾任秘书少监，后在咸淳年间任右丞相。在历史文献的收集和整理方面有很深的造诣。马端临早年受到父亲的熏陶，业绍箕裘，后师从朱熹学派的曹泾，深受其影响，20 岁漕试第一，以荫补承事郎。

不久，父廷鸾因反对奸臣当道，受到排挤而离职回乡，端临亦随父会见，侍奉父亲。祥兴二年（1279），南宋为蒙元所灭，马端临以隐居不仕进行消极抵抗。自其父去世后，在元朝压力下，马端临被迫出任慈湖书院和柯山书院院长。元至治二年（1322），出任台州儒学教授，三个月后告老还乡，不久病逝。

在对先行的学者师承的关系上，马端临的史学特点和杜佑、郑樵的业迹有密切关系。第一，在对待历史的态度上，反对神秘主义的五行说和反对违反据实记录的褒贬观点；第二，继承了杜佑传统而有了相当大发展的，是马端临坚持以客观态度对封建制社会的素描；第三，马端临继郑樵以后，大大发展了会通的观点，善于把他的方法论运用到历史实际之中。

此外，马端临的史论还具有一定的人民性倾向。他充分肯定进步事物，对一般人所反对的人物和历史事件，只要这个事件或这个人所做的事情对于社会生产有利，对于老百姓有利，他每每是吸收正确的看法，或是独排众议，而加以肯定。

马端临最大的思想贡献就是他的史学思想和贯彻其中的哲学思想，他所编写的《文献通考》在中国浩渺的史籍中具有重要地位，亦当为世代所敬仰。其进步的史学思想，在当时代表一种思潮。

方孝孺

方孝孺（1357—1402），字希直，一字希古，号逊志，曾以“逊志”名其书斋，蜀献王替他改为“正学”，因此世称“正学先生”。浙江宁海人。明代著名思想家、学者，也是文学家、散文家。

方孝孺的著作今存《逊志斋集》及《方正学先生集》等。由于永乐中凡藏有他文章的俱遭死罪，留传于世的诗文是由后人辑录的，因此其中难免杂有他人之作。据《南濠诗话》记载，《勉学》24 首是陈子平作，《渔樵》一首为杨孟载作，《牧牛图》为元人诗。

方孝孺幼聪慧，6 岁能诗，人奇其才。15 岁随父兄北上济宁，励志攻读。及长，承学于宋濂，深受器重。洪武十五年（1382），东阁大学士吴沉等起荐方孝孺，应征至京。朱元璋喜其举止端庄，学问渊博，有期待日后辅佐子孙之意，厚礼遣回乡。此后10年，居家读书写作，著《周易考次》《宋史要言》等篇。31岁时，仇家于叔争讼，词连孝孺，官府藉其家，械押至京问罪。朱元璋见孝孺名，特名释放。洪武二十五年（1392），再次受荐，授汉中府学教授，深为蜀献王赏识，聘为世子师。惠帝时任翰林侍讲，颇受信任。惠帝建文元年（1399），燕王朱棣发动争夺皇位的战争。惠帝廷议讨伐，诏檄也都出于方孝孺之手。朱棣夺得皇位后要他投降并命他起草诏书，他却写了“燕贼篡位”四字，于是被杀，宗族亲友株连者数百人。

政治思想方面，方孝孺传承宋代儒学，以内圣外王为毕生修身之道，以“明王道辟异端”为己任，他主张以民为本，养民富民；强调以仁义为基础，辅以法治，希望将儒家思想付诸政治实践。他的政治思想继承了先秦儒家仁治礼义的基本要素，以仁为价值基础，以政治教化为政治社会化途径。史学思想方面，方孝孺强调正统论。正统论是最富有民族特色的历史哲学，对于中国古代史学的发展具有深远影响。正统论在南宋时，由于理学发展和民族关系紧张等因素影响，逐渐出现了一些新的理论趋向，更加强调对历史的道德判断，而且在强调“尊王”的同时，还突出“攘夷”的内容。方孝孺的正统论是宋元以后最有影响的正统理论，其理论渊于浙东金华学派的“尊本明统”的正统说，其特点是极力突出历史道德判断的意义，即有意超越一时的已成事实之是非，以一相对恒常的道德标准裁量历史，引领历史向善的方向发展。但是与此同时，方孝孺也有一定调和道德判断与事实判断间矛盾的考量，提出所谓“变统”的理论。方孝孺的观点对以后的历史理论与史学实践都产生了重大影响。文学方面，方孝孺主张作文要“神会于心”，反对摹拟剽窃，其文风格豪放雄健。《四库全书总目》说他“学术醇正”，文章“乃纵横豪放，颇出入于东坡、龙川之间”。

方孝孺在某种程度上已明显超出明初文臣之首的宋濂，是个真正深受儒家思想熏陶的典范。由于时代的局限性，方孝孺的思想体系虽有创新，但未能突破程朱理学的条框，在实践中又未能认识封建专制的残暴本质。但不管如何，在中国传统文化的传承关系中，方孝孺的确是一位承前启后，并有较大建树的政治思想家。

丘濬

丘濬（1421—1495），字仲深，号深庵、玉峰，别号“海山老人”。广东琼山（今海南海口市琼山区）人。明代著名政治家、理学家、史学家、经济学家和文学家。

丘濬是“海南四大才子”之一，研究领域涉政治、经济、文学、医学等，著述甚丰，同海瑞合称为“海南双璧”。时人称其著述之富，为开国以来第一。其主要著述有《大学衍义补》《家礼仪节》《世史正纲》《朱子学》《重编琼台会稿》等。

丘濬出身于医学世家。祖籍西厢，世家泉州，其先祖为福建晋江医科训导。他幼年丧父，靠母李氏教养，勤奋攻读，聪明过人，自幼习儒读书，7 岁能诗，过目成诵，19 岁为诸生。正统九年（1444），举广东乡试第一。十二年（1447）赴京参加会试，不第。入太学而卒业，祭酒萧镃器重丘濬，以为必致大用。景泰五年（1454）举进士及第，廷试当为一甲及第，以策中颇触时讳，遂以貌寝为由改二甲第一，选为庶吉士。丘濬在馆中，益读未见之书，声名日闻。庶吉士散馆，授翰林编修。丘濬既官翰林，潜心研读坟典，见闻益广，并究心于本朝典章制度，以经国济世为己任。成化十三年（1477），丘濬迁国子监祭酒。弘治七年（1494），丘濬加少保、户部尚书、武英殿大学士。弘治八年（1495），卒于任上，年七十六。赠“太傅”，谥“文庄”。

丘濬的思想主要体现在《大学衍义补》一书中，其中曾就历代法律思想和制度中的一些问题进行比较和评注，对研究古代法律和法学具有一定参考价值。

他根据《易经》的“系辞”和宋代道学家对它的解释，认为刑狱的出现，是顺应“天地自然之理”，旨在“去天下之梗”，正如天地万物，凡是给造物者以梗阻的，“必用雷电击搏之”一样，“圣人”治天下，对于“有为生民之梗者”，也“必用刑狱断制之”。由此他阐发了所谓“天讨”说，认为“天为民以立君”，“君为民以立政”。国家立法的目的，乃在于除暴安善，“牧养斯民”，是“人君奉天讨以诛有罪”的体现。他继承儒家天意即民意的“重民”思想，认为“人君之刑赏，非一人喜怒之私，乃众人好恶之公”。既然如此，人君秉承天意，就应行“天讨之至公”，奉天讨罪，顺应天时。例如“仲春”的时候不应用刑，“孟夏”以后天气炎暑，要分别罪的轻重，迅速结案，能宽纵的予以宽纵；至于决断死刑，则应待到“孟冬”“纯阴”之月。这些道理，大抵都是自董仲舒以来的“天人交感”之说在法律理论上的进一步发挥。他强调崇礼重法，明刑弼教，认为治国之道，虽然应以德礼教化为先，但刑以辅政，刑以弼教，也是不可缺少的。只有政刑而没有德礼，叫作“徒法”；只有德礼而没有政刑，叫作“徒善”。“徒法”和“徒善”都治理不好国家。所以这四者对于为政是不可缺一的。这种德礼刑政的统一观，也是植基于传统的“德主刑辅”思想。

丘濬总结、继承和发展了封建正统法律思想，结合明代晚期的政治需要，在立法、执法和守法的一些主要问题上提出了自己的见解。在刑狱、“德礼刑政”以及原情定罪和慎刑恤狱等方面都提出了个人看法，对后世的法律思想和制度都产生了深远影响。

陈献章

陈献章（1428—1500），字公甫，号石斋，别号碧玉老人、玉台居士、江门渔父、南海樵夫、黄云老人等。新会（今广东江门市新会区）人。明代思想家、教育家、书法家、诗人，广东唯一一位从祀孔庙的明代硕儒。

陈献章因曾在白沙村居住，人称“白沙先生”。主张学贵知疑、独立思考，提倡较为自由开放的学风，逐渐形成一个有自己特点的学派，史称“江门学派”。著有《自书诗卷》和《大头虾说》等传世，其著作后被汇编为《白沙子全集》，明朝弘治末年由其门人整理刊行于世。

陈献章 19 岁进县学读书，27 岁时，曾师事著名江西学者吴与弼，半年后回家闭门读书，又筑阳春台静坐其中。为减少外界干扰，家人在墙壁凿小洞，饮食衣物，均由此洞递进。成化十七年（1481），江西观察使陈炜修复白鹿洞书院，派人请陈献章主持书院，但因其与程朱理学分道扬镳，固辞不就。56岁时，因布政使彭韶、都御史朱英的推荐，陈应召赴京，令就试吏部，而他以疾病为由，推辞了吏部考试，并上疏乞终养老母，最后被授以翰林院检讨而放归。从此以后，屡荐不起，逍遥于自然至卒。

陈献章创立的“江门学派”和“白沙学说”，在明朝万历年间，第一次让“地处江湖之远”的岭南儒学得到了举国前所未有的尊崇。江门学派的核心内容是“自得之学”和“自然为宗”。其创立构架了独具理论特色的“江门心学”思想体系，实现了明代文化由理学向心学的转向，也标志着岭南文化的真正崛起。

陈献章标立“以自然为宗”的为学宗旨；主张学不日用，与时事出处中即现“本心”，提出“天地我立，万化我出，宇宙在我”的心学命题，强调自我主观道德实践，倡导“静坐养心见性”的道德修养方法，开明代心学思潮之先河。“宗自然”“贵自得”的思想体系，打破程朱理学沉闷僵化的模式，在宋明理学史上是一个承前启后、转变风气的关键人物。白沙学说高扬“宇宙在我”的主体自我价值，突出个人在天地万物中的存在意义。在哲学方面，他认为程朱“格物致知”和“泛观博览”等一套求知、修行方法烦琐、僵化，奉行“宗自然”“贵自得”和“静坐澄心，从中悟道”的方法，反对人云亦云，食古不化；主张“学贵知疑”“独立思考”，提倡较为自由开放的学风，其学说在当时自成一家。

陈献章学术思想，对中国文化尤其是岭南文化发展产生了深远影响和积极作用，确立了岭南文化在整个中国文化发展中的地位。他的学说被誉为“独开门户，超然不凡”，“道传孔孟三千载，学绍程朱第一支”。陈白沙也因此被人们尊称为“大儒”“圣人”，辞世后被追谥为“文恭公”。

罗钦顺

罗钦顺（1465—1547），字允升，号整庵。泰和（今属江西）人。明代哲学家、思想家。著有《困知记》《整庵存稿》《整庵续稿》等。

罗钦顺于弘治六年（1493）中进士，授编修，迁南京国子监司业。正德中，因乞终养，刘瑾怒，乃夺职为民。瑾被杀，复官，累迁至吏部右侍郎。世宗即位，转左侍郎，前后命摄尚书事。嘉靖元年（1522）四月迁南京吏部尚书，嘉靖二年（1523）三月改礼部尚书。不久丁忧归里。时"大礼"议起，张璁、桂萼以片纸骤贵，秉政树党，屏逐正人，他耻与同列，故于嘉靖六年（1527）二月服除复原官，五月迁吏部尚书，皆辞不就。同年七月初六日世宗许其致仕，有司给禄米如制。里居20余年，潜心格物致知之学，专力于穷理、存心、知性。当时王守仁以心学立教，大江南北翕然从之。他不以为然，尝与守仁往返探究致知与格物的关系。他认为，"通天地，亘古今，无非一气而已"。嘉靖二十六年（1547）四月二十四日卒，年83岁。赠"太子太保"，谥"文庄"。

罗钦顺对程朱理学的改造、对"气学"的创建、对佛学的批判，使他在中国哲学史上有重要影响与地位。他认为佛家与"吾儒"的最大区别在于对"性"理解不同。佛教唯识宗将"八识"中的阿赖耶识视为永恒不变的本体，而且以本体为真，以现象为妄，罗钦顺认为其错误在于割裂了本体与现象的关系。罗钦顺"早年笃信佛学，后断然舍弃，穷究性理之学。'谓释氏之明心见性，与吾儒之尽心知性，相似而实不同。''通天地，亘古今，无非一气而已。'认为'气'是宇宙万物的根本，'理'是'气'运动变化的条理秩序；'初非别有一物，依于气而立，附于气以行也'。不同意朱熹'理与气是二物'的见解，但仍接受程朱理学'理一分殊'之说，认为'人犹物也，我犹人也，其理容有二哉？然形质既具，则其分不能不殊；分殊故各私其身，理一故皆备于我'"。

对于陆九渊和王阳明的心学，罗钦顺的态度是批判。对于程朱理学，罗钦顺的态度是部分扬弃，用理气为一物修正了朱熹理气二分的理气论。罗钦顺认为气有聚散，聚散之理就在其中，并不是超乎气之聚散之上另有聚散之理。对于理事关系，程朱理学的意思是"理在事上"和"理在事先"，罗钦顺则认为"理在事中"。

罗钦顺晚年潜心格物致知之学，继承、改造了朱熹的格物致知说，指出格物是格天下之物，不只是格此心；穷理是穷天下事物之理，不只是穷心中之理。主张“资于外求”，达到“通彻无间”、内外合一的境界。

罗钦顺思想被称为是直接批判王守仁主观唯心主义的唯物主义哲学，他的思想还远传日本，影响了日本德川时代一些著名哲人和思想家，黄宗羲认为罗钦顺“大有功于圣门”。

王守仁

王守仁（1472—1529），字伯安，自号阳明子，世称“阳明先生”。余姚（今属浙江）人。明代最著名哲学家、教育家、军事家、文学家。

王守仁是“陆王心学”之集大成者，非但精通儒家、佛家、道家，而且能够统军征战，是中国历史上罕见的全能大儒。封“先儒”，奉祀孔庙东庑第 58 位。

王守仁 11 岁前在祖父王伦培养下成长。后随父亲王华到北京任所，一度热心骑射，继又研习兵法。18 岁时在回余姚途中拜访“程朱派”学者娄谅，娄谅向他介绍了朱熹的格物说和圣人可学而至的思想，使他很受启发。21 岁中乡试，遍读朱熹著作。28 岁中进士，任职于工部，后又担任刑部云南清吏司主事。

正德元年（1506）武宗朱厚照继位，太监刘瑾弄权，王守仁因抗疏救援戴铣等人，称刘瑾等为权奸，被刘瑾廷杖，后系狱，不久贬谪为贵州龙场驿丞。正德三年（1508）时他发生重要的思想转变，以为圣人之道，吾性自足，于是突破朱熹格物穷理的格物致知说，认为所谓理就是人的心理，并在当地建立“龙冈书院”。贵州提学副使席书聘其主讲贵阳“文明书院”，他在此首次演讲“知行合一”说。

刘瑾伏诛后，他历任南京刑部四川清吏司主事、北京吏部验封清吏司主事、文选清吏司员外郎、考功清吏司郎中等职，后升任南京太仆寺少卿，与弟子徐爱等人讲述他的大学格物新说与知行合一说。

明世宗继位后，获任南京兵部尚书参赞，封新建伯。此时王守仁因遭到反对派的攻击、排挤，疏乞归省，从正德十六年（1521）到嘉靖六年（1527）过着退隐生活。嘉靖六年五月朝廷起用王守仁，镇压广西少数民族起义，造反首领得知王守仁带兵来讨，也很干脆，乖乖投降。战胜后，为加强思想统治，王守仁兴办“南宁书院”，建立思田学校，推行儒学。在他出征广西之前，录下了全面阐述他哲学思想的《大学问》。嘉靖七年（1528）王守仁病重，上疏请求回乡养病，翌年初卒于回归途中的江西南安。

王守仁心学的特点是他的“良知说”。他认为，人心之灵明就是良知，良知即是天理，故不可在良知之外求天理。王守仁所谓良知，实际上是主观的道德意识，它既是是非标准，又是善恶标准，即真理和道德标准。王守仁又提出良知无善无恶的思想，认为良知是超出善恶之上的绝对至善，是超出是非之上的绝对真理。

王守仁反对将知行分作两截，主张求理于吾心。他说：“知是行的主意，行是知的功夫；知是行之始，行是知之成。只说一个知，已自有行在；只说一个行，已自有知在。”知行是一个功夫的两面，知中有行，行中有知，二者不能分离，也没有先后。与行相分离的知，不是真知，而是妄想；与知相分离的行，不是笃行，而是冥行。他提出知行合一，一方面强调道德意识的自觉性，要求人在内在精神上下功夫；另一方面也重视道德的实践性，指出人要在事上磨炼，要言行一致，表里一致。

王守仁坚持了我国古代儒家教育的传统，把道德教育与修养放在学校教育工作的首要地位。关于道德修养的方法，王守仁提出下列四个基本主张：静处体悟，事上磨炼，省察克治，贵于改过。王守仁十分重视儿童教育，在《训蒙大意示教读刘伯颂等》一文中，比较集中地阐发了他的儿童教育思想，主要内容为：揭露和批判传统儿童教育不顾儿童的身心特点；儿童教育必须顺应儿童的性情；儿童教育的内容是“歌诗”“习礼”和“读书”；要“随人分限所及”，量力施教。

王守仁哲学力图纠正宋明以来程朱理学烦琐、僵化的流弊，他洞察到道德意识的自觉性和实践性，将儒家封建道德建立在简易的哲学基础上，使人人可行。他的思想流行达 150 年之久，形成了“阳明学派”。王守仁思想中包含着某些促进思想解放的因素，为中国近代康有为和梁启超所注意，受到熊十力的推崇。王守仁的哲学思想在明中叶以后传到日本，并成为显学，后来影响到明治维新时期的日本思想界，对日本的革新起了一定的积极作用。

王廷相

王廷相（1474—1544），字子衡，号浚川。仪封（今河南兰考东）人。明代著名文学家、哲学家。

王廷相自幼聪慧，文才显现。弘治八年（1495）21岁乡试中举，十五年（1502）28岁中进士及第，授庶吉士并被选入翰林院，曾任兵科给事中，辅助处理奏章，后因得罪大宦官刘瑾，被贬为地方任都察院副都御史（中央执法官）并巡抚四川，后又升为兵部左、右侍郎（兵部副长官），最后升任为南京兵部尚书。他富有正义感，不畏权势，敢于批评时政，曾两次受宦官的迫害。他的主要著作有《慎言》《雅述》和《王氏家藏集》等。王廷相对经术很有研究，对一些经学家特别是理学家的论点提出了许多批评，发表了他的独立见解。他对天文学、地理学曾有贡献，对农学方面有所论列，对音律学也有著述。

王廷相是一个唯物主义思想家，他认为“元气”是世界的本原，“气”是不灭的，有了“气”才有“理”。他所说的“气”就是物质，这与宋儒“天地之先只有此理”的唯心主义世界观相对立。他反对神秘和迷信，反对神权，强调“人定胜天”思想。王廷相认为“离气无性”，有生便有性，否定有些儒家所臆造的在气以外有所谓“本然之性”，也不赞成“性善”和“性恶”的先验论。他拥护孔丘“性相近，习相远”的见解，而主张“性成于习”之说。因此，他主张应当使儿童在童蒙时期便开始养成好习惯，不要把儿童禁闭在家里，让他们接触社会实际，增广“见闻”。王廷相重视“见闻之知”，极力反对宋儒所谓的“德性之知”，反对王守仁的“致良知”说。他认为知识是“思”与“见闻”相结合的产物。要求在实践中练习，这才是“真知”，反对书房中空虚的无实用的讲读。他要求“学”与“思”不能偏废，要求“讲学”和“力行”并举。他不但要求“思”和“学”相结合，还要求“思”和“行”相结合。所以他把“思”放在学习过程中具有特别重要作用的地位。他认为学的方法有二，即“致知”和“履事”，二者兼有才是上等，必须“知行并举”才能达到目的。

关于道德修养方面，王廷相根据他唯物主义的认识论，提出了反对偏重内省静养的方法，主张内外交养，动静结合，心虚气和，因时制宜等方法。他把那种死抱着旧学成见，不通时变、不达事理的人叫作“迂腐”，把那种眼光短小的人叫作“浅陋”，把那种依阿谄谀不顾国家大计的人叫作“卑鄙”，这类人都不堪委任。他主张要从克己寡欲开始，逐渐做到无欲无己，便能实现“大同”。此外要经常补过徙义，使自己日新。要使万物各得其所，才算是“仁”。

王廷相的主要思想包括：提倡独立思考，反对因袭旧说；彻底的唯物主义思想；彻底的无神论思想；历史进化论思想；更加宏大的“天下”的观念；自然生物观；对中国传统五行观念的批判；用偶然性与必然性的关系来驳斥一些迷信算命观念，有概率思想的萌芽；对做梦内容给予理论解释。

作为哲学家，他在明代社会逐渐走向衰落、程朱理学一统天下、王守仁心学刚刚兴起之际，批判程朱理学和王守仁心学严重脱离社会实际，倡导“为有用之学”和“治己之学”，以成就“内圣外王之业”，王廷相继承了王充、范缜等人的唯物主义思想，吸纳孔子、朱熹哲学思想之精华，为中国哲学史上独放异彩的唯物主义哲学家之一。

作为教育家，在教育和教学方法上提出了许多可贵的见解：一是提出人掌握知识必须从“见闻之知”开始；二是认为知识是从思与闻的内外结合而得的。

黄绾

黄绾（约1477—约1551），字叔贤，号久庵、石龙。黄岩（今浙江台州市黄岩区）人。著名哲学家、思想家。

黄绾，黄孔昭之孙。祖籍福建莆田黄巷，唐朝桂州刺史开国公黄岸公之裔。父黄俌卒后，受母命承祖荫，少时求教于谢铎，刻苦治学，卓有所得。后承祖荫官后军都督府都事。

明正德五年（1510），经友人引荐，黄绾结识王守仁，订终生共学之盟。任后军都督府都事。不久因病归家，迁址江北新宅。嘉靖元年（1522），任南京都察院经历。嘉靖三年（1524）二月，连上二疏，赞同“议礼”，四月，又与桂萼、张璁、黄宗明联名上疏争大礼。次年，何渊要嘉靖帝父母入太庙，被黄绾、黄宗明斥为荒谬。帝不悦，将黄绾调任南京刑部员外郎，黄称病辞官。嘉靖六年（1527）六月，帝念“议礼”之功，授黄为光禄寺少卿，升少詹事兼侍讲学士，参与编修肯定“议礼”的《明伦大典》。次年，升詹事锦衣佥事，南京礼部右侍郎。嘉靖十二年（1533），郎中邹守益敢于直谏，得罪权臣，称病归去，吏部尚书汪熔弹劾黄绾与邹结党，调京降级。次年，山西大同兵变，黄绾力主安抚，受命急赴大同，逮首恶数十人，树木栅，设保甲，创社学，民心安定，还京增俸一级。嘉靖十八年（1539），任南京礼部尚书兼翰林学士。安南（越南）内乱，帝命黄绾为正使安抚，黄恐惧此行不测，称病不赴。次年，因奏请为父母谥赠，受帝怒责，降为 礼部侍郎。嘉靖二十年（1541），以年老辞官归家，在石龙书院研究中国哲学。晚年威重而倨，纵容子弟、家奴横行乡里。嘉靖三十年（1551）九月卒，终年 75 岁。

黄绾晚年对王学产生怀疑，说：“予始未之信，既而信之，久而验之，方知空虚之弊误人非细。”批判王学“良知说”和“程朱理学”，反对士大夫空谈理性耻于言行，主张经世反对弃世，成为中国思想史上较早全面对王学批判的人物。著有《明道编》12 卷、《石龙集》30 卷、《久庵文选》16 卷、《庙制考义》2 卷，以及《中庸古今注》《思古堂笔记》《石龙奏议》《云中疏稿》，还有易经、诗经等著作。《明道编》为中国哲学名著。

黄绾一生的思想变化，可看作“明代学术思想演变过程的一个缩影”，其学术思想对整个明代学术思想的流向——特别是在批判王学流弊方面，有着重要的意义。

王艮

王艮（1483—1541），原名王银，字汝止，号心斋。泰州安丰场（今江苏东台东南安丰镇）人，人称“王泰州”。明代哲学家，“泰州学派”创始人。

王艮讲学传道，一般都是当面口传心授，不假文字和笔舌谆谆。现在见到的王艮著作，除其后裔及门人辑录整理的王艮语录外，尚有王艮本人撰写的《鳅鳝歌》《复初说》《明哲保身论》《乐学歌》《天理良知说》《孝悌箴》以及《安定书院讲学别言》《格物要旨》《勉仁方》《与南都诸友》《大成学歌》《均分草荡议》《王道论》《答徐子直书》等名篇。

王艮生于明宪宗成化十九年（1483），为“灶丁”（烧盐的苦力）阶级，世代为灶户，“七岁受书乡塾，贫不能竟学”，11 岁时家贫辍学。19 岁时随父王守庵经商至山东，因善经营，成为富户。38 岁时，远赴江西，师从江西巡抚王阳明，是王阳明的重要弟子之一，王阳明一开始觉得他个性高傲，因此把他的名字改成带有静止意思的“艮”字；王艮经常与师争论。王阳明病逝后，“迎丧桐庐，约同志经理其家”，“往会稽会葬”，照料其后人。后来王艮定居泰州安丰，开始自立门户，创立泰州学派，主张“百姓日用即道”，他深知“百姓日用条理处，即是圣人之条理处，圣人知便不失，百姓不知便为失”。明世宗嘉靖十九年（1540）卒于乡。有其门人收辑的《心斋全集》6 卷传世。

王艮创立的学派，因地而名，称“泰州学派”。王艮的“百姓日用即道”，“百姓日用之学”，是王艮思想的闪光点和泰州学派思想的主旨和重要的进步命题，具有鲜明的人民性。对于格物、致知、诚意、正心、修身之说，王艮认为身是本，天下国家是末，“格物”必先“正己”，“本治而末治，正己而物正”，提出“正人必先正己”。这种尊重人、重视人的价值的思想观点，正是平民哲学、布衣学者恰好的表现，维护百姓利益的“绝唱”。王艮还主张尊身、安身、保身、爱身，他提出的明哲保身以及出、处、进、退、隐、见等策略，形似消极，实质是以退自保、以退求进的一种手法。在政治方面，王艮对社会政治类型作出“三种景象”的区分，即羲皇景象、三代景象、五伯（霸）景象，而前者正是他所向往的。在教育思想方面，王艮“有教无类”的教育学风及“学而不厌，诲人不倦”的学习、教学态度，具有重要价值。

自形成至今，人们对于泰山学派思想的评说仁智互见，褒贬不一。尽管存在对封建专制认识和斗争的不彻底性、对传统圣学的妥协、对社会活动和斗争方式方法上的“怪异”等问题，但王艮及其所创泰州学派仍独领一代思想领袖风骚，在中国哲学史上占有一席之地。

吴廷翰

吴廷翰（约1491—1559），字崧柏，号苏原。无为州（今安徽无为）人。明代中期重要哲学家、思想家。

吴廷翰的著作，在他逝世后的明万历二十九年（1601），由其长子吴国宝编订、少子吴国寅刊刻而成《苏原先生全集》。集中主要收录了《吉斋漫录》2卷、《椟记》2卷、《瓮记》2卷、《湖山小稿》3卷、《文集》2卷、《诗集》2卷、《洞云清响》1卷，以及《志略考》和《丛言》，无奈此书国内少传，流到日本，也有散佚。由容肇祖先生整理校点，中华书局1984年出版的《吴廷翰集》，是目前收集整理的吴廷翰著作最好的版本，但吴著的《志略考》和《丛言》至今未发现，未能收入。

吴廷翰12岁学《易》，补县学生员，明正德十四年（1519）中举人，十六年（1521）登进士。历官兵部主事，转户部主事，任吏部文选司郎中。在户部荐选时，因敢于推荐直言敢谏的人才，而与长官发生争执，以此忤长官意，外出为广东佥事，转岭南分巡道，兼督学政。后改任浙江参议，又调山西参议。曾奉命采端溪砚，己不取一枚；山西赈灾，救活饥民数十万人，手头过钱无数，己不曾取一分，以廉洁清正著称。年四十余，辞官归里，著述终身。

吴廷翰以朴素唯物主义思想反对客观唯心主义和主观唯心主义。在人性论上，主张只有气质之性，别无他性。在天理、人欲问题上，主张天理在人欲之中。在形神问题上，批驳灵魂不灭，死后轮回的见解。在认识上，坚持“德性之知”必须由于“闻见之知”，肯定认识与学习和锻炼的关系。在知行关系问题上，认为知和行是一个问题的两个方面，知指导行，行非有知指导不可。他早年受外祖父张纶的启迪，不赞同宋儒把性和气区别开来作为善恶相对的划分。中年以后，受朴素唯物论者王廷相的影响，反对一些人认为深山大泽有鬼神的观点。

吴廷翰的事迹、著作和思想在国内鲜为人知，受到埋没。然而，吴廷翰的著作，在日本却深受学术界的青睐和重视。他的思想，在日本产生了深广的影响，并成为日本古学派的重要思想渊源。

颜钧

颜钧（1504—1596），字子和，号山农，晚年因避明神宗朱翊钧讳，改名铎。吉安（今属江西）人。泰州学派重要代表人物，被誉为“平民思想家”。

颜钧上承王艮，下启罗汝芳、何心隐，一生著作原本很多，尤其在他被遣送回乡的 20 余年间。可惜因未能出版，不行于世。咸丰六年（1856），在永新颜氏后裔的努力下，出版了《颜山农先生遗集》9 卷，作为家族刻本问世。1991 年，黄选民教授专程到永新实地考察，经其研究鉴定，并精心整理点校，充实内容，终以《颜钧集》正式出版。

颜钧 13 岁随父在常熟读书。17 岁时，父亲病故，仲兄颜钥又陷粮役，家道中落。25 岁时，经仲兄颜钥的引导，开始接触王阳明（守仁）的学说（手抄《传习录》），思想大变，自觉接受王阳明的“致良知”理论。嘉靖十五年（1536），颜钧再度访学，在北京得遇贵溪徐樾，从之学习三年，复由徐樾引荐，于十八年（1539）赴泰州王艮门下。二十年（1541），王艮去世，颜钧悲痛万分，守墓三年。三十七年（1558），他留下次子参军，自己继续在大江南北讲学。四十五年（1566），他在扬州买船南归时，被南都提学耿定向派人诱往太平（今安徽马鞍山）讲学，未几，即遭逮捕，解往南京监狱，在狱中受尽折磨。隆庆五年（1571）五月，颜钧被遣送回家，免除“罪人”身份。年近七旬的颜钧，此后多半在家从事著述工作。万历二十四年（1596），颜钧逝于永新家中。

颜钧提出了“制欲非体仁”的“放心”观，认为人的欲望是天然的、合理的。其次，拓展了王学左派的心性自然观，某种程度上纠正了阳明心学的矛盾之处。颜钧继承了王艮的思想，并从自身和平民的现实生活去推解儒学，将王艮的“大成学”衍化为自己的“大中学”。所谓“大中学”即其所谓“大学中庸”之学。在颜钧看来，“大学中庸”体现了儒学的精神命脉，所以他称为“仁神正学”，这是他独特的宇宙观和人生哲学理论。颜钧的“大中学”宣传“急救人心”的道德救世思想。大中学是平民儒学，故其与官方儒学不同，不重在教人如何“做官”“治世”，而是重在如何“做人”“救世”。颜钧“大中学”的本质特征是人民性，他认为人的本性是自然的，人应率性而行，纯任自然。

颜钧深深同情受苦受难的人民，大胆揭露统治阶级对人民的剥削和压迫，反对程朱理学，对君主专制政体和封建礼制也颇有微词。其叛逆思想和战斗性性格，在当时封建制度下是难能可贵的，他是泰州学派向前发展的一个重要关捩。

何心隐

何心隐（1517—1579），原名梁汝元，字夫山。永丰（今属江西）人。明代思想家，王阳明“心学”之泰州学派弟子。

30 岁以前，何心隐和当时一般读书人一样，走的是科举道路，30 岁应江西省试，得第一名。闻王艮良知之学，遂弃举子业，从王艮再传弟子颜山农，学“心斋立本之旨”。40 多岁时，永丰县令强迫人民交纳额外赋税“皇木银两”，何写信讥笑之，被令下狱，经友营救获释。此后，北游京师，辟谷门会馆讲学，招徕四方之士，方技杂流无不从之。因忤严嵩，被迫出京。从此踪迹不常，所游半天下。南至八闽，东至杭州，西至重庆，又至道州，后流寓湖北孝感，聚徒讲学。时张居正禁止讲学，诏毁天下书院。何心隐著《原学原讲》，驳斥张居正禁止讲学的政策，并准备“上书阙下”，与张居正辩论。明政府缉捕何心隐，何避地泰州，又避地祁门。万历七年（1579），为政府捕获，押解至武昌，被湖北巡抚杖毙。政府列何“罪状”，揭榜通衢。何死后，弟子据其遗言，收其骸骨与其好友程学颜合葬一墓。

在社会思想方面，何心隐抱有从“齐家”开始，以至“治国平天下”

的理想，并付诸实践。何37岁时，著《聚和率教渝族理语》《聚和率养渝族里语》《聚和老老文》，谓《大学》先齐家，乃建“萃和堂”以合族人，并身理一族之政，冠、婚、丧、祭、赋役，一切通其有无，又集资建学，延师授徒。行之数年，大有成效。在社会组织方面，他还进而要求破除一般的身家，建立一种超乎身家之上的师友关系的“会”，把士农工商的身家包括在“会”之中。这种“会”，统于君师，极于朋友。何心隐认为，朋友是社会关系中最重要的环节。其他各种社会关系，如昆弟、夫妇、父子、君臣，或交而比，或交而昵，或交而陵而援，都是不正常的，都只是“八口之天地”，未能跳出狭小的樊篱。只有朋友的关系才是“交之尽”，故为社会关系的极致。而师是“道之至”“学之至”。朋友关系和师弟关系是超越一切之上的关系。这样，就在“五伦”中摈弃了父子、夫妇、兄弟、君臣四伦。“会”有主会者，轮流担任。“家”，隶属于“会”，“会”也是一种讲学组织和社会运动集团。“会”的成员，在“见龙在田”时是师友，在“飞龙在天”时是君臣；传道者或为“在田”的仲尼（师），或为“在天”的尧、舜。何心隐认为，以“会”来统天下，须有两大原则：一是“均”，即“会”众之间财富均平；二是“群”，即“会”众团结。与传统的“无欲”“灭人欲”说教相反，何心隐主张“育欲”，认为，“性而味，性而色，性而声，性而安逸，性也”，“欲货色，欲也；欲聚和，欲也”。人心不能无欲，欲鱼、欲熊掌、欲生、欲义、欲仁、从心所欲等都是欲。主张满足人们对声、色、滋味、安逸等的要求，认为这些要求出于天性，人人所同。“欲唯寡则心存”，舍鱼而取熊掌，舍生而取义等，都是寡欲。他的著作有《四书究正注解》《聚和堂日新记》《何心隐集》等。

何心隐为泰州学派后学的主要代表人物之一，他曾被封建统治者诬为“妖人”“逆犯”“盗犯”“奸犯”而遭到迫害，终至被杀。但实乃一位颇有胆识的思想家，其“异端”思想对后世影响很大。

李贽

李贽（1527—1602），初姓林，名载贽，后改姓李，名贽，号宏甫，又号卓吾，别号温陵居士、百泉居士等。泉州晋江（今福建泉州）人。明代思想家、禅师、文学家，泰州学派一代宗师。

李贽一生著述颇丰，主要有：《李氏藏书》《藏书》68卷。明万历二十七年（1599）刻于金陵。还有《焚书》《续焚书》《李氏六书》等。

嘉靖三十年（1551），李贽中福建乡试举人。嘉靖三十五年（1556）授河南共城教谕。隆庆四年（1570），调任南京刑部员外郎，至万历五年（1577）止，共七年。万历五年，出任云南姚安知府，在公余之暇，仍从事于讲学。李贽20多年的宦游生活，使他深感受人管束之苦。万历十六年（1588）夏天剃头以示和鄙俗断绝，虽身入空门，却不受戒、不参加僧众的唪经祈祷。万历二十一年（1593）李贽认识了在当时文学上反对复古主义的公安三袁兄弟袁宗道、袁宏道、袁中道。万历二十五年（1597），李贽应巡抚梅国桢之请往山西大同，著《孙子参同》，修订《藏书》。万历二十七年（1599）李贽73岁，将自己的零星著作汇成《老人行》，并再度研究《易》，撰写《易因》，最后编订其巨著《藏书》。万历三十年（1602），李贽76岁身亡，遗言身后白布盖尸，土坑埋葬，似从回教葬仪。

在《自赞》一文中，他毫不掩饰自己的个性："其性褊急，其色矜高，其词鄙俗，其心狂痴，其行率易，其交寡而面见亲热。"他坦然入狱："名山大壑登临遍，独此垣中未入门。病间始知身在系，几回白日几黄昏。"（《系中八绝·其一》）

李贽以孔孟传统儒学的"异端"而自居，对封建的男尊女卑、假道学、社会腐败、贪官污吏，大加痛斥批判，主张"革故鼎新"，反对思想禁锢。

在文学方面，李贽提出"童心说"，主张创作要"绝假还真"，抒发己见。李贽旗帜鲜明宣称自己的著作是"离经叛道之作"，表示："我可杀不可去，头可断而身不可辱"，毫不畏缩。李贽在诗文写作风格方面，也主张"真心"，反对当时风行的"摹古"文风，他的这一倾向，对晚明文学产生了重要影响。

李贽最痛恨维护封建礼教的假道学和那些满口仁义道德的卫道士、伪君子。他指斥那些所谓的道学家们：名心太重，回护太多。"实多恶也，而专谈志仁无恶；实偏私所好也，而专谈泛爱博爱；实执定己见也，而专谈不可自是。”“及乎开口谈学，便说尔为自己，我为他人；尔为自私，我欲利他”，实际上都是“读书而求高第，居官而求尊显”，全是为自己打算，“无一厘为人谋者”（《焚书·答耿司寇》）。他还进一步指斥道学家们是一群道貌岸然的假道学，“阳为道学，阴为富贵，被服儒雅，行若狗彘”（《续焚书·三教归儒说》）。道学家满口仁义道德，实际上是借道学这块敲门砖，“以欺世获利”，为自己谋取高官利禄，他们“口谈道德而心存高官，志在巨富”（《焚书·又与焦弱侯》）。李贽对程朱理学及卫道士们的揭露真可谓一针见血，句句中的。

李贽对统治阶级所极力推崇的孔孟之学也大加鞭挞。在《焚书·赞刘谐》及《续焚书》的《圣教小引》《题孔子像于芝佛院》等文中，他以戏谑嘲讽的笔调贬低孔子，这在尊孔子为至圣先师的古代，是一种大胆的举动。

李贽哲学思想的形成经历了从唯物主义到主观唯心主义转化的过程。李贽主张宇宙的万物是由天地（最终是阴阳二气）所生，否定程朱理学理能生气、一能生二的客观唯心主义论断。李贽的认识论是建立在主观唯心主义之上的先验论，主张渊源于佛性的“生知”说。

李贽在反对政治腐败和宋明理学的过程中，形成了他的政治思想，主要有：主张个性解放，思想自由；提倡人类平等；反对封建礼教；反对理学空谈，提倡功利主义；“至道无为”的政治理想。

吕坤

吕坤（1536—1618），字叔简，一字心吾或新吾，自号抱独居士。宁陵（今属河南）人。明代著名无神论思想家，哲学家。

吕坤著有《呻吟语》《呻吟语摘》《去伪斋文集》等著作。大抵不侈语精微，不虚谈高远，惟躬行实践为本。《呻吟语》在日本影响很大。

吕坤天资聪颖，6 岁入学启蒙，15 岁作《夜气铭》《招良心诗》。25 岁中秀才第一，嘉靖四十年（1561），26 岁中举，万历二年（1574），39 岁中进士，初为襄垣知县，因政绩卓著，调大同，征授户部主事，历郎中。迁山东参政、山西按察使、陕西右布政使。擢右佥都御史，巡抚山西。巡抚山西时，著有《实政录》，被仕宦奉为楷模。吕坤爱亡民如子弟，视贪官若仇人，所刻《风宪约》《民务》各款深受称颂。吕坤刚正不阿，为政清廉。他与沈鲤、郭正域被誉为明万历年间天下“三大贤”。万历二十五年（1597）五月，上书陈天下安危，劝神宗励精图治，言词慷慨激昂，忧国爱民之情溢于言表。疏入，不报，又遭给事中戴士衡诬告，于是吕坤愤然称病乞休，结束了他26年的做官生涯。

吕坤引退后，杜门谢客，授徒讲明心学，以继往开来为己任，学者称他为“沙随夫子”。“所著述，多出新意。”《呻吟语》成书于万历二十一年（1593），是吕坤积30年心血写就的一部语录体著作。这部著作谈哲理，抨时弊，探求人生，思考宇宙，举凡人之修养、处世原则，人际交往，居家过口等，真知灼见，时时闪现，警句妙语，不一而足。这部著作不失为中国传统思想文化宝库中的一枝奇葩。这里面凝聚着吕坤丰富的人生经验和探幽发微的哲思。如“无屋漏工夫，做不得宇宙事业”，“名心盛者必作伪”，“处世常过厚无害，惟为公持法则不可”等，时至今日仍有现实意义。

吕坤是一位方正质朴、学识渊博的哲学家。他的诗文，语言通俗而又巧发奇中；文风峻峭而不失浑厚。他曾潜心研究音韵学，所著《交泰韵》不拘泥前人而另辟蹊径，是一部颇有创见的音韵学专著。吕坤一生著作颇丰，除《呻吟语》外，还有《去伪斋文集》等。万历四十六年（1618），吕坤病故，葬于宁陵西北鞋城村。天启初，赠刑部尚书。

高攀龙

高攀龙（1562—1626），初字云从，更字存之，号景逸。无锡（今属江苏）人。明代思想家、政治家。

高攀龙是“东林八君子”之一，为“东林学派”的代表人物。著有《高子遗书》12卷，还有《周易易简说》《春秋孔义》《正蒙释》《二程节录》《水居诗稿》《毛诗集注》等。

高攀龙19岁以品学兼优为邑诸生。万历十年（1582）中举，曾就学于顾宪成。万历十七年（1589）中进士，先后任职于大理寺、行人司。万历二十一年（1593）因上疏痛责首辅王锡爵排斥异己，被贬为广东揭阳县典史。万历二十三年（1595）弃官回无锡，在五里湖畔建筑“水居”，家居27年。万历三十二年（1604）与顾宪成等合力重修“东林书院”，聚众讲学，议论朝政，指斥时弊。顾宪成去世后，高攀龙主持东林书院，长达22年。世称“高顾”。天启元年（1621），朝廷起用被贬谪的诸臣，高攀龙入朝为光禄寺丞，次年升光禄寺少卿。天启三年（1623）春，他利用出公差机会回无锡主持东林书院讲会，同年调任刑部右侍郎，弹劾宦官魏忠贤的党羽、御史崔呈秀。天启四年（1624）升都察院左都御史。时魏忠贤已结成阉党，矫旨指责他与吏部尚书赵南星谋结朋党，高攀龙被迫辞职回乡。天启五年（1625）起，魏忠贤大兴冤狱，捕杀杨涟、左光斗等正直官员，打击东林党人。四月，高攀龙被追夺诰命，削籍为民。十月，东林书院被毁。十二月，魏忠贤一伙颁示“东林党人榜”，他被列入榜中。天启六年（1626）二月，魏忠贤、崔呈秀合谋诬劾高攀龙和前应天巡抚周起元等七人。锦衣卫缇骑四出追捕东林党人。三月，缇骑在苏州逮捕周顺昌等人，激起大规模市民抗暴斗争。高攀龙得到消息，自知不免，写下遗表，于三月十七日凌晨从容赴水，终年64岁。崇祯初年得以昭雪，赠太子太保、兵部尚书，谥忠宪。

高攀龙的政治理念并不等同于东林党，事实上经过了一个前后期之间的转化。前期侧重由道德哲学向政治实践推拓，强调道德涵养的先决地位；后期则侧重由政治实践反馈道德涵养，侧重政治实务的展开。因此前期的高攀龙与东林党较为和同，而后期则在双方之间产生了断裂。另一方面，晚明心学因阳明高弟王畿、王艮的讲学而影响广远，渐衍为思想界的主流。但二王立“见在良知”说，主张直接由心体悟入，致使王门对阳明“致良知”产生理解上的重大分歧。二王及其后学在弘盛师说的过程中，佛教思想的渗入愈趋明显，所谓一往蹈虚之流弊也渐趋横行。高攀龙针对这样的学术气氛，提出了纠偏王学流弊的方法，并以此建立了自己的理论体系。高攀龙由重新分疏主体之心切入，在沿用阳明“心体即性”的前提下，以性为更高本体，主体之心需接受来自于性的约束，将主敬与主静的工夫引向对本体之性的发越，从而超越心学的学理框架，由心入性、由性入理，最终把握终极实体。因此他认为学问之要在于复性。同时，他又以“身”这一概念为纽带，打通天理与人心之间的藩篱，使得格物穷理之外在工夫能转化为主体意义世界中的自我确认，从而避免朱子学外循求理的弊病。因此高攀龙的思想本质上是以身性两者双向规约了主体之心，确保主体在涵养中能时刻得到来自性体的道德保障。高攀龙的学问本意，是欲在天理之一元涵摄下，以不消泯主体性的方式来发展儒学，因此体现为对理学与心学的一种学理接洽。

高攀龙站在思想史的视野下看待后起之心学，并在肯定其学术贡献的基础上，试图使之与宋代理学之间形成逻辑上的承接关系。这种接洽体现着高攀龙的学术个性，是其区别于理学所在。

刘宗周

刘宗周（1578—1645），字起东，号念台。山阴（今浙江绍兴）人。因讲学于山阴蕺山，学者称“蕺山先生”。儒学大师、宋明理学家。

刘宗周是明代最后一位儒学大师，宋明理学的殿军。著作颇富，有《刘蕺山集》17卷，及《刘子全书》《周易古文钞》《论语学案》《圣学宗要》等，均入《四库总目》并传于世。

刘宗周自幼随母养于外祖父章颖家。章颖颇有学问却屡试不第，徐阶、陶望龄、周应中等人均出其门下。万历二十九年（1601），刘宗周考中辛丑科进士，不久因母丧，守孝七年。师从湖州德清学者许孚远。万历三十二年（1604），封行人，为官刚正，敢于直谏，官太仆寺少卿，“必三四辞而后受事”。天启时，因得罪魏忠贤削籍。明思宗继位，替杨涟、左光斗等平反，封宗周为顺天（今北京）府尹。曾屡次上疏，每受贬斥。官至工部左侍郎。崇祯十七年（1644）三月，李自成破北京，明思宗自缢煤山。五月，福王朱由崧登极于南京，以刘宗周为左都御史。因劾马士英、阮大铖，被黜归里。他一生致力于讲学和著述，创建证人书院，与陶奭龄共同讲学，提倡“诚意”“慎独”之说，反对“废闻见而言德性”，人称之为“千秋正学”，学者称为“蕺山先生”，黄宗羲、陈确是他的学生。顺治二年（1645），多铎率清军攻陷杭州，刘宗周正在进餐，闻讯推食恸哭，决定绝食殉国。其门人王毓蓍投水自尽，他说：“吾讲学十五年，仅得此人。”门生劝他：“死而有益于天下，死之可也；死而无益于天下，奈何以有用之身轻弃之?”他回答道：“吾固知图事贤于捐生，顾余老矣，力不能胜。”遂绝食20日而卒。

“慎独”说是刘宗周学说的宗旨。他在自己的著作中反复强调“慎独”之重要。他说：慎独是学问的第一义。言慎独而身、心、意、知、家、厕、天下一齐俱到。刘宗周把“独”提升到本体论高度，而把“慎独”说成是最重要的修养方法：“独之外别无本体，慎独之外别无功夫。”“独即天命之性所藏精处，而慎独即尽性之学。”所以，“独”是“至善之所统会”，所谓“致知在格物，格此而已”。“独者，物之本，而慎独者，格之始事也。”这里，不仅宇宙中的万事万物，而且人类的一切道德准则都统摄在“独”（或者叫本心、良知）之中：“独中具有喜、怒、哀、乐。四者，即仁、义、礼、智之别名。”“慎独”说是刘宗周的道德修养论。他在当时历史条件下提出“慎独”，主要是针对当时的士风，希望通过内省的功夫，收拾人心，使人人向善，跻于道德之域，以解救“世道之祸”。如果说“慎独”是刘宗周全部学说的宗旨，那么“诚意”则是他的全部学说的根基。这样，诚意、慎独与致知、正心实际上是合一的，没有先后之分，格物致知的目的就是诚意。刘宗周希望通过对内在超越的道德本体的探求，找到一个现实道德实践的理论基础，然后再向外展开，去寻求这种超验本体的实现方式，达到本体与功夫的合一，由诚意而正心、修身、齐家、治国、平天下。

刘宗周开创的蕺山学派，在中国思想史特别是儒学史上影响巨大。清初大儒黄宗羲、陈确、张履祥等都是这一学派的传人。刘宗周的思想学说还具有承先启后的作用。当代新儒家学者牟宗三甚至认为，刘宗周绝食而死后，中华民族的命脉和中华文化的命脉都发生了危机。

黄道周

黄道周（1585—1646），字幼玄，一作幼平，号石斋。漳浦（今属福建）人。明末思想家、书画家。

黄道周通天文、理数诸书。工书善画，诗文、隶草皆自成一家，先后讲学于浙江大涤、漳浦明诚堂、漳州紫阳、龙溪邺业等书院，世人尊称之黄圣人、石斋先生。著作甚丰。有《儒行集传》《石斋集》《易象正义》《春秋揆》《孝经集传》等，后人辑成《黄漳浦先生全集》，现存诗两千余首，被俘后于“见三光”的牢室中所作300多首诗，出自忧愤，最为感人。

黄道周自幼聪颖好学，少年时就有“闽海才子”之誉。25岁建漳浦东皋书舍，从事讲学著作。38岁中进士，先后任明天启朝翰林编修、经筵展书官，崇祯朝翰林侍讲学士、经筵展书官，南明弘光朝吏部侍郎、礼部尚书，隆武朝武英殿大学士、吏部和兵部尚书等职。崇祯皇帝中后金的反间计，处死抗战名将袁崇焕，重惩辅臣钱龙锡等，朝中无人敢言是非。黄道周激于义愤，连奏三疏。刚愎自用的崇祯见疏大怒，将其降三级调用。道周以国事为重，不计个人得失，刚直不阿，敢言直谏，前后三十疏，直到被革除官职，甚至治罪入狱，表现了为国为民、光明磊落的情怀。晚年，他受命于危难之时，自请募兵北上抗清，在向江西婺源进军中，于牛头岭首战告捷，但终因后援不继，孤军深入而失败，在童家坊被俘。清军得黄道周，认为胜过占领几个州的土地，设宴招待，派人说降，均被他严词斥责和讽刺，并绝食以示必死之志。就义那天，他谈笑风生，从容为人挥毫酣书。临刑前，他咬破指头，血书“纲常万古，节义千秋，天地知我，家人无忧”。时顺治三年（1646）三月初五。

黄道周的政治思想以“重仁义”的伦理思想作为行为准则，以爱人安民为核心。他说，“仁义者，天地权衡万物之纲纪也”。君臣要讲仁义，以仁义之心去爱护百姓，才能理顺民心，使民心归顺。百姓讲仁义，人与人之间的关系才会和谐，社会才会稳定、发展。为了爱人安民，他疾呼吏治要廉明。为官要恬淡寡欲，宁静淡泊；不屑名利，不近小人，不趋权势；洁身自好，廉洁奉公。黄道周为政思想的措施在于举贤才、正君道。治国兴邦需要贤才，但真正的贤才难于造就。因此，他主张要惜才、育才。他还提出“法天”“敬人”的君道观。认为君主治国必须效法上天，上天无为但无所不为，以阳光雨露沐浴万物。上天无逸，永远自强不息。要按上天的自然规律治理天下，国运才能长久。同时，君主也要“法天”还要“敬人”，要敬重民意，重视民生，才能顺服万民。

黄道周的理学思想是继承儒家和前人理学思想的成果，是在明末衰败的历史条件下提出来的，无论是重仁义、爱人安民的思想，还是举贤才、正君道的主张，都具有对社会现实的针对性。这些思想主张，在一定程度上代表了百姓的呼声和利益，对解决社会矛盾起了积极的影响作用，不失为有见地的政治思想。

朱之瑜

朱之瑜（1600—1682），字楚屿，又字鲁屿，号舜水。余姚（今属浙江）人。明清之际的学者和教育家。

清兵入关后，他流亡在外参加抗清复明活动。南明亡后，东渡定居日本，在长崎、江户（今东京）授徒讲学，传播儒家思想，其学术特点是提倡“实理实学、学以致用”。他的著作，见于《舜水遗书》。

朱之瑜初从李契玄学，后寄籍松江，受业于朱永祜、张肯堂、吴钟峦等。弱冠后见国是非，绝意仕进。崇祯末两举征辟，均不就；崇祯十七年（1644），南明福王朱由崧两次诏征授职，亦不受。永历元年至十二年（1647—1658），四次东渡日本借兵，以图恢复明室，均未成。途中辗转安南、交趾（均今越南）等地，历尽艰险。永历十四年（1660），受郑成功、张煌言邀，返国抗清，败后复流亡日本。永历十九年（1665），被水户藩主德川光圀聘为宾师，迎至水户讲学，德川光圀欲为建新居，以“耻逆虏之未灭，痛祭祀之有阙，若丰屋而安居，非我志”四次力辞。永历二十四年（1670），日本初造学宫，他绘画图纸，度量尺寸，亲临施工现场指导，事后撰《学宫图说》。又造古祭器簠、笾、豆、登等，率学生习释奠礼，改定仪注，详明礼节。永历二十六年（1672），德川光圀设置彰考馆，由之瑜门生安积觉任主编，聘请之瑜指导编纂《大日本史》。永历三十六年（1682）卒于日本，葬日本常陆久慈郡大田乡瑞龙山麓，依明朝仪式成坟，私谥文恭先生。

朱之瑜服膺孔孟儒家，并受程朱理学的影响，但能自抒己见，批评程朱。朱熹高谈性理而抨击陈亮的事功观点，朱之瑜则主张为学当有实功，有实用；格物致知要与事功统一起来，不应专在研究理学方面下功夫。他重视那些能够"经邦弘化、康济艰难"，堪作表率的"巨儒鸿士"，而鄙视那些只会注经释传、无补时艰的腐儒，更贬斥那些溺于科举制义，奔竞利禄的文人。

朱之瑜在教育思想方面的特点是视中外为一体，以得天下英才而教育之为乐。他侨居日本20多年，接受的弟子不断增加，并曾公开讲学。在讲学中他一方面肯定日本"才贤秀出"，可以为孔、颜，为尧舜；另一方面，他指出日本崇信佛教，圣（儒）教未兴，存在问题。依他看来，日本建国的大本在于敬教劝学，施政方面当务之急在于兴贤育才。他所提倡的忠君爱国思想，对于日本后来"尊王一统"的事业有一定的影响。

关于教人之道，他认为有一定不易者，有因人而施者。"学问之道，贵在实行"；"立志当如山，求师当如海"；这是一定不易者。因弟子"资性"之不同，提出不同的要求，并予以不同的启示，这是因人而施者。他重躬行实践，却不废读书，因为书能益人神智。

对于读书之法，他则认为读史应先于读经；史书文义较浅，于事情又近，于事理吻合，读之易懂。这些都表现了他着重实功、实用的精神。

朱之瑜一生将反抗民族压迫的思想传播于海内外，对后来的反抗清王朝运动有所启示，其学和艺也有益于中日文化交流。

傅山

傅山（1607—1684），初名鼎臣，字青竹，改字青主，又有真山、浊翁、石人等别名。山西阳曲人。明清之际思想家、书法家、医学家。

傅山4岁临习书法，7岁上家塾，由一位朱姓老师任教，凡所授书，过目成诵。15岁考秀才，20岁试举人。29岁以第一名的成绩被“三立书院”录取，深受山西提学袁继咸的器重。后袁继咸被诬下狱，傅带领百余名学生徒步上京，为袁继咸“伏阙诉冤”，傅山由此名闻天下。明亡后，傅山与顾炎武、阎尔梅等志士秘密进行反清复明活动，因受河南宋谦起义牵连，傅山被捕入狱，同时被捕的还有其子傅眉，后又讯其弟傅止。由于傅山矢口否认与傅眉、傅止预先编好假供，且宋谦死无对证，最终得以释放。康熙诏开博学鸿词科，傅山被迫进京，至京城20里外拒不入城，住在崇文门外园教寺。康熙十九年（1680）三月殿试博学鸿词，傅山七日不食，称病卧床。康熙皇帝赐他“中书舍人”。二十三年（1684）卒。

傅山主要著作有《霜红龛集》《两汉人名韵》《傅氏女科》《青囊秘诀》等。在学术和学术思想上，傅山的学问文章，都追踪当时的进步思潮，尤其是前半生明朝未亡之时，他的思想带有强烈的进步倾向，不重视当时学者重理学的倾向。他赞扬具有革新精神、被明朝统治者视作洪水猛兽的李贽学术思想和刘辰翁、杨慎、钟惺等节高和寡之士的文风。对明末的政治腐败，官场龌龊，具有清醒的认识。清军入关明王朝灭亡后，傅山一反清初一般学者以经学为中心的研究范围，独辟研究子学的途径，冲破宋明以来重理的羁绊，开拓新的学术研究领域，成为清之后研治诸子的开山鼻祖。至于傅山的诗赋，则是继承了屈原、杜甫以来的爱国主义传统，他主张诗文应该“生于气节”，以是否有利于国家和民族为衡量标准。

在佛学方面，傅山反对理学家“灭人欲”的谬见，认为佛家提倡“禁欲”也是不对的。他指出佛家也有爱欲，比如佛寺建筑庄严华美，正是佛家爱美的表现，其爱欲何尝断灭？只不过佛家是提倡一种大慈大悲的泛爱而已，这才是值得推崇的。可见，傅山关注佛学，采取具体分析的方法，有所取舍，他要探究的是佛学的真谛，而不是徒看皮相的形式主义。

此外，在文学艺术方面，傅山的诗文思想性、现实性极强，写作不拘成法，任性直率，古奥老拙，慷慨苍凉，奇思逸趣，形成了独特的艺术风格；在医学方面，他精通医经脉理，擅长妇科及内外诸科。

傅山不仅堪与顾炎武、黄宗羲、王夫之并驾齐驱，而且比他们思想更解放，在反对以道统自居的理学说教、冲破儒家传统思想束缚方面，战斗精神和独创性更强。他倡导的以民为本、平等民主、不随流俗、尊重独立人格的人文精神与和而不同的哲学思想，400 多年来一直受到世人尊重。

潘平格

潘平格（1610—1677），字用微。浙江慈溪人。明末清初思想家。

潘平格学术思想在浙江金华和江苏苏州、常州等地流传。著有《求仁录》《四书发明》《著道录》《契圣录》《辨二氏之学》等。

史书中少有关于潘平格生平记载，但其思想经历了一个变化的过程。他先治程朱，后改王、罗（洪先），再事老庄、禅学。清之后，笃志孔孟。潘平格长年于绍兴讲学，后去昆山，又回浙江，在黄宗羲所创证人书院执教。经过研究，他认为“程朱陆王之学既不合孔孟，而二氏之学亦不合于孔孟”。于是发愿“径接孔孟，旁斥佛老”。他认为，孔孟的学说是圣学，其宗旨是一个“仁”字，自孔孟以后，儒者并没真正继承和发扬孔孟圣学，而是对圣学与《大学》随意附会，歪曲了圣学。他以恢复孔孟圣学为己任，提出了包括以“浑然天地万物一体”“致知格物”“笃志力行”三方面内容的“求仁”说。他认为天地万物，包括人在内虽然各有区别，但按照它的本性来说，天、地、人、万物都是相互依存的，是彼此相亲、相爱、和谐的一个有机的整体。他曾提出，孔孟以后无真儒，而三人以后无善治，他向往一种天下安定，没有压迫与欺诈，人们友好相处、各得其所的所谓“善治”。他认为程朱的“格物”方法支离烦琐，陆王的“格物”虚空不实，“朱子道，陆子禅”。潘平格强调，要继承圣学，必须“笃志力行”。潘平格对宋明儒学的批判，主要是对其向内的心性理论的驳斥，是对真心、真性的正名，是黜虚趋实的转向。

潘平格建构了独具特色的“求仁”思想体系。其思想以“浑然天地万物一体”的人性论为起端，合人性论与政治思想为一；以“格物致知”之新解为其理论依据，以“恕”作为实现万物一体的方法；最后把人性论与格致新解统一于笃志力行，以“力行”为其思想精髓。

潘平格的这些思想，揭露了程朱陆王各派揉杂佛老借以炫的面目，对当时高居庙堂的宋明理学无疑是一种冲击，在清初学界发出了异彩，被当时誉为“儒门之有潘子，犹释氏之有观音”。

方以智

方以智（1611—1671），字密之，号曼公。桐城（今属安徽）人。明代著名哲学家、科学家。

方以智家学渊深，博采众长，主张中西合璧，儒、释、道三教归一。一生著述400余万言，多有散佚，存世作品数十种，内容广博，文、史、哲、地、医药、物理，无所不包。方以智著述中最为流行的是《通雅》和《物理小识》，前者是综合性的名词汇编书，后者是一部笔记，他的科学见解主要集中在这部书中。他的后期代表作是《药地炮庄》和《东西均》，均为哲学著作。他的著作还有《浮山文集》《博依集》《易余》《一贯问答》《切韵源流》《流寓草》《周易图象几表》《性故》《学易纲宗》《诸子燔痏》《四韵定本》《内经经络》《医学会通》等。

方以智自幼秉承家学，接受儒家传统教育，少年时代即受到浓厚学术氛围的熏陶。由于其祖辈都直接或间接同东林党有关系，他从小也养成了关心时事的习惯。14岁时徒步到数百里外的考场参加会试，以此来磨炼意志。成年后，方以智载书泛游江淮吴越间，遍访藏书大家，博览群书，四处交游，结识学友。在他的学友中有西洋传教士毕方济与汤若望，并阅西洋之书，从他们那里学习了解了西方近代自然科学，从而开阔了视野，丰富了学识，形成了自己非凡的政治抱负。为谏议皇帝选贤用能，革除弊端，实行某些改革，曾写了《拟求贤诏》《拟上求治疏》《拟上求读书见人疏》等，决心以襄扶明朝中兴为己任。他曾在《书鹿十一传后》中表示要“挹东海之泽、洗天下之垢”。曾与陈贞慧、吴应箕、侯方域等主盟复社，裁量人物，讽议朝局，人称“明季四公子”，以文章誉望动天下。

顺治七年（1650），清兵攻陷广西平乐，方以智被捕，清军在方以智的左边放了一件清军的官服，右边放了一把明晃晃的刀，让方以智选择。

方以智毫不犹豫，立即奔到右边，表示宁死不降。清朝将领因欣赏他的气节将他释放。获释后，于顺治七年，披缁为僧，改名大智，字无可，别号弘智、药地、愚者大师等。晚年定居江西庐陵青原山，自称极丸老人。康熙十年（1671），方以智为粤事牵连被捕，解往广东，途经江西万安惶恐滩头，十月七日因疽发卒于舟中。1972 年当代美国华裔学者余英时在《方以智晚节考》中，认为方以智行至惶恐滩头，想起前朝文天祥事迹，自沉于江殉国。

方以智酷爱自然科学知识，自幼塾中诵读之余，即好穷物理，经过孜孜不倦的努力，他终于在哲学和科学两方面都取得了很大成就，达到了相当的高度。主张“寓通幾于质测”。所谓通幾，是对事物发生根本原因的探讨，而质测则要求脚踏实地考察事物变化原因，按特性予以整理分类，总结验证已知规律，预测未来发展变化。显然，通幾与质测是从研究目的和研究方法着眼对学术活动所作的分类。在中国，这种分类是方以智的独创。在天文学方面，方以智结合中国传统天文学和当时传教士传入的西方天文学，讨论了地心学说、九重天说、黄赤道、岁差、星宿、日月食、历法等天文学问题。对于西方天文学知识，他非常重视，经常追踪西方天文学最新进展。在物理学方面，方以智更有诸多创见。他从气一元论自然观出发，提出一种朴素的光波动学说，方以智认为，光的产生是由于气受到激发的缘故。从气光波动说的角度出发，方以智进一步提出了光不走直线的主张，他把它叫作光肥影瘦，认为光在传播过程中，总要向几何光学的阴影范围内侵入，使有光区扩大，阴影区缩小。他并且指出，由于光肥影瘦现象的存在，使得基于光线直进性质进行测量得到的结果都不准确。在生物医学方面，他在其《物理小识》一书中，记述有大量动植物的生态学内容和栽培、管理等知识。方以智可视为我国早期汇通思想医家之一，于我国近代医学发展史上有一定影响。

陆世仪

陆世仪（1611—1672），字道威，号刚斋，晚号桴亭，别署眉史氏。

太仓（今属江苏）人。明末清初著名的理学家、文学家，被誉为江南大儒。

陆世仪曾从刘宗周讲学，通晓诸子百家学说，与陆陇其并称“二陆”。著有《思辨录》《学酬》《复社纪略》《春秋考》《诗鉴》《书鉴》等。其《思辨录》分大学、小学、立志、居敬、格致、诚正、修齐、治平、天道、人道、诸儒异学、经、史、子等14个门类，35卷，数百万字。

陆世仪生于理学世家，家学渊博。少时擅长诗词，文思敏捷，其名著于乡。他喜好结社，17岁结文社；27岁与同里乡贤陈瑚、江士韶、盛敬同坐一室，相互切磋结社，人称“四君子”；后建同善会，以筹救济。入清，不应科举，在海门第一桥南“凿池十亩，筑亭其中”，建“桴亭书院”，隐居此处读书、著述、讲学。顺治十五年（1658），陆世仪应督学张能麟延聘，赴江阴广福山房讲学，同时编辑《儒家理要》一书。事后，陆世仪被广泛邀请到无锡东林、毗陵（今常州）、云阳（今丹阳）等地讲学。由是，桃李遍布，影响弥远，“江南大儒”名望随之而立。晚年于太仓结“十老会”，游庐山，访白鹿洞，同顾炎武等有交往。卒后初谥文潜，改谥尊道，后人建安道书院，以示敬仰。

陆世仪学问广博，天文地理、礼乐农桑、河渠贡赋、战阵刑法，无所不通。其理学以经世为特色，这既是对晚明理学空疏学风的批判，也适应明清之际社会变革需要。陆世仪宗朱程，反对王守仁的“致良知”，认为“致良知虽是直截，终不赅括，不如穷理稳当”。他的学说以“居敬穷理”为本，着重内心修养，主张读书要讲求实用，认为除“六艺”外，天文、地理、河渠、兵法之类，都是安国兴邦不可缺少的有用知识。还认为朝廷用人要大破成格，不拘资地。他鼓励青年要有“体用具备，文武兼资”的才干，以救亡图强，振兴国家。

在天道方面，他主要探究理气问题，提出理本论。他认为理气皆为宇宙本原，理与气始终相合，理在气中但又先于气。理与气是二物，但又合一，两者是“一而二，二而一”的辩证关系。这种辩证关系奠基于所以然与所当然的贯通。所以然是理先于气，是事物之原因或依据；所当然是理在气中，是物物当然之则，二者贯通于事物之本性。本性既是原因，又是一物区别于外物的特性。据此，陆世仪批判了张载与罗钦顺等人的气本论。

在人性论方面，陆世仪主张性兼理气，气质之性本善。义理之性与气质之性是二物，但又相统一。义理之性是所以然之理，理一，共相；气质之性是所当然之理，分殊，殊相。二性的同异奠基于理一分殊。统一性体现在：理一总是分殊的本性，分殊总是理一统摄下的个体，因而义理之性是气质之性的本性，气质之性是义理之性统摄下的现实人性。差异性体现在：理一是事物之常理，分殊是事物之变理，因而义理之性是人性之本然，气质之性是人性之实际情况。由此他形成了自己的性善恶观：人性善，物性杂；义理之性有善无恶，气质之性有善有恶；气质之性本善。

陆世仪的实学思想，在明清之际影响了一代学人。由于陆世仪思想体系中对西方科技持开放态度，具有近代启蒙意义，因此被中国思想研究中心列为从孔子到孙中山对中国思想进程有重大影响的思想家之一。

黄宗羲

黄宗羲（1610—1695），字太冲，号南雷，学者尊为“梨洲先生”。浙江余姚人。明末清初杰出思想家。

黄宗羲启蒙思想完全没有受外来思想的影响，空前绝后，被称为“中国思想启蒙之父”，并与顾炎武、王夫之、方以智并称为“清初四大家”。他一生著述大致依史学、经学、地理、律历、数学、诗文杂著为类，多至50余种，300多卷，其中最重要的有《明儒学案》《宋元学案》《明夷待访录》《孟子师说》《葬制或问》《破邪论》《思旧录》《易学象数论》《明文海》《行朝录》《今水经》《大统历推法》《四明山志》等。黄宗羲生前曾自己整理编订《南雷文案》，又删订为《南雷文定》《文约》。

黄宗羲之父黄尊素为万历进士，天启中为御史，是东林党人，因弹劾魏忠贤而被削职归籍，不久下狱，受酷刑而死。崇祯元年（1628），19岁的黄宗羲“袖长锥，草疏，入都讼冤”，击杀狱卒，哭祭于诏狱中门，浩气震动内外，崇祯帝叹称其为“忠臣孤子”。归乡之后，发愤读书，“愤科举之学锢人，思所以变之。既，尽发家藏书读之，不足，则钞之同里世学楼钮氏、澹生堂祁氏，南中则千顷堂黄氏、绛云楼钱氏，且建‘续钞堂’于南雷，以承东发之绪”。又从学于著名哲学家刘宗周，得蕺山之学。十年后，在南京参与140人公布《留都防乱公揭》，揭发阉党阮大铖之祸国殃民之罪，遭到残酷镇压，亡命日本。清顺治二年（1645），清军南下，弘光政权崩溃，鲁王朱以海监国于绍兴。清军入关后，黄宗羲招募里中子弟数百人组成“世忠营”，在余姚举兵抗清，达数年之久，鲁王政权授以监察御史兼职方之职。在配合张煌言进行复国活动失败后，漂泊海上，至顺治十年（1653）始返回故里，课徒授业，著述以终，至死不仕清廷。

黄宗羲为学领域极广，成就宏富，于经史百家及天文、算术、乐律、释道无不涉猎，而史学造诣尤深，清政府撰修《明史》，“史局大议必咨之”。他身历明清更迭之际，认为“国可灭，史不可灭”。他论史注重史法，强调征实可信。在哲学上，反对宋学中“理在气先”的理论，认为“理”并不是客观存在的物质实体，而是“气”的运动规律，认为“气质人心是浑然流行之体，公共之物也”，具有唯物论的特色。“盈天地皆心也”的观点又有唯心论的倾向，这与黄宗羲服膺阳明学，深受其影响有关。黄认为王学中“致良知”的“致”，就是“行”，两者别无二致。在政治上，他从“民本”的立场深刻批判封建君主专制，提出君为天下之大害，不如无君，主张废除君主“一家之法”，建立万民的“天下之法”。他还提出以学校为议政机构的设想。他精于历法、地理、数学以及版本目录之学，并将其所得运用于治史实践、辨析史事真伪、订正史籍得失，多有卓见，影响及于整个清代。

黄宗羲的启蒙思想已经超越古代思想范畴而属于近代思想范畴。马叙伦称道黄宗羲是秦以后两千年间“人格完全，可称无憾者”的少数先觉之一。

顾炎武

顾炎武（1613—1682），本名绛，字忠清。南都败后，以慕文天祥学生王炎午为人，改名炎武，字宁人，亦自署蒋山佣，学者尊为“亭林先生”。江苏昆山人。明清之际著名思想家。

顾炎武出身于江东望族，明末家道中落。社会的危机，家境的窘迫，使他逐渐孕发为学以救世的思想。14 岁取得诸生资格后，便与同里挚友归庄共入复社。二人愤世嫉俗，有“归奇顾怪”之称。自 27 岁起，断然弃绝科举帖括之学，遍览历代史乘、郡县志书，以及文集、章奏之类，辑录其中有关农田、水利、矿产、交通等记载，兼以地理沿革的材料，开始撰述《天下郡国利病书》和《肇域志》。明亡，南明弘光政权在南京建立，获授兵部司务之职。次年清军南下，他在苏州从军抗清，兵败，避居常熟。继弘光政权之后建立的隆武政权，复授以兵部职方司主事。此后十余年间，他频繁往来于太湖沿岸一带，与归庄等人以匡复故明为志。后为豪绅所迫，于顺治十四年（1657）弃家北游。康熙七年（1668），在山东济南为文网罗织，身陷囹圄。出狱以后，更决意不与清廷合作。十七年（1678），清廷议修《明史》，特开博学鸿儒科，拒不就荐。十八年（1679）清廷开明史馆，顾炎武以“愿以一死谢公，最下则逃之世外”回拒熊赐履。二十一年（1682）正月初四在山西曲沃韩姓友人家上马时不慎失足，呕吐不止，初九丑刻卒。

顾炎武著有《日知录》《肇域志》《音学五书》《亭林诗文集》等，被称作是清朝“开国儒师”、清学“开山始祖”，是著名经学家、史地学家、音韵学家。他学识渊博，在经学、史学、音韵、小学、金石考古、方志舆地以及诗文诸学上，都有较深造诣，建树了承前启后之功。

他继承明季学者的反理学思潮，不仅对陆王心学作了清算，而且在性与天道、理气、道器、知行、天理人欲诸多范畴上，都显示了与程朱理学迥异的为学旨趣。顾炎武为学以经世致用的鲜明旨趣，朴实归纳的考据方法，创辟路径的探索精神，以及他在众多学术领域的成就，宣告了晚明空疏学风的终结，开启了一代朴实学风的先路，给予清代学者以极为有益的影响。顾炎武还提倡“利国富民”，并认为“善为国者，藏之于民”。他大胆怀疑君权，并提出了具有早期民主启蒙思想色彩的“众治”的主张。他提出的“天下兴亡，匹夫有责”这一口号，意义和影响深远，成为激励中华民族奋进的精神力量。他提倡经世致用，反对空谈，注意广求证据，提出“君子为学，以明道也，以救世也。徒以诗文而已，所谓雕虫篆刻，亦何益哉”？钱穆称其重实用而不尚空谈，“能于政事诸端切实发挥其利弊，可谓内圣外王体用兼备之学”。顾炎武强调做学问必须先立人格：“礼义廉耻，是谓四维”，提倡“天下兴亡，匹夫有责”。

虽然顾炎武不具有近代民权意识，但他改革弊政、拨乱反正的意愿十分强烈。他反对宋明理学的唯心主义思想，给人们带来了新的思想解放，让人们的思想更加活跃，进而动摇了君主专制下的社会制度。

王夫之

王夫之（1619—1692），字而农，号薑斋，世称“船山先生”。衡阳（今属湖南）人。明末清初思想家、哲学家、史学家、文学家。

王夫之为“湖湘文化”的精神源头，与黑格尔并称“东西方哲学双子星座”、中国朴素唯物主义思想的集大成者、启蒙主义思想的先导者。著述存世的约有 73 种，401 卷，散佚的约有 20 种，后世辑为《船山遗书》，虽未能将其遗著网罗净尽，但亦已得十之七八。主要哲学著作有：《周易外传》《周易内传》《尚书引义》《张子正蒙注》《读四书大全说》《诗广传》《思问录》《老子衍》《庄子通》《相宗络索》《黄书》《噩梦》《续春秋左氏传博议》《春秋世论》《读通鉴论》《宋论》等。

王夫之自幼遍读群经，14 岁人县学。明崇祯十五年（1642）中举人。明亡，清兵南下，王夫之于清顺治五年（1648）举兵衡山，抗击清军。兵败，至广东肇庆，投奔南明永历政权，获授行人司行人。旋因三次上疏弹劾权奸王化澄，几遭不测，被迫返归故里。尔后，连年转徙于湖南零陵、郴州、耒阳、涟源、邵阳间。顺治末，僻居衡阳金兰乡，课徒授业，潜心著述。康熙十二年（1673）十一月，三藩乱起。次年二月，吴三桂叛军攻占湖南，夫之往来于湘乡、长沙、岳阳间。后徙居于湘西石船山下草堂，拒不为吴三桂称帝撰劝进表。著述终老，至死不仕清廷。清康熙三十一年（1692），逝世于石船山下的草堂内，时年 74 岁。

王夫之治学领域极广，经学、史学、文学、诸子百家、名物训诂、典制沿革均极意研究，兼及天文、历法、数学，详慎搜阅，参驳古今，旨在探寻“上下古今兴亡得失之故，制作轻重之原”，以便经世致用。他学术成就宏富，尤以哲学、史学、文学最为卓著。在哲学上，坚持“太虚一实”的唯物论思想以及“太虚本动天地日新”的辩证法思想，继承和发展张载的“气化”论，对宋明理学作了批判性的总结。他提出“虚空即气，气则动者也”“气者，理之依也”“天下惟器而已矣，通者器之道，器者不可谓之道之器也”等命题。在史学上，反对“泥古过高而菲薄方今”的复古思想，主张“所贵乎史者，述往以为来者师也”；继承和发展唐代学者柳宗元重“势”的思想，提出“理势合一”的历史进化论，认为“势既然而不得不然，则即此为理矣”；主张“重民”，提出“举天而属之民”的见解；一反宋明理学“存天理，去人欲”之说，认为“私欲之中，天理所寓”，据此抨击明代政治弊端；反对豪强兼并土地，提出“平天下者，均天下而已”的主张。在伦理学方面，王夫之反对程朱学派“存理去欲”的观点，肯定道德与人的物质生活欲求有着不可分割的联系；主张人性变化发展，强调理欲统一的道德。

王夫之的哲学思想，是 17 世纪中国特殊历史条件下“时代精神的精华”，在中国哲学史上占有很高的地位。但他的哲学受时代和阶级的局限，既显示出可贵的价值，也有受到封建传统意识严重束缚的弱点。王夫之思想中这种矛盾，是 17 世纪中国时代矛盾的一面镜子。

李颙

李颙（1627—1705），字中孚，号二曲。陕西盩厔（今周至）人。明清之际哲学家。

李颙在理学上颇有造诣，被称为“海内大儒”。李颙和眉县李柏、富平李因笃被合称为“关中三李”，所著有《四书反身录》《二曲集》等。

李颙 9 岁入塾，只读过 20 天书，他发愤自学，仅靠母亲纺织缝纫和他打柴换粮，杂以糠菜，维持生活。李颙在挖菜拾柴的空闲，手不释卷。数载之间，披览群书，写出了《二十一史纠谬》等笔记体习作。大约 30 岁时，他认为这不是切己之学，非儒家正脉，便把这些著作烧掉了。从此，潜心于宋明理学。康熙九年（1670），李颙在母亲三年丧服期满后，去河南襄城，为父亲“招魂”。常州知府骆钟麟，派人迎请他讲学。常州的士绅名儒争相听讲。后来骆钟麟把他讲学的内容汇集起来，名为《匡时要务》。他又在武进、无锡、江阴、靖江和宜兴等地讲学，所讲内容被记录下来，整理为《两庠汇语》《锡山语要》《靖江语要》。康熙十一年（1672），李颙返回陕西。次年主讲于关中书院，又在雁塔、富平等地讲学，与清廷钳制思想的政策相对立。他所交皆一时名士，平生最为知己的是骆钟麟。骆为浙江临安人，顺治十六年（1659）春，任盩厔知县，下车伊始，便到李颙草庐，竭诚造谒。次年，80余岁的关中理学家，大荔人党子澄冒雪来盩厔求学于李颙。

李颙主张“明体适用”，即“明道存心以为体，经世宰物以为用”。他所说的“明体”，指的是弄通理论问题，就是要精心研习程、朱、陆、王的心理之学，取舍其间，明道存心。他所说的“适用”，是指要学会经济实学如礼、乐、兵、刑，赋役农屯，乃至外国水法等，并且必须紧密联系实际，不可须臾分离。他提倡“悔过自新”，认为人性本善，因物欲蒙蔽而走上歧途甚至罪恶道路。李颙的另一个重要思想是“明学术、正人心”。他认为“今日之计，惟在明学术。学术明则人才兴，人才兴，则风俗正而治化翔洽矣”。他说：“夫天下之大根本，莫过于人心；天下之大肯綮，莫过于提醒天下之人心。然欲醒人心，惟在明学术。此在今日，为匡时第一要务。”这是他针对当时社会时弊所提出的观点。在他看来，当时“学术之晦至是而极矣，人心陷溺之深至今日而不忍言矣”。因此，必须加强教化，讲明其道德人伦父子君臣之义，提醒其廉洁奉众、爱国忠君之心。

李颙一生清贫廉直，顾惜名节，屡拒朝廷征召，誓不仕清。他晚年寓居富平钻研学问，坚持讲学至逝世。李颙的学问渊博，在宋明理学、史籍考证、文字训诂方面都有建树。

唐甄

唐甄（1630—1704），初名大陶，字铸万，号圃亭。四川达州人。清初思想家和政论家。

唐甄出身于官僚地主家庭，是达州“第一位帝师”唐瑜（明朝皇帝朱棣的老师，入蜀始祖）第十一代孙。清康熙十四年（1675）中举人。曾在山西长子担任过10个月的知县，因与上司意见不合被革职。后曾经商，因赔本乃流寓江南，靠讲学卖文维持生活。

唐甄与王夫之、黄宗羲、顾炎武同称“四大著名启蒙思想家”。《潜书》是唐甄遗世的唯一著作，也是他最重要的著作。

唐甄的社会启蒙思想，主要表现在他对封建专制制度的深刻批判，以及由此出发提出的具有初步民主意识的政治主张。他不仅继承发扬了明清之际启蒙思想家的经世传统和批判精神，而且具体提出了救治社会弊端的实际措施。他提出了“治道贵致其实”“立国惟在富民”的政治主张；以及为政当以富民为功，力除弃民虐民之政，因其自然之利，发展多种生产，改革货币，促进流通的商业措施。

唐甄思想的另一重要组成部分，是其在对传统儒学的反思认识中，提出了尽性与事功相互统一的心性学说。他继承发扬了从孟子到王守仁的尽性事功的心学思想，尖锐批判了程朱理学末流只谈心性、不重事功的空疏陋习。他在继承了孟子的“尽心知性”和王守仁的“致良知”的心性思想上，又进一步阐发了他的心性理论。他认为，良知、心、性是一个东西，综合为“道”，“道由心致，不由外致”，“天地与道际，心与天地际”。唐甄指出，尽性事功就是以仁义礼智四德的心性，以合于天地万物，这是儒学思想的本质特征。经世致用、救世治民才是圣人之道的根本宗旨。因此，他既批判了道家只重“养生”和佛家但求“明死”的出世思想，又着重揭斥了程朱之学“但明己性，无救于世”的空疏陋习。唯有尽性事功，才能展示儒学“穷理尽性以至于命”的成己成物、内圣外王之道。

此外，唐甄还提出了许多有价值的经济思想。财政观方面，他重视理财，而其基本经济观点，则在于富民。生产观方面，唐甄重视农业生产，重视物质经济生活，除谷物生产外，亦重视农、林、牧、副、渔，尤重视养蚕业。商业观方面，他反对过去传统的抑商政策，提出商人的地位并不比农民低。

在教育思想方面，唐甄的观点可以归纳为四点：其一，以“尽性达才”“明功辨义”的观点重新解释儒家教育的目的与作用。其二，提出“全学”教育内容，把传统学校教学内容由单纯书本知识扩大到现实生活、生产、军事知识技能范围，以培养“全学人”为教育目标。其三，提出尊师重傅以加强皇太子教育的主张。其四，提出治化之源在于吏治的政教思想，批评学校教育的局限性。

尽管由于时代的局限，在唐甄思想深处，仍把国泰民安的希望寄托在贤明君主身上，但是他带有民本性质的启蒙思想对于启发人们认识、批判当下制度的弊端是有帮助的，对后世产生深远影响。

颜元

颜元（1635—1704），原字易直，又字浑然，号习斋。博野（今属河北）人。清初思想家、教育家，“颜李学派”创始人。

颜元早年怀抱经世之志，阅史籍，读兵家书，向往上古的三代之治。24 岁以后，笃信“陆王心学”，尔后又转宗“程朱理学”。至其中年，将程朱陆王之学尽行摈弃，力倡周孔之学。自此为学，崇实致用，以习行并重。他重视实践，讲求实用的学术风尚，对清初朴实学风的形成产生过积极的影响。颜元极为重视教育的职能，提出了“本原之地在学校”的思想。主张以周公的六德、六行、六艺和孔子的四教来教育学生。在他开设的讲堂上，安放着琴、竽、弓、矢、筹、管，每日带领学生从事礼、乐、射、书、数的学习，探究兵农水火等实用之学。晚年，应聘主讲肥乡章南书院，拟定规制，分设文事、武备、经史、艺能等科。后书院为水淹，返归故里。康熙四十三年（1704）卒。

颜元一生不以著述为事，其主要著述为《四存编》《习斋记余》。最大的成就体现在其教育思想上。他批判自汉以来两千年的重文轻实的教育传统，包括玄学、佛学、道学以及宋明理学，认为理学家只从章句训诂、注解讲读上用功，从而陷入一种文墨世界，国家取士、教师授课、父兄提示、朋友切磋皆以文字为准，就丢弃了尧舜周孔的实学精神；提倡实学，以实学代理学。颜元十分重视人才对于治理国家的重要作用，指出："人才者，政事之本也"，"无人才则无政事，无政事则无治平，无民命"。把人才视为治国安民的根本。因而，他在"九字安天下"的方针中，把"举人才"列为首位。颜元对学校教育的培养目标也有具体主张，认为"令天下之学校皆实才德之士，则他日列之朝廷者皆经济臣"，若"令天下之学校皆无才无德之士，则他日列之朝廷者皆庸碌臣"。可见，他主张学校应培养"实才实德之士"，即是品德高尚、有真才实学的经世致用人才。他还强调"六艺之学"，并非真是要回复到尧舜周孔时代，而是托古改制，"以复古求解放"，在古圣昔贤"六艺"教育旗帜下，宣扬自己的主张。同时，颜元还重视农业知识的传授，注重劳动在培育人才中的作用。

颜元一生以行医、教学为业，继承和发扬了孔子的教育思想。他的学问，名为复古，实则自创一说。他的实学思想为其学生李塨继承和推衍，形成清初学术史上一个有影响的流派。

刘献廷

刘献廷（1648—1695），字君贤，一字继庄，别号广阳子。顺天大兴（今北京）人。清初思想家、地理学家。

刘献廷好读书，常通宵达旦，终至一眼失明。康熙五年（1666），吴三桂弑南明桂王，时献廷19岁，双亲已逝，举家南隐于吴江，并因不时济贫以致倾家荡产。此后南隐吴江，直到康熙十二年（1673），三藩之乱爆发为止。三藩之乱定后，献廷妻死，献廷遂抛家别子过着浪迹天涯的生活。康熙二十六年（1687），献廷因万斯同之荐，北上应徐乾学聘，入京参明史馆事，增订《明史·历志》和《大清一统志·河南志》，"遍历九州，览其山川形势"，并结识当时名闻遐迩的学者，如王源。康熙二十九年（1690）离京返吴。次年七八月之际，溯江西行。冬天时，抵湖南衡州，在衡州司马茹仪凤署中过年。翌年正月十八日，游南岳，此游得识王夫之，并且十分推崇他。之后他又自汉阳东行，在江西停留甚久，始返家乡。康熙三十四年（1695）春，刘献廷重游西湖。是年7月6日，病殁，与妻张氏合葬于吴江墓山。

刘献廷善于接受新思想新学说，具有强烈的民族、民主思想，有人称以他为代表的学者为“广阳学派”。刘献廷在地理、历史、思想、文学方面都有不少著述，代表作有《秦边九卫图》《水经注疏》《明初官制》《升官图说》《续竹书纪年草稿》《纲目纪年》《广阳集》《离骚经讲录》《广阳杂记》《日知录》《友谱》等。但遗憾的是，其著作多佚，仅存《广阳杂记》5卷。

刘献廷思想的最大特色，就是表现了知识分子的气概。以当时知识分子不敢踏出书房一步为耻，以为今之学者率知古而不知今，纵使博览群书，亦只算半个学者。其中尤为厌恶知识分子唯利是图，认为人即是上天的具体化，可以为天主持公道，将天的好生之德广被人间。而人生于气运流行中，当人与气运搏斗，个人家庭是可以弃而不顾的。读书方面，献廷涉略的书籍很广，除了经、史、子、集外，还读了佛经与道藏，佛经中最看重盛行明朝中叶的等韵学。学道方面，献廷则欣赏性命双修的道家北宗。

李塨

李塨（1659—1733），字刚主，号恕谷。保定蠡县（今属河北）人。清初哲学家。

李塨21岁时受教于颜元，深通颜元学说，他发挥了颜元学说，史称“颜李学派”。颜李学派是在康熙中叶、清初诸学术大师相继谢世以后活跃于学术舞台上的思想学术流派。李塨著有《四书传注》《周易传注》等。

李塨4岁起，就由他父亲口授《孝经》、古诗、《内则》《少仪》等。15岁时，娶颜习斋挚友王法乾的妹妹为妻。康熙十六年（1677），参加科考，进县学生员第一名。康熙十八年（1679），他访问了颜习斋先生，“自此深以习斋学习六艺为是，遂却八比，专正学”。李塨除了受教于颜元外，还先后学琴于张函白、冯颖明，学射于赵锡之、汪若纪、郭金城，问兵法于王余佑，学书于彭通，学数于刘见田，学韬钤于张文升。25 岁以后，李塨的政治及学术思想日趋成熟，开始从事著述，并广泛与各地人士交游。31 岁时，为颜习斋的《存性篇》《存学编》《存治编》作序，阐发颜氏学说的真谛及意义。40 岁后，著《大学辨业》，对儒家“格物致知”说提出了新看法。著《圣经学规纂》，摘录《论语》《孟子》等儒家经典的言论，加以诠释。50 岁时著《平书订》，阐述政治主张。雍正八年(1730)，李塨已 72 岁，直隶总督多次聘请他出任《畿辅通志》总裁，李塨推辞不掉，便到保定府莲花池馆内任职，亲撰通志凡例。不久又以病归里。李塨 74 岁时，知病将不起，自作墓志。次年正月病逝，时在雍正十一年（1733）。谢世前曾作绝命诗一首：“情识劫年运足伤，北邙山下月生光。九京若遇贤师友，为识滔滔可易方。”

在哲学思想方面，李塨坚持并发展了颜元的理气一元论的唯物主义见解。他对理学家离事言理的唯心主义说教进行了猛烈的抨击：“自宋有道学一派，列教曰：‘存诚明理’，而其流每不诚不明。惟穷理是文，离事言理，又无质据，且认理自强，遂好武断。”李塨还有一段精辟的言论，明确提出“理在事中”“理气不二”的唯物主义论断。在认识论上，颜、李都强调因行得知，不能离行言知。但二人也有差异。颜元最强调的是习行，人的认识是行先知后，“手格其物，而后知至”。这表明，他最注重感性知识、实践活动在认识过程中的作用。而李塨的看法是，如果只强调读书或只重力行，都是片面的：“不以读书为学，则返之而以力行为学矣，皆与圣经不合。”他认为每个人必须先进行学习，获得真知，才能身体力行。他对“格物致知”的解释是：“格物致知，学也，知也。诚意、正心、修身、齐家、治国、平天下，行也。”他比较注重理性认识、间接经验在认识过程中的作用。应该说，这是对颜元重习行认识论的一个必要补充。此外，李塨在政治经济、教育思想方面也有诸多贡献。

李塨是颜元学说最得力的继承者、传播者和发展者，虽由于时代和阶段局限，颜李学派的思想未能完全超越封建教育的范围，所使用的也往往是“利济苍生”“担荷圣道”等传统范畴，但颜李学派的思想是对宋明理学超功利主义德育观的根本否定，它反映了理学教育的衰颓，是中国德育思想走向近代的先声。

惠栋

惠栋（1697—1758），字定宇，号松崖，学者称“小红豆先生”。江苏吴县（今江苏）人。清代汉学家。

惠栋学沿顾炎武，一生治经以汉儒为宗，以昌明汉学为己任，尤精于汉代《易》学，是汉学中吴派的代表人物。所著《易汉学》《易例》《周易述》等，为清代吴派经学奠基，深得乾嘉学者推重。又撰《古文尚书考》，继清初阎若璩之后，辨证《古文尚书》为晋人伪作。主要著述尚有《后汉书补注》《九经古义》《明堂大道录》《松文钞》等。

惠栋出身于书香官宦之家，自曾祖惠有声起，至祖父惠周惕、父亲惠士奇，皆精于经学，尤以祖父惠周惕对汉代经学的研究最为重要。惠栋自幼即笃志向学，家多藏书，日夜耕读，并承袭家学，于经史、诸子、稗官野乘及释道二藏，无不涉猎。乾隆十五年（1750），高宗皇帝命大吏荐举明经，黄廷桂、尹继善保荐，未中选，从此绝意仕途，潜心治学。惠栋一生未尝仕进，与书为友，对诸经熟练博通，故其学大都据古注疏之说而疏通证明之，并以为古字、古音非经不能辨，主张古训不可改，梁启超说他：“凡古必真，凡汉皆好。”其经学之著作相当丰富，其余尚有为数不少的专门著作，著述之多，在清人中可谓少见。故惠栋学问可说相当广博，无怪乎钱大昕称其“当在何休、服虔之间，马融、赵岐辈不及也”。

清代乾嘉时期以惠栋、戴震为首的学风，高举汉学旗帜，形成“乾嘉以来，家家许、郑，人人贾、马”的灿然盛况。惠栋穷其精力对汉《易》进行考索与推阐，为清代回归汉《易》之最为有功的主要人物。惠栋“以博闻强记为入门，以尊古守家法为究竟”，在诂诠《周易》上，以“尊尚古学”为志，力图重返汉《易》的本来面目，采集汉魏诸家《易》说，“疏其源而导其流”，窥见汉儒解《易》之门径，以荀爽、虞翻等《易》论为主，融会其说，推阐古义，一字一句，俱有渊源，故“不可谓非一代之儒者宗也”。惠栋通过易学建立的朴学范型具有鲜明的思想特点：他将传统的经学考据发展成自觉的证明学说，完成了朴学的知识性转向；

他将汉易的象数之学综合成更加完整的象化模型，优化了建立在行为理性之上的传统易学范本；他还提出兼两说与既济说，发挥出一套理情成善的礼治理论，将宋儒的天理重新解释成具体的个体性的分理，奠定了清代哲学走向个体化与制度化的思想方向的基础。因此，从近代哲学的演化趋势来看，可以将惠栋的朴学范型看成是心性哲学与理性哲学融合的第一个理论成果。

惠栋在尊经崇汉之立场、文字训诂之方法、别立新疏之体例、理欲兼得之义理等多个方面深刻影响了乾嘉学术的发展方向，对吴派汉学乃至乾嘉汉学起到了范导性的作用，堪称一代宗师。

庄存与

庄存与（1719—1788），字方耕，号养恬。江苏常州人。清著名经学家，常州学派的开创者。

庄存与是经学家，倡今文经学，研治《春秋》公羊学，与刘逢禄同为常州学派之始宗师。著有《春秋正辞》12 卷、《尚书概见》3 卷、《尚书说》1 卷、《毛诗说》《周官说》等，均辑为《味经斋遗书》。其中，《春秋正辞》是常州学派的第一部著作。

庄存与幼诵六经，尤长于《书经》，乾隆十年（1745）中乙丑科一甲第二名进士（榜眼），授编修，迁内阁学士。入值南书房及上书房。乾隆二十一年（1756），督直隶学政，四十九年（1784）官至礼部左侍郎，乾隆五十二年（1787），庄存与从京师归故里，乾隆五十三年（1788）病逝。

庄存与的经学虽以《公羊》学为主，但又具有以六经为宗，不守门户；专明大义，不重微言，以求致用的两大特点。庄存与于《春秋三传》以西汉盛行的《公羊春秋》为主，并对六经、四书皆有所研究，且皆有所论著。他论学不仅取汉学家之说，而且也取宋学家之说；既取今文经学之说，又取古文经学甚至是伪古文经学之说。不分今古文经学，不分汉学与宋学，不分陆王与程朱，并不是说庄存与对历史上的经学都是毫无保留一概予以吸收。相反，庄存与对历史上的经学派别更多的是批评。而无论是庄存与对经学派别的肯定还是批评，都是以是否合于圣人之道为其判定标准的。在庄存与看来，孔子的《六经》是集合了自宓羲以来的所有圣人之道。这一圣人之道既体现于宓羲诸圣的“振民育德”，也是后世君王“振民育德”的不二法则。因此，《六经》所言是“万世不变”的绝对真理，他所要发明的大义就是这一具有万世效应的圣人之道。这一圣人之道的大义，在庄存与的论说中有两个主要内容。从哲学上讲，是以天为其根本的形而上层面；从政治上讲，是维护以“三纲”为中心的尊卑等级制、实行贤人政治的形而下的现实层面。但是，庄存与所说的“三纲”各得其序，人君为政合于天，只是理想的尧舜禹三代才存在的。而三代以后的历史与现实都无情地说明，人君并没有尧、舜、禹、汤、文、武这样的圣王，社会更多是三纲失序的状态。而造成这样的后果的原因，在庄存与看来乃是由于人君忽略了圣王的君子小人之辨，没有实行贤人政治所致。

从形而上对天的绝对权威的肯定，到形而下对以尊卑为核心的三纲的肯定，构成庄存与由六经所言大义的两个主要内容。天的绝对权威为形而下的三纲提供神圣性，三纲使形而上的天道、天理得以落实。这一理论构架及其内容，最为接近西汉经学大师董仲舒的理论。由此来说，庄存与的由六经所言的大义，实主要以董仲舒为本。

戴震

戴震（1724—1777），字东原，一字慎修，号杲溪。安徽休宁人。清代著名语言文字学家、自然科学家、哲学家、思想家。

戴震一生先后撰成《筹算》《勾股割圆记》《六书论》《尔雅文字考》《考工记图注》《原善》《尚书今文古文考》《春秋改元即位考》《诗经补注》《声类表》《方言疏证》《声韵考》《孟子字义疏证》等，并先后经手校订《水经注》《仪礼集释》《周髀算经》《孙子算经》《张丘建算经》《夏侯阳算经》《海岛算经》《五曹算经》诸书。逝世前夕，写有著名的《答彭进士允初书》。

戴震18岁时随父客江西南丰，又课学童于福建邵武。乾隆二十年（1755），因避仇家陷害，携所著书北上京城，得交新科进士纪昀、王鸣盛、钱大昕、王昶、朱筠等人，被赞为“天下奇才”，声名大著。二十七年（1762），近40岁时始中举人。此后屡次赴京会试，均遭落第。50岁自汾阳入京，会试又不中，往浙东主讲于金华书院。《孟子字义疏证》初稿《绪言》即作于是年。翌年继续在金华讲学。乾隆三十八年（1773），开《四库全书》馆，以举人受特召任纂修官，在馆5年，疑文奇义，累有辨析。直至乾隆四十年（1775），才为清高宗弘历特许，经殿试赐同进士出身。

戴震其学实事求是，不主一家，亦不尚博览，务为专精。他所校《水经注》解决了长期以来经文、注文混淆的问题。从《永乐大典》中辑出的几部古代算经，经其校订，使中国古代的数学成就得到了进一步的阐发。所撰《声类表》《声韵考》等，将入声及祭、泰、夬、废四韵独立，析古韵为十六部，对古音学发展作出了贡献。为其所提出的“故训、音声恒相因”“因声而知义”等训诂学主张，对于清代训诂学的发展影响深远。针对当时汉儒传注株守笃信的学术倾向，提出“志乎闻道”的为学宗旨，主张寓义理于考证，在对儒家经典的训诂中去求义理。所著《孟子字义疏证》《原善》及《答彭进士允初书》等，批判宋明以来程朱陆王之学，集中阐明其哲学主张，在清代思想史、哲学史上具有重要意义。书中提出了“气化流行，生生不息，是故谓之道”的见解。他认为理就是条理，而宋明理学家的所谓理，不同于儒家经典中的理，指出：“就事物言，非事物之外别有理义也。”抨击程朱“以理为气之主宰”是“诬圣乱经”。痛斥宋明理学家的“存天理，灭人欲”之说是“适成忍而残杀之具”，是“以理杀人”。与之针锋相对，他提出了“欲，其物；理，其则也”的命题，认为“凡事为皆有于欲，无欲则无为矣。有欲而后有为，有为而归于至当不可易之谓理。无欲无为，又焉有理？”从而建立起带有浓厚考证色彩的人性说。

整个乾嘉时期，考据之学风靡朝野，戴震的义理之学一直未能引起学术界重视，他只是作为一个考据家而深为一时学者所推重，且有人认为戴震的学说是一种狭义的考证观点。但也有人认为戴震建立起“清朝学术全盛时代的哲学”，是宋明理学的根本革命，也可以说是新理学的建设——哲学的中兴。

章学诚

章学诚（1738—1801），字实斋，号少岩。会稽（今浙江绍兴）人。清代史学家、思想家、文学家。

章学诚自小对文史有浓厚兴趣，立志追求学问。26 岁肄业于国子监。28 岁在京师事大学士朱筠，得以尽览其丰富的藏书，并与往来朱门的名流学者研讨学术源流及异同，学业大进。清乾隆四十二年（1777）应乡试中举，翌年中进士。曾授国子监典籍，主讲定州定武、保定莲池、归德文正等书院。后入湖广总督毕沅幕府，协助编纂《续资治通鉴》等书。一生主修、参修各类地方史志十余部。27 岁起，随父纂修《天门县志》，并着手撰写方志论文。从清乾隆三十八年至五十八年（1773—1793）间，陆续纂修或参修的志书有《和州志》《永清县志》《大名县志》《亳州志》《湖北通志》《麻城县志》《常德府志》《荆州志》等。乾隆三十七年（1772）起开始撰写《文史通义》，20 余年从不中断。晚年目盲，著述不辍。身处乾嘉汉学鼎盛之世，力倡史学，独树一帜。章学诚所著《文史通义》共 9 卷（内篇 6 卷，外篇 3 卷），是清中叶著名的学术理论著作。

章学诚大量著述、修志的过程也是其史学理论逐步成熟的过程，以其提出较为系统的方志学理论而被梁启超称为“中国方志学的创始人”。章学诚方志编纂思想的重心有过两次大的转变，从关注方志的艺文著录转向关注如何保存地方掌故，从试图在方志书志部分保存掌故转向方志“志”体与掌故分立。他创立了一套完整的修志义例，提出了方志分立三书的主张，《方志立三书议》即是章学诚所创立的方志学之精义所在，它的提出，标志着其方志理论的成熟、修志体例的完备和方志学的建立。

在史学方面，章学诚以“六经皆史”说纠正重经轻史偏失，反对“舍今而求古，舍人事而言性天”的学风。主张“史学所以经世”，“作史贵知其意”。阐发史学义例，表彰通史撰述，重视方志编纂，提出“辨章学术，考镜源流”的目录学思想，建立了较为系统的历史学和目录学理论。他强调史义的重要性，认为史学主要包括史事、史文、史义三个部分，其中史义是灵魂，因而最重要。他把自己的著作命名为《文史通义》，就可以表明他希望通过对史书和史文的研究达到通晓史义的目的。

章学诚的经世致用思想主要表现在：扶持世教，匡正人心；扭转僵化的考据学风，反对“桐城派”的专讲“义法”，袁枚的专讲“性灵”；对考据学以外的其他不良文风进行揭露和抨击。

章学诚处于乾嘉时期考证风气盛行、哲理思维相对薄弱的时代，他逆于时趋，以救治学术流弊、推进哲学探索自任。他对《周易》等儒家经典作了具有特识的新阐释，自觉发扬思想史上优良学风，倡导摒弃错误学风，其论述成为晚清思想解放的动力，其哲学探索具有鲜明的实践性、批判性、创新性特点，达到了在当时历史条件下所能达到的高度，是一位当之无愧的杰出思想家。

汪中

汪中（1745—1794），字容甫。江苏江都人。清代哲学家、文学家、史学家。

汪中与阮元、焦循同为“扬州学派”的杰出代表。他精于史学，曾博考先秦图书，研究古代学制兴废。著有《述学》6 卷，《广陵通典》10 卷，《容甫遗诗》6 卷。近人古直选其若干骈文作注，名《汪容甫文笺》。

汪中出身孤苦，7 岁丧父，家贫，无力求学，由寡母邹氏启蒙。14 岁入书店当学徒，才有博览经史百家书籍的机会，故扬州民间云“无书不读是汪中”。工骈文，27 岁时作《哀盐船文》，为名儒杭世骏所叹赏，评为“惊心动魄，一字千金”。清乾隆二十八年（1763），以《射雁赋》应试，列扬州府第一名，补诸生。乾隆三十三年（1768），乡试落第，遂不复应试，专心治学。汪中早年家贫，营养失调，又过于劳心劳力，以至于闻更鼓鸡犬声，心跳加速，夜不成寐。乾隆四十二年（1777），举为拔贡生，历为太平知府沈业富、宁绍台道冯廷丞、安徽学政朱筠管书记。乾隆四十八年（1783），在南京协助编纂《南巡盛典》。乾隆五十五年（1790），应聘至镇江文宗阁检校《四库全书》，乾隆五十九年（1794），扶病前往杭州文澜阁检校《四库全书》。是年冬，积劳成疾，卒于西湖葛岭园僧舍。

汪中是清代扬州学派的著名代表人物之一，在他为生计而四处奔走的一生中，他以坚强的毅力坚持学术研究，在声音、训诂、经学、史地、诸子、文学等方面都有很高的成就，当时就获得了“通儒”的评价。作为扬州学派的开创者之一，汪中的思想正处于乾嘉学术“由专精汇为通学”的关键点上，他针对乾嘉学术的弊病所作出的调适与会通的努力，为乾嘉学术的进一步发展提供了有益的思考。在惠栋打出汉学旗帜以后，汉学便逐渐为学者们所认可和接受，并汇聚成席卷天下的乾嘉学风。尽管惠栋提出了由考据、训诂以求“经之义”的治学宗旨，但在实际治学过程中，却表现出泥古、佞汉的倾向。随着乾嘉学风的展开，这一弊病也成长为乾嘉学术的痼疾。早年受到宋学思想影响的戴震，在接受了惠栋治学思想的影响之后，提出了由考据以求义理的治学宗旨，试图匡正乾嘉学术的弊病。尽管有少数学者认可并支持他的义理思想，但是，在其他学者看来，他的这一尝试实际上混淆了汉、宋门户，因而受到汉、宋学者们的普遍抵制。由于早年贫困生活的经历，汪中深知底层人民生活的艰辛，因而其治学很容易接受顾炎武、杭世骏经世思想的影响，确立“推六经之旨，以合于世用”的学术宗旨。这样，他就在经术与经世之间实现了会通，为乾嘉汉学确立了治学的最终目的。

在经术研究方面，他在戴震由考据以求义理的思想影响下，又有鉴于戴震义理思想所受到的批评，提出了由考据、训诂以“精研大义”的治学思想。其所谓“精研大义”，不再是从考据出发对理学概念的训诂研究，而是直接以“用世”为目的的理论探求，即以考据、训诂为工具，向经典寻求先王的治国之道。为了获得对先王治国之道的正确认识，他又积极辨明学术源流。

在儒学内部，他首先突破了宋明理学所建立的“孔孟”授受统系，发现了新的“孔荀”授受统系，为乾嘉学术找到了与孔子的连接点。而当他的研究视野扩展到诸子学时，便发现了由“史”而“诸子”的先秦学术发展史，认为儒学和其他诸子一样，都来源于“古之史官”。“古之史官”

的最根本理论依据在“礼”，因而后代的学术传统也以“礼”为最根本的源头。“古之史官”又依据“礼”“以成国典”，因而“礼”又是经世思想的根本依据。事实上，汪中表现在一些文章中的“用世”思想，正是从“礼”的思想出发的。此后的扬州学者即在汪中的基础上以“礼”来解说经典，并且打出了“以礼代理”的旗帜，希望以“礼”为经世的工具来实现汉学的现实价值。

汪中在戴震学说的影响下，继续对乾嘉学术中存在的弊病进行矫正，以“用世”思想为核心，实现了考据与“精研大义”的会通，并影响到扬州学派中、后期的学者，实际上成为开创“扬州学派”的核心人物，使乾嘉学术由专、精向通学转变。

焦循

焦循（1763—1820），字里堂，一作理堂。江苏甘泉（今扬州）人。清代哲学家、数学家、戏曲理论家，“扬州学派”代表人物之一。

焦循著书数百卷，皆精博，阮元谓之为“一代通儒”。焦循一生致力于讲授著述，生前刊刻的著作有 14 种 76 卷，身后刊刻的有 28 种 209 卷，还有未刊刻的稿本、抄本 28 种 106 卷，存目的 16 种 37 卷。此外编著、批校的约有 28 种 600 余卷。主要代表作有《里堂学算记》《易章句》《易通释》《孟子正义》《剧说》等。

焦循少年曾就读于扬州安定书院。曾于 33 岁赴山东居阮元（阮元时为山东学政）家，并随阮元至浙江赴任。嘉庆六年（1801）中举人，翌年应礼部试不第，即返乡奉侍母亲不出仕。母亲卒后，托疾闭户，建“雕菰楼”，足不履城市十余年，著书数百卷，皆精博。其中用力特深的，为《周易》《论语》《孟子》三书。《周易》方面，著有《易章句》12 卷、《易图略》8 卷、《易通释》20 卷（以上 40 卷合辑为《雕菰楼易学三书》）、《易广记》3 卷、《易话》2 卷。《论语》《孟子》方面，嘉庆九年（1804）著《论语通释》1 卷计 12 篇（后增为 15 篇），又推衍《通释》的含义为《论语补疏》2 卷。嘉庆二十一年（1816）始编《孟子长编》

30卷，再编为《孟子正义》30卷，二十四年（1819）成书。翌年逝世。

经学与天算学是焦循思想的中心话题。在焦循看来，当时的许多经学争论都是无根之谈，它的终极基础是汉儒经传，其本身算不上可靠的真理。但是，和以往的宋明理学相比，汉学的确是当时学人不能须臾离开的出发点，是一种既不能完全靠得住，但又不可离开的基础。焦循憧憬着这样的一种学术：它的真理不依赖于争论，它的真理是直观自明的。焦循当时正在学习的天算学，给他提供了这样的一种可能。

在易学方面，焦循描绘了一幅关于宇宙整体的动态画面：它是由一系列简单的元素经过不断的有序进化积累生成的，而且一直处在生生不息过程之中，它没有终结之时，是一个开放的不断扩大自身的系统。这一系统有两个重要特征：生长性（进化与积累）与有序性（严格与规范）。焦循在全身心投入到易学研究以前，还曾加入过“严格、规范性与生命、灵动性著作考据之争”。在焦循看来，经学是“性灵”的完全展开。它不是个人的“性灵”，而是众多人的“性灵”，在跨越了个人的局限性与历史性的基础上融汇而成的一个整体。这个整体是由学问与性灵共同构成的。

焦循在清代学术史上占有重要地位。他博闻强记，于学无所不通，于经无所不治，在易学、诸子、历算、史学等方面均有精深造诣。

阮元

阮元（1764—1849），字伯元，号芸台、雷塘庵主，晚号怡性老人。江苏仪征人。清代嘉庆、道光间思想家、著作家、刊刻家。

阮元在经史、数学、天算、舆地、编纂、金石、校勘等方面都有非常高的造诣，被尊为“一代文宗”。一生广引学者，普及文化，以整理、刊刻、收藏图书和振兴学术为己任。刊刻有《宋本十三经注疏》。他精于鉴别，工金石考证，编著《山左金石志》《两浙金石志》《两浙辅轩录》《皇清碑版录》《淮海英灵集》《积古斋钟鼎彝器款识》《经籍纂诂》等。主修《浙江通志》《广东通志》等。著《揅经室集》《畴人传》《广陵诗事》《定香亭笔谈》《十三经校勘记》《小沧浪笔谈》等。

阮元于高宗乾隆二十九年（1764）甲申出生于江苏扬州府城一个以文兼武的世家。5岁开始跟从母亲学字，6岁进私塾就学。乾隆五十四年（1789），25岁的阮元中进士，入翰林院任庶吉士，次年授翰林院编修。一年后因学识渊博，受高宗赏识升任少詹事，入值南书房、懋勤殿，迁任詹事。1793年至1795年，提督山东学政。后任浙江学政。仁宗嘉庆三年（1798）返京，任户部左侍郎、会试同考官，未几又赴浙江任巡抚，抚浙约10年。在任期间，除吏治军政之外，又纠合浙江文人，编书撰述不辍。嘉庆六年（1801）在杭州建立诂经精舍，聘王昶授词章，孙星衍授经义，作育英才。嘉庆十年（1805）丧父，服除，任职兵部，又先后出为湖南、浙江巡抚。嘉庆十九年（1814）调江西巡抚，因捕治逆匪胡秉耀有功，加太子少保，赐花翎。嘉庆二十一年（1816）调河南，升湖广总督。嘉庆二十二年（1817）调两广总督。嘉庆二十五年（1820）在粤创立学海堂书院。道光元年（1821）阮元兼任粤海关监督。道光六年（1826）迁云贵总督。道光十五年（1835）召阮元回朝，拜体仁阁大学士，管理刑部，调兵部。道光十八年（1838）因老病致仕，返扬州定居，道光帝许之，给半俸，临行加太子太保衔。道光二十九年（1849）卒于扬州康山私宅，谥“文达”，享寿86岁。入浙江名宦祠。

经学方面，阮元在训诂学上取得了杰出成就。他找到了异字同义以及声近语同的根源，他将研究训诂学与探求古代文化有机结合起来，并以文字古义作为考订古代文化的一个依据。他还将训诂学运用于历史考证方面，成功地运用于考察探索古代文化，特别是于礼仪典章制度等方面创获甚多。阮元从事训诂学的研究，是将其作为治经的重要手段。

实学方面，阮元在学术研究中高扬“务求其实，唯从其是”的学术旗帜；在对待西学的问题上坚持“会通中西，志在中学”；在处理与西方国家的关系上，实行“国体为大，抵御外辱”的方针，表现出清代知识分子的经世思想。由此看来，实学精神贯穿于阮元的为政和为学。阮元在科学技术问题上并不“以古为是”，也不是埋头于故纸堆而不躬身实践、不问世事，他坚持“实事求是”，强调“实测而知”，力行“实践之道”，重视“实用之事”，充分体现了他的实学精神。

无论现今依照怎样的标准来界定当时的学派，都不能否定阮元学术思想中闪烁的“徽派朴学”的理念标志，都无法抹杀阮元留在徽派朴学百年辉煌史上深深的烙印。更高意义上讲，阮元学术思想体系的意义不仅成为清代汉学由高峰走向衰落的标志，同时也成为传统学术向近代学术跨越的转折点。

包世臣

包世臣（1775—1855），字慎伯，号诚伯、慎斋，晚号倦翁，又自署白门倦游阁外史、小倦游阁外史。安徽泾县人。清代学者、书法家、书学理论家。

包世臣的主要历史功绩在于通过书论《艺舟双楫》等鼓吹碑学，对清代中、后期书风的变革影响很大，至今为书界称颂。

包世臣自幼家贫，勤苦学习，工词章，有经济大略，喜谈兵。嘉庆十三年（1808）中举，多次考进士不中，以大挑试用为江西新喻县令，年余，又被弹劾免职。此后曾先后为陶澍、裕谦、杨芳等人幕客。他毕生留心于经世之学，并勤于实际考察，对于漕运、水利、盐务、农业、民俗、刑法、军事等，都能提出有价值的见解。东南大吏每遇兵、荒、河、漕、盐诸巨政，经常向他咨询，以此名满江淮。嘉庆十九年（1814），南京地区因旱大饥，包世臣力劝江宁巨绅秦承业倡举义赈，并上书两江总督百龄，促其设法拯救灾民。鸦片战争时期，他对帝国主义侵略中国的实况和中国人民的反抗斗争曾有记述与议论，颇具卓见。道光十八年（1838），林则徐任钦差大臣赴粤禁烟，次年正月路过江西南昌时，曾向他问过禁烟之计，道光二十一年（1841）由广东调浙江，四月抵南昌时，又和他商讨御英之策。包世臣生平著有《中衢一勺》《艺舟双楫》《管情三义》《齐民四术》，晚年收集、整理为《安吴四种》一书。

包世臣不同于乾嘉以来一般学人。他论文贯穿经世之旨，与当时古文家、经学家异趣。他反对脱离民事，将道抽象化，批评韩愈、柳宗元以来古文家抽象的载道之文是“离事与礼，而虚言道以张其军”；讥刺“近世治古文者，一若非言道则无以自尊其文”；提出“道附于事而统于礼”，

“事无大小，苟能明其始卒，究其义类，皆足以成至文，固不必悉本忠孝，攸关家国”，提倡“言事之文”“记事之文”。这是与明代归有光、唐顺之以来的古文派及当时的桐城派针锋相对的，反映了近代要求文章与经世相结合的潮流。他的文章也大都关切时务政事，谭献称其文“深切著明”。姚柬之评他的文章说：“少事谨严，老弥健肆，一洗数百年门户依傍之陋。”其诗亦“廉质竣整”，以五古为最好。他学书30年，为书家大宗，论书法尤精，所著《艺舟双楫》为中国书学理论重要著作。篆刻亦为当世推重，间亦作画。

经世思想方面，那时中国封建制度的种种弊端尚未充分暴露，新的经济、政治力量尚未产生，新思想尚未传入中国，因此包世臣提出的“救弊之策”也多属枝节，难以疗治当时的“天下之病”。对于如何“救弊”，包世臣还曾提出过一项带有原则性的方针，可是在当时，清朝统治者对“可忧可惧”的严峻形势并无清醒认识，更谈不上通盘筹划变革措施。包世臣早年作的《说储》一书提出过一些“创意改制”的主张，其中建立“审官院”的建议颇有价值。《说储》一书所提的某些主张确具“改制”的意义。包世臣呼吁士人自觉以“民事”为事，使儒学满足社会人群的需要，解决社会现实问题，所表述的乃是改造传统儒学，使儒学实学化的诉求，具有重要的现实意义。对于这些思想主张，包世臣是身体力行的。此外，包世臣的治学途径也十分独特、值得称道。

包世臣这种面向现实、力图解决社会现实问题、经世致用的学风，对于扭转那时的士林风气曾起了重要作用。包世臣并没有因重农而轻忽工商，他对工商在民生中的地位、经济发展中的作用也作了充分肯定，这些思想无疑具有某些近代色彩。包世臣的经济思想也具有落后、保守的一面，这突出表现在他对对外贸易的态度上。他对西方技艺态度的大转变则反映了他“与时俱进”的精神品格。

谢阶树

谢阶树（1778—1825），字欣植，又字子玉，号向亭（芗亭）。江西省宜黄县城北门人。清代官吏、学者、思想家。宣南诗社最早成员之一。

谢阶树学识渊博，沉酣载籍，工古文辞，诗亦清妍。尝拟《文赋》一篇，论者谓出陆机之上。有《大臣论》《县令论》和哲学著作《约书》12卷。另有《守约堂诗文集》《合璧联珠》《记事珠》等数十卷，均未刻；已刻者为《沅槎唱和集》和《澧州唱和集》。

谢阶树于嘉庆三年（1798）乡试中举。嘉庆十三年（1808），谢阶树中式戊辰科一甲第二名进士（榜眼），授翰林院编修。历任文颖馆纂修、治河方略馆总纂及庚午科顺天乡试、甲戌科会试同考官。嘉庆二十一年（1816）出督湖南学政，任内整顿当地武童生冒名替考之事。历迁詹事府右赞善、司经局洗马、翰林院侍讲，升侍读，加日讲起居注官，转左、右庶子，升翰林院侍读学士兼国史馆纂修，教习庚辰、壬午、癸未三科庶吉士。道光四年（1824）降补翰林院侍讲。清嘉、道之际，一些有识之士"以风雅之才，求匡世之学"，相结为"宣南诗社"，谢阶树为其早期成员。道光乙酉年（1825）9月18日申时终。

谢阶树在经济方面的思想尤为突出，他提出了安定游民的思想。谢阶树的财政支出思想主张"节财"，但节财不是一味地减少支出，而是和发展生产结合起来。"省冗官则廪禄不靡于幸位，而财之节也十一矣。""府不充而常有余财，民不惰而常有余力，地不荒而常有余利。"这里讲到的"府不充而常有余财"中，"不充"是指先要有一定的支出，"余财"是指节省下的大批财富，不充是手段，是暂时的，余财是目的，是长久的。"节财"思想包含着深刻的辩证法，有其独到之处，是值得重视的。

近现代篇

龚自珍

龚自珍（1792—1841），一名巩祚，字璱人，号定盦。晚年居住昆山羽琌山馆，故又号“羽琌山民”。浙江仁和（今杭州）人。清末著名思想家、文学家及改良主义先驱者。

龚自珍出身于世代官宦学者家庭。祖父龚禔身，官至内阁中书军机处行走，著有《吟朦山房诗》。父龚丽正，官至江南苏松太兵备道，署江苏按察使，著有《国语注补》《礼图考》《两汉书质疑》《楚辞名物考》等书。母段驯，著名小学（古汉语指文字学）家段玉裁之女，著有《绿华吟榭诗草》。从12岁起，龚自珍即跟随外祖父学习《说文解字》。23岁在徽州时，就曾写文章揭露当地吏治的腐败。嘉庆二十三年（1818），龚自珍考取举人，但此后五次参加会试都不中。28岁时在北京结识了清代今文经学家刘逢禄，一见倾心，表示“从君烧尽鱼虫学，敢做东京卖饼家”，从此师事刘逢禄，学习《公羊春秋》，并以今文经学为武器，抨击时政。38岁中进士，任内阁中书、礼部主事职长达十余年之久。道光十九年（1839），因得罪了权贵，便辞官还乡。晚年在丹阳、杭州讲学，二十一年（1841）卒于丹阳云阳书院。遗著辑有《龚定盦文集》《龚自珍全集》等。

龚自珍之所以在中国近代政治思想史上占有特殊地位，在于他以今文经学的形式提倡经世致用的思想，打破了晚清时期思想界一潭死水的状况，开启了当时知识分子评议时政的新风气。倡导“通经致用”，开议政风气。在清末思想沉寂，万马齐喑的年代，龚自珍决然以今文经学为武器，抨议时政，提倡变法，这无异于平地之惊雷，给当时埋头于训诂和考据的士大夫以警醒。龚自珍敏锐地意识到清政府的封建专制制度是造成衰世的主要原因，因此他对当时各种专制制度都进行了深刻的批判。

嘉庆十八年（1813），龚自珍作《明良论》，公开向封建皇权宣战。在批判现实的君臣关系的同时，龚自珍也描述了他理想的君臣关系，即主宾关系。龚自珍对封建社会的用人制度进行了揭露和批判，他认为封建的论资排辈的用人制度以做官时日的长短作为升迁的依据，堵塞了大批有识之士报效国家的道路。有感于政治的黑暗、腐败和国家积贫积弱的状况，龚自珍强烈地要求改革并提出了改革的方案。政治改革的核心是要改变君主一人专制的局面，君臣合力共治天下。

在经济方面，龚自珍主张限制土地兼并，防止贫富差距扩大，使财富尽量平均，并努力发展生产。还提出轻徭薄税，兴修水利；严禁贩卖鸦片，自造银元；向西北边疆移民，屯垦固边；提倡北方种植水稻，养蚕植桑；废除妇女缠足陋习，提倡妇女参加农业生产劳动等发展经济的主张。

龚自珍、魏源和林则徐都是禁烟派，他们都主张严罚鸦片的贩卖者与吸食者，主张积极备战，抵御英国侵略。

总的来说，龚自珍思想的主要贡献在于主张学问与实际相联系，开启了晚清时期经世致用的学风，同时他深刻地揭露了当时社会的弊端，并将其原因归结为封建的集权专制，进而对封建专制进行了深刻的批判，并提出了社会改革的方案。他坚持反对英国的侵略，也表现出坚定的爱国情操，在清末万马齐喑的年代，龚自珍却坚定地向前走出了一步，成为思想解放的先驱。从此，中国的思想界逐渐地活跃起来。

魏源

魏源（1794—1857），原名远达，字默深，又字墨生、汉士，号良图。湖南邵阳人。清代启蒙思想家、政治家、文学家，近代中国“睁眼看世界”的先行者之一。

魏源，道光进士，官高邮知州，晚年弃官归隐，潜心佛学，法名承贯。

魏源认为论学应以“经世致用”为宗旨，提出“变古愈尽，便民愈甚”的变法主张，倡导学习西方先进科学技术，总结出“师夷长技以制夷”的新思想。

魏源一生著述颇丰，以《圣武记》和《海国图志》最为有名。其他著作有《古微堂集》《古微堂诗集》《书古微》《诗古微》《公羊古微》《老子本义》《孙子集注》《元史新编》等，后人编有《魏源全集》。

魏源父魏邦鲁，在江苏做过小吏，廉洁奉公，为人称道。他训诫儿子要“力学慎交”，对魏源影响很大。魏源于道光二年（1822）28岁时中举，道光二十四年（1844）方考上进士，时年51岁。历任内阁中书、知县、知州等职。他早年学过王守仁的心学，以后跟刘逢禄学习，接受了今文经学的影响，注重经世致用。他与林则徐、姚莹、龚自珍等相友好，特别是与龚自珍交往很深，时人并称“龚魏”。在中举后的许多年间，曾帮助江苏布政使贺长龄编纂过《皇朝经世文编》共120卷，历时5年。鸦片战争爆发后，他一度加入两江总督裕谦的幕府，参与筹划浙江前线的抗英斗争；又发奋作《圣武记》，试图以此书激励清统治者振兴武备，抵御外辱；后又接受林则徐的重托，在林主持编译的《四洲志》的基础上，编写了我国近代第一部系统介绍世界历史、地理的专著《海国图志》。正式提出“师夷长技以制夷”的思想，不仅对以后我国的资产阶级改良派有启蒙作用，而且也对日本的维新运动产生了影响。咸丰三年（1853），太平军进入江苏地区，魏源曾在高邮倡办团练，欲进行抵抗，但不久因延迟驿递文报而被革职。咸丰七年（1857）病卒于杭州。

魏源是一位进步思想家、史学家，坚决反对外国侵略的爱国学者。他积极要求清政府进行改革，强调：“天下无数百年不弊之法，无穷极不变之法，无不除弊而能兴利之法，无不易简而能变通之法。”魏源坚决反对西方资本主义的侵华活动，提出了反侵略的主张与办法。他对人民群众的力量有一定的认识，同林则徐“民心可用”的观点相一致，提出“义民可用”的主张。魏源同林则徐一样，是鸦片战争时期“睁眼看世界”，最有眼光的人物。

魏源既坚决反抗侵略，又重视了解和学习西方的科学技术，作为对付侵略的重要方法。魏源不仅主张学习西方的先进生产技术，而且也推崇和歆慕资本主义国家的民主制度。他称誉瑞士“不设君位，不立王侯”，“推择乡官理事”，是“西方桃花源”。

在赋税问题上，魏源主张培植和保护税源，指出“善赋民者，譬植柳乎，薪其枝而培其本根”。魏源主张国家利用赋税手段保护工商业的发展，认为“士无富民则国贫，士无中户则国危，至下户流亡而国非其国矣”。他所强调的富民主要是指工商业者。提出这一思想，有助于民族资本主义在中国的发展。魏源还对生产经营成本高低的原因及其对财政税收的影响作了一定的分析，例如他认为淮盐成本之高是由于细商所支付的浮费和勒索太多，如果废除细商专卖制度允许散商凭票运销，即可大大降低成本从而降低价格，这样既可促进食盐销售，抵制走私，又可增加国家的盐税收入。魏源的这一观点在我国 19 世纪以前的经济思想中是极为罕见的。

魏源的求强求富的对内改革思想，增强国力的反侵略思想，“师夷之长技”的对外开放思想，在当时都具有巨大的进步意义，尤其是他的主张开放，学习西方的思想，在当时成为一种进步的思潮。

冯桂芬

冯桂芬（1809—1874），字林一，号景亭，又作景庭，晚号邓尉山人。江苏吴县（今苏州）人。晚清思想家、散文家。

冯桂芬少工骈文，中年后肆力古文，尤重经世致用之学。在上海设广方言馆，培养西学人才。先后主讲金陵、上海、苏州诸书院。冯桂芬为改良主义之先驱人物，最早表达了洋务运动“中体西用”的指导思想。

冯桂芬著有《校邠庐抗议》《两淮盐法志》《说文解字段注考证》16 卷、《弧矢算术乞田草图解》《西算新法直解》《显志堂诗文集》12 卷、《使粤行记》《两淮盐法志》等书，成卷数以百计。

冯桂芬道光二十年（1840）中进士。授翰林院编修。咸丰三年（1853），太平军攻占南京，奉诏于苏州举办团练，后擢詹事府右中允。1860 年，太平军克苏州，遁居上海。时既愤于英法联军攻陷北京，又主张借洋兵助剿太平军，并联络江浙官绅，在外国势力支持下组成“会防局”。曾上书曾国藩，乞遣师东援。同治元年（1862），冯桂芬入李鸿章府做幕僚。同治二年（1863），他“设广方言馆，求博通西学之才，储以济变”，协助李鸿章创设上海同文馆，培植精通西学、翻译人才。同治四年（1865），李鸿章接受冯桂芬建议，减征苏州漕米，使百姓赋税重负得以减释。这一年七月，同治帝着吏部带领引见冯桂芬。同治六年（1867），冯桂芬以苏、松办团练等叙功，赏加四品卿衔。同治八年（1869），战乱平定后，以耆归宿故乡。冯桂芬开始主持家乡方志《苏州府志》的修撰。同治九年（1870），李鸿章呈奏其“讲学著书”，“谋设上海广方言馆，务求博通西学”。这一年十二月，经李鸿章奏请，以冯桂芬“品端学邃，体用兼赅”，著书禅治，成绩卓著，“请破格优奖，赏给三品衔”。同治十三年（1874），冯桂芬卒于乡里，时年66岁。

冯桂芬要求突破桐城派的樊篱，主张“称心而言”。他在《复庄卫生书》中声言“不信义法之说”，并针对桐城派所标榜的孔、孟、程、朱的“道统”，指出文虽载道，“道非必天命、率性之谓，举凡典章制度、名物象数，无一非道之所寄，即无不可著之于文”。他的文章“长于持论，而拙于叙事”，体现了鸦片战争前后要求打破桐城枷锁的进步潮流。

洋务思想方面，冯桂芬在第二次鸦片战争时期，更加全面地论述了向西方学习问题。他继承了林则徐、魏源的传统，肯定了“师夷长技以制夷”的口号，主张学习西方的军事工业。除此之外，如算学、重学、视学、光学、化学，皆得格物致理。除了认识到船坚炮利不如夷外，冯桂芬还认识到“人无弃才不如夷，地无遗利不如夷，君民不隔不如夷，名实必符不如夷”。他还提出了“自强攘夷”的主张，将其概括为“以中国之伦常名教为原本，辅以诸国富强之术”。

冯桂芬非常强调中国自己掌握新式技术，这当中包含着发展中国家在向发达国家学习中必须自己掌握经济命脉，才能确保独立的思想。这个思想，对于今天第三世界诸国在同发达国家打交道方面有借鉴意义。冯桂芬对清朝的腐败统治有所不满，建议改革时政。他重视西方经世致用之学问，主张采用西学、制造洋器，他以中国的伦常名教为本，辅以外洋诸国富强新术。他的思想理论对洋务派有很大影响，同时也被资产阶级改良派奉为先导。

冯桂芬之思想，上接林、魏，下启康、梁，其意义不单是“求西学、思变法”的一脉相承，而在于其率先提出了消解现代化过程中的中西、古今矛盾的方法，即“惟善是从”。在传统文化氛围中长大的冯桂芬，始终摆脱不了封建思想的牢笼，在主张学习西方的同时，仍坚持要以中国的伦常名教为本，但他的主张开了中体西用的先河，并成为洋务运动的指导思想。

曾国藩

曾国藩（1811—1872），初名子城，字伯涵，号涤生。出生于湖南湘乡白杨坪（今属双峰）。清末军事家、理学家、政治家、书法家、文学家，晚清散文“湘乡派”创立人。

中国历史上最有影响的人物之一，晚清重臣，湘军的创立者和统帅。晚清“中兴四大名臣”之一，官至两江总督、直隶总督、武英殿大学士，封一等毅勇侯，谥曰“文正”。

曾国藩的人生，他的智慧，他的思想，深深地影响了几代中国人，以至他虽已去世百余年，人们仍然津津乐道。有的评论者说：如果以人物断代的话，曾国藩是中国古代历史上的最后一人，近代历史上的第一人。这句话从某一角度，概括了曾国藩的个人作用和影响。他也是近代中国最显赫和最有争议的人物。

6 岁时入塾读书，并不聪慧，但勤奋好学。至道光十二年（1832）考取秀才，并与欧阳凝祉之女成婚。连考两次会试不中，随后又努力复习一年，在道光十八年（1838），虚岁 28 岁时殿试考中了同进士，从此之后，他一步一阶地踏上仕途之路，并成为军机大臣穆彰阿的得意门生。在京十多年间，他先后任翰林院庶吉士，累迁侍读、侍讲学士，文渊阁值阁事，内阁学士，稽察中书科事务，礼部侍郎及署兵部、工部、刑部、吏部侍郎等职，曾国藩就是沿着这条仕途之道，步步升迁到二品官位。十年七迁，连跃十级。其受封一等毅勇侯，成为清代以文人而封武侯的第一人，后历任两江总督、直隶总督，官居一品。同治三年（1864），湘军在其弟曾国荃的率领下攻下天京，成为镇压太平天国的功臣。

同治九年（1870），正在直隶总督任上的曾国藩奉命前往天津办理“天津教案”。事件发生后，英、美、法等国联合提出抗议，并出动军舰逞威。曾国藩到天津后，考量当时局势，不愿与法国开战，“但冀和局之速成，不问情罪之一当否”，在法国的要求下，商议决定最后处死为首杀人的 18 人，充军流放 25 人，并将天津知府张光藻、知县刘杰革职充军发配到黑龙江，赔偿外国人的损失46万两白银，并由崇厚派使团至法国道歉。这个交涉结果，令朝廷人士及民众舆论均甚为不满，使曾国藩的声誉大受影响，引起全国朝野的唾骂，连他的湖南同乡，也把他在湖广会馆夸耀其功名的匾额砸烂焚毁。同治十一年二月初四（1872年3月20日）曾国藩在南京病逝。朝廷赠太傅，死后被谥“文正”。

曾国藩继承桐城派方苞、姚鼐而自立风格，创立晚清古文的“湘乡派”，他论古文，讲求声调铿锵，以包蕴不尽为能事；所为古文，深宏骏迈，能运以汉赋气象，故有一种雄奇瑰玮的意境，能一振桐城派枯淡之弊，为后世所称。曾氏宗法桐城，但有所变化、发展，又选编了一部《经史百家杂钞》以为作文的典范，非桐城所可囿，世称为湘乡派。清末及民初严复、林纾，以至谭嗣同、梁启超等均受他文风影响。所著有《求阙斋文集》《诗集》《读书录》《日记》《奏议》《家书》《家训》及《经史百家杂钞》《十八家诗钞》等。不下百数十卷，名曰《曾文正公全集》，传于世。另著有《为学之道》《五箴》等。

曾国藩总结了修身十二款：主敬、静坐、早起、读书不二、读史、谨言、养气、保身、日知所亡、月无忘所能、作字、夜不出门。曾国藩具有高深的学问素养，是一个“办事（干出事业）兼传教（留下思想学说）之人”（毛泽东）。《清史稿·曾国藩传》也说：“国藩事功本于学问，善以礼运。”他一生勤奋读书，推崇儒家学说，讲求经世致用的实用主义，成为继孔子、孟子、朱熹之后又一个“儒学大师”。他革新桐城派的文章学理论，其诗歌散文主持了道（光）、咸（丰）、同（治）三朝的文坛，可谓“道德文章冠冕一代”。

王韬

王韬（1828—1897），初名王利宾，字兰瀛。改名为王韬，字紫诠、兰卿，号仲弢、天南遯叟、甫里逸民、淞北逸民、欧西富公、弢园老民、蘅华馆主、玉鲍生、尊闻阁王，外号“长毛状元”。清末著名思想家。

王韬1845年考取秀才。1849年应英国传教士麦都士之邀，到上海墨海书馆工作。1862 年因化名黄畹上书太平天国被发现，清廷下令逮捕，在英国驻沪领事帮助下逃亡香港。应邀协助“英华书院”院长理雅各将十三经译为英文。1867 年冬—1868 年春漫游法、英、苏格兰等国，对西方现代文明了解更深。1868—1870 年旅居苏格兰克拉克曼南郡的杜拉村，协助理雅各。1870 年返香港。1874 年在香港集资创办《循环日报》，评论时政，提倡维新变法，影响很大。1879 年，王韬应日本文人邀请，前往日本进行为期四个月的考察。王韬考察了东京、大阪、神户、横滨等城市，写成《扶桑记游》。1884 年回到阔别 20 多年的上海。次年任上海“格致书院”院长，直至去世。1894 年为孙中山修改《上李鸿章书》，并修书介绍了李鸿章的幕友罗丰禄、徐秋畦等。

王韬一生在哲学、教育、新闻、史学、文学等许多领域都作出杰出成就，著有《弢园文录外编》《弢园尺牍》《西学原始考》《淞滨琐话》《漫游随录图记》《淞隐漫录》等 40 余种。

哲学方面，王韬的哲学思想可以概括为“道一观”、“尚智论”和“一我论”。他还具有朴素的辩证法思想，他根据《易经》中“穷则变，变则通”的道理，断定“天下事未有久而不变者”，他写道：“中国何尝不变。”王韬对中国前途充满信心，“吾知中国不及百年，必且尽用泰西之法而驾乎其上”。他主张以欧洲强国为榜样，具体办法有四：改革科举取士法，改革练兵法，改革教育，废除繁文。

政治方面，在中国历史上王韬最早提倡废除封建专制，建立“与众民共政事，并治天下”的君主立宪制度。他还主张革新兵器，废除弓箭、大刀、长矛，换成新式火器，将帆船换为轮船，“师其所能，夺其所持”。认为单按西法制造枪炮、轮船，建筑铁路，只不过是抄袭皮毛，更重要的是要变革军队的制度和训练方法。

受资本主义思想的影响，王韬提出“恃商为国本”“商富即国富”的观点，主张“商不重征，贾不再榷，各劝其业，争出吾市，则下益上富”。他认为厘金税加重商人负担，阻碍商品流通，应予裁撤；主张学习西方经验，发展新式工矿业，认为它可以“兴大利”；他指出“取之于民不如取之于天地自然之利”，主张通过发展工矿业来增加财政收入。

作为晚清改良主义思想家之巨擘的王韬，虽于中西古今兼容并蓄，但思想上并未根本超越中国传统的范围，而仍属传统士大夫的类型。也正因他于中西古今兼容并蓄，故其思想上又具有诸多新变因素。相比前代具有改革或改良思想的士大夫诸如林则徐、龚自珍、魏源、徐继畲、曾国藩、左宗棠、李鸿章等来说，王韬进一步打开了自两宋以降闭合的传统思想格局，接纳了更多的近代西方思想，由此启导了他的后辈，在这一意义上，可以说他是中国传统观念向现代思想转变的桥梁。

张之洞

张之洞（1837—1909），字孝达，号香涛、香岩，又号壹公、无竞居士，晚年自号抱冰。直隶南皮（今属河北）人。清末著名思想家，洋务派代表人物之一。

张之洞提出的“中学为体，西学为用”，是对洋务派和早期改良派基本纲领的一个总结和概括；在推动中国民族工业发展方面所作的贡献甚高，“提起中国民族工业，重工业不能忘记张之洞”（毛泽东语）；教育方面，他创办了三江师范学堂（南京大学）、武汉自强学堂（武汉大学）、湖北武昌幼稚园（中国首个幼儿园）等。张之洞与曾国藩、李鸿章、左宗棠并称晚清“四大名臣”。

张之洞 7 岁时随父到兴义府城就读，13 岁始回河北原籍应试，考取秀才。15 岁时赴顺天府乡试中举人第一名，成“解元”。26 岁考取进士第三名，成为“探花”，授翰林院编修。1867—1873 年任湖北学政。1874 年起任四川学政、山西巡抚。1883 年中法战争爆发，因力主抗争任两广总督。1889 年 7 月调任湖广总督，并多次署理两江总督。1906 年升任军机大臣。在督鄂 17 年间，张之洞力主广开新学、改革军政、振兴实业，由此湖北人才鼎盛、财赋称饶，成为当时中国后期洋务新政的中心地区。

甲午战后，张之洞逐步形成了一套比较系统的近代教育思想，并认识到建立新学制的重要性。担任湖广总督之后，张之洞在湖北大规模兴办新式教育——实业教育、师范教育和国民教育。这些新式教育活动使其教育强国的构想在推动中国教育近代化过程中起了重要作用。第一，张之洞为配合振兴实业，在湖北发展实业教育；第二，为在湖北兴办工业，需要较多的工业技术人才，故对工业学堂也较重视；第三，在其教育近代化构想和实践中，师范教育居于最基础的地位。

在督鄂期间，张之洞致力于改造旧式书院，创办新式学堂。在张之洞的领导下，湖北教育通过由低等向高等、由普通向专业、由省城向州县的发展，逐步形成了地区性现代教育体系，其教育规模和质量在当时全国处于领先地位。在这个历史进程中，在张之洞本人的具体策划和亲自指导下，湖北地区先后成立了“自强学堂”（今武汉大学前身）、“武备学堂”、“农务学堂”（今华中农业大学前身）、湖北工艺学堂（今武汉科技大学前身）；任两江总督时在南京创立“三江师范学堂”（今南京大学前身）。

张之洞对中国文化建设事业有特殊贡献。任湖广总督时，他先创建有“两湖书院”，又在广东创办“广雅书局”并设立藏书楼；筹资兴建湖北省图书馆和湖南图书馆，并在光绪三十年（1904）前后相继开放。又与端方等人筹办京师图书馆，他认为“图书馆为学术渊薮，京师尤系天下视听，规模必求宏远，搜罗必尽极详，庶足以供多士之研求”，亲自选定馆址，购江南著名藏书家归安姚氏、南陵徐氏藏书，并翰林院旧藏合为“京师图书馆”，请派编修缪荃孙任京师图书馆监督，并代为制定京师图书馆及各省图书馆章程，为国家图书馆建设贡献卓著。他精通目录学，同治十三年（1874）任四川学政时，写有《輶轩语》，专讲治学方法、科学时文和有关程式。光绪二年（1876）写成《书目答问》，是一部列举2200种书籍、以指示治学门径的书目，着重收录清代特别是乾嘉以来的学术著作，分经、史、子、集、丛书五部，每部之中又分若干类，类例不拘守于《四库总目》，阐述了读书研究、版本研究和目录学的关系，具有总结清代学术研究成绩的价值，丰富了古典目录学的内容。他家藏古籍亦富，仅宋元之本有数十种，在京师时，每去琉璃厂，满载而归。藏书家傅增湘曾收藏有流散出来的旧藏，将其书、文、函、牍、电稿等辑为《张文襄公全集》，共100余卷。

薛福成

薛福成（1838—1894），字叔耘，号庸盦。江苏无锡人。近代外交家，洋务运动主要领导者之一，资本主义工商业发起者，也是散文家。

薛福成自幼即受时代影响，广览博学，致力经世实学，不作诗赋，不习小楷，对八股尤为轻视。一生撰述甚丰，著有《庸盦文编》4卷、《续编》2卷、《外编》4卷、《庸盦海外文编》《筹洋刍议》14卷、《出使四国日记》6卷、《续刻》《庸盦笔记》《出使奏疏》2卷、《出使公牍》10卷等书。薛福成的著作基本上均已编入《庸盦全集》。

薛福成于咸丰八年（1858）中秀才。同治三年（1864）入曾国藩幕。同治八年（1869），列江南乡试副榜。同治十一年（1872）曾国藩死，他往苏州书局任职。光绪元年（1875），得悉朝廷下诏“博采谠言，用资治理”，便写《应诏陈言》一疏，其中包括《治平六策》和《海防密议十条》，请山东巡抚丁宝桢代为上奏，被清廷采纳。这一年下半年，薛福成入李鸿章幕。面对严重的民族危机，他苦思富国强兵之法，于光绪五年（1879）写出了《筹洋刍议》，提出修改不平等条约，加强北方边防及以“官督商办”和私人集资的方法兴办工商实业等建议，为 洋务运动提供了理论依据。光绪十年（1884）初夏，薛福成出任浙江宁绍台道。光绪十四年（1888）升任湖南按察使，次年改任出使英、法、意、比四国大臣。光绪十六年（1890）一月率使团启程赴欧洲。在出使四国期间，薛福成进行了出色的外交活动，保护海外华侨的利益。经反复周旋争执，与英国订约，解决了滇缅边界旧案，收回了大片被侵占领土。光绪二十年（1894）任满回国，5月28日到达上海，因积劳成疾、旅途劳顿，于6月19日在沪病逝。

薛福成最大的思想成果体现在他于1879年写出的《筹洋刍议》，书中主要叙述了以下四方面内容：（1）反对不平等条约。薛福成特别强调中外签订的不平等条约中的片面最惠国待遇、领事裁判权以及协定关税三项对中国危害深重，强调应坚决抵制新的不平等条约，修订过去已经签订了的不平等条约。(2) 预防俄、日侵略。薛福成认为国际形势已经发生变化，目前对中国最大的威胁是觊觎中国领土的沙俄和日本，强调中国应积极开展外交活动，与西方各国改善关系，并援助朝鲜、越南等国，使之成为坚强的邻邦。同时，中国也必须加强边防、海防。(3) 发展资本主义工商业。他认为中国必须振兴工商业，强调发展运输业、发展农业、发展工业是振兴工商业的三个要端。(4) 阐述洋务运动的理论根据。他指出变法是历史进程的必然规律，强调中国在经济、技术、军事等很多方面需要变法，变法的目的是取西方器数之学使中国实现富强，从而使中国不受列强的蔑视和宰割。

薛福成没有像另一些早期改良思想家们那样明确提出改革中国的封建政治，实行资产阶级的君主立宪制度，但他思想的触须触及了早期改良派关注的各个问题，特别是他那些否认传统的封建观念，认为“人人欲济其私”等观点，更是直接反映了当时正在形成的资产阶级的思想。正因如此，他的思想已带有早期资产阶级改良主义思想的色彩，对中国思想界的影响也是极其深远的。

郑观应

郑观应（1842—1921），原名官应，字正翔，号陶斋，又号居易、杞忧生，别号“待鹤山人”。广东香山（今中山）人。中国近代著名文学家和实业家，中国近代最早具有完整维新思想体系的理论家，揭开民主与科学序幕的启蒙思想家。其传世著作有《易言》《盛世危言》。

郑观应是爱国民族工商业家，他一生从事工商业活动，曾充当英商宝顺洋行、太古轮船公司买办，后在上海机器织布局、上海电报局、轮船招商局、汉阳铁厂和商办粤汉铁路公司等担任高级职务，投资兴办了不少贸易、金融、航运、工矿等企业，是一个从买办转化的民族资产阶级代表人物。

光绪六年（1880），郑观应编订刊行反映他改良主义思想的《易言》一书，书中提出了一系列以国富为中心的内政改革措施，主张向西方学习，组织人员将西方国富强兵的书籍翻译过来，广泛传播于天下，使人人得而学之。并主张采用机器生产，加快工商业发展，鼓励商民投资实业，鼓励民办开矿、造船、修建铁路。光绪十年（1884）10月13日，退隐澳门，寄情山水，将全副精力用于修订重写《易言》，直至光绪二十年（1894），一部体现他成熟而完整维新体系的《盛世危言》杀青。

《盛世危言》于清光绪二十年正式出版，版本多达20种。书中封面题："首为商战鼓与呼"，书中贯穿着"富强救国"的主题，对政治、经济、军事、外交、文化诸方面的改革提出了切实可行的方案，给甲午战败以后沮丧、迷茫的晚清末世开出了一服拯危于安的良药。其内容明确提出仿照西方国家法律，设立议院，实行君主立宪，指出国弱民穷根源乃在于专制政治。该书不仅影响了当时的思想界，而且惠及后世，如康有为、孙中山即颇受该书影响，毛泽东年轻时也经常阅读《盛世危言》。

郑观应作为改良主义思潮的代表人物，其经济思想的核心是他的"商战"论。努力追寻"商战"的近代意义并反复加以论释者，则由郑观应肇始。在赋税方面，他主张收回关税自主权，认为"其定税之权操诸本国，虽至大之国不能制小国之轻重，虽至小之国不致受大国之挠阻"。在哲学思想方面，郑观应通过对西方近代自然科学和社会管理科学的吸收，从事借用中国某些传统形式来变革中国传统哲学的尝试，因而使自己的世界观具有若干近代哲学的特征，为中国哲学史增添了新内容。在文学方面，郑观应诗歌中最具特点、最有价值的是实业诗，其价值在于展现了中国近代创业史筚路蓝缕的艰辛历程，揭示中国近代振兴实业的一系列宝贵经验，开拓了旧体诗题材的新领域。此外，《郑观应诗选》精选了郑观应各类诗歌的代表作，有助于了解郑观应诗歌概貌。

郑观应，在众多中国近代史与中国近代思想史作中，均被作为早期改良主义思潮代表人物之一，是为其所得历史定位。在中国早期现代化进程中，郑观应也是一位从事近代实业开拓、经营、管理的实业界前驱；在中国启蒙运动发展中，郑观应又名副其实地是一位最先全面触及启蒙思潮各项基本问题的启蒙运动前驱。作为实业家，郑观应的启蒙思想酝酿、成型和发展，便具有自己亲身实践的丰富经验与坚实基础；作为启蒙思想家，郑观应的实业活动便具有明晰的目标与开阔的视野。

严复

严复（1854—1921），初名传初，曾改名宗光，字又陵，又字幾道。福建侯官（今福州）人。清末很有影响的资产阶级启蒙思想家、翻译家和教育家，是中国近代史上向西方国家寻找真理的“先进的中国人”之一。

严复是我国近代著名翻译家。从 1896 年到 1908 年间，他先后翻译了赫胥黎的《天演论》，亚当·斯密的《原富》，约翰·穆勒的《群己权界论》和《名学》，斯宾塞的《群学肄言》，甄克斯的《社会通诠》，孟德斯鸠的《法意》，耶芳斯的《名学浅说》等。他的著作有《严幾道诗文钞》和《严复集》。著译编为《侯官严氏丛刊》《严译名著丛刊》。

严复出身于名医世家，14 岁时考入福州船政学堂。1877 年，被清政府派往英国留学，回国后，曾任北洋水师学堂总教习。中日甲午战争后，他发表许多鼓吹变法维新和救亡图存的论文。1897 年，他在天津创办的《国闻报》成了当时宣传资产阶级新文化的一个重要阵地。1898 年，他向清朝皇帝上了万言书，提出变法维新的具体纲领。在改良主义政治运动中，他系统地介绍了西方近代的社会政治学说、自然科学理论和哲学，在反对封建旧文化的斗争中起了重要的影响。戊戌政变后，他同康有为一样，仍坚持改良路线。1912 年严复受袁世凯命担任北大校长之职。“五四运动”时期，他反对新文化运动，又成为复古派的代表人物。民国四年（1915），严复参与袁世凯帝制运动，为筹安会之发起人，因之名声失坠，一落千丈。1920 年赴福建避冬，1921 年 10 月 27 日歿于福建，终年 68 岁。

严复在他所翻译的哲学和社会政治的著作中，附有“按语”，表达了他的哲学和社会政治观点：

一、严复在戊戌变法时期对封建专制主义的君权论进行了激烈的批判，同时，宣传了西方资产阶级的民主、自由以及天赋人权论，作为变法维新的理论根据。

二、严复在戊戌变法时期通过翻译赫胥黎的《天演论》，系统地介绍了达尔文的进化论思想，以反对封建顽固派“好古而忽今”的思想，并在进化论的基础上宣扬发展进化的世界观，反对封建专制，向中国人民敲响了危亡的警钟，激发人民发愤图强的意志，他所强调的是进化论中向前发展进化的辩证法因素。

三、严复着重介绍和宣传了经验主义的认识论和科学方法论。严复认为，西方资本主义国家取得富强的关键，是由于科学发达，而西方自然科学发达的原因，是他们那一套经验主义的科学方法论起了重要作用。

梁启超

梁启超（1873—1929），字卓如，一字任甫，号任公，又号饮冰室主人、饮冰子、哀时客、中国之新民、自由斋主人。广东新会（今江门市新会区）人。著名思想家、改革家。

梁启超是清光绪举人，和其师康有为一起，倡导变法维新，并称“康梁”，是中国近代维新派代表人物、领袖、学者，近代中国的思想启蒙者，深度参与了中国从旧社会向现代社会变革的伟大社会活动家，民初清华大学国学院四大教授之一，著名新闻报刊活动家。他的文章富有独特的历史视角，令人深思，启发思想。

梁启超自幼饱读诗书，12 岁中秀才，17 岁中举人。1891 年赴京参加会试，于上海购得《瀛环志略》，读后打开眼界，始知世界上有五大洲各国。会试落第后，经陈千秋介绍，成为康有为的及门弟子，从此在广州的万木学堂学习。1895 年，与康有为共同促成了震惊全国的“公车上书”，并参与建立“强学会”。1896 年，梁启超赴上海与黄遵宪等筹办《时务报》，任《时务报》主编。1898 年，参与“戊戌变法”，事败后流亡日本。1902 年，他在日本横滨创办《新民丛报》。1905 年同盟会成立后，他以《新民丛报》为据点与同盟会展开论战，反对资产阶级民主革命的思想，宣扬君主立宪。1913 年，梁启超回国，以立宪党为基础组成进步党，拥护袁世凯出任司法总长。1915 年，袁世凯意图自立为帝，梁启超对此强烈反对，随后离京至广西，与蔡锷一起共同发动护国运动。1918 年至 1920 年，梁启超前往欧洲游历，著《欧游心影录》。“五四”期间，主张科学与民主。晚年在清华大学讲学，并致力于史学的研究及教学。1929年病逝于北京。

梁启超一生著述甚勤，他的著作主要被收在《饮冰室合集》《饮冰室文集》及《饮冰室诗话》等文集之中。

梁启超的变法思想也和其他维新派一样，以救亡图存为急务。梁启超在宣传他的变法理论时，提出了“以群为体，以变为用”的思想，这一思想是针对洋务派“中学为体，西学为用”的思想而提出的。“以群为体”即是建立君主立宪制度下的资本主义的政治、经济和文化体系。他指出洋务派本末倒置，中国富强之本，非从学习西方技术而得，最根本的还是要进行社会改革，进行体制上的变革，否则，在内忧外患的状况下，中国一定会有亡国的危险。针对顽固派“祖宗之法不可变”的陈旧观点，梁启超疾呼“非变革不足以救中国”。

梁启超在戊戌变法时期先后发表了《变法通义》《古议院考》等多篇文章，这些文章集中反映了他的民权思想。其内容大体可概括为以下三个方面：一是认为变专制制度为议院制是变法的本原，二是宣传民权代替君权是历史发展的必然，三是提出地方自立的主张。

梁启超在哲学方面，对于阴阳五行说、儒家哲学、老子哲学、阳明心学以及戴震的哲学，均有深入研究；对于西方哲学，如康德、黑格尔的哲学思想也有所涉猎。他总是力图把各种不同哲学倾向加以综合。尽管如此，在心物关系中，他更多强调心对物的创造作用。

梁启超的新民论是他对各种复杂社会问题思考的复合体，这一复合体中，凝结了他的许多富于洞见的思想。他在《新民说》中提出一套新的人格和社会价值观，梁启超的革新反映在其“群”的概念处于他道德思想的核心。梁启超的“新民说”与王阳明的“良知说”有着密切关联。他对王阳明的良知说极为推崇：“王子之学，高尚纯美，优入圣域”（《论私德》），并将王阳明的“良知说”与康德思想结合起来。

谭嗣同

谭嗣同（1865—1898），字复生，号壮飞。湖南浏阳人。中国近代资产阶级著名政治家、思想家，维新志士。

谭嗣同主张中国要强盛，只有发展民族工商业，学习西方资产阶级的政治制度。他公开提出废科举、兴学校、开矿藏、修铁路、办工厂、改官制等变法维新的主张，写文章抨击清政府的卖国投降政策。1898 年他参加领导戊戌变法，失败后被杀，年仅 33 岁，为“戊戌六君子”之一。代表作有《仁学》《寥天一阁文》《莽苍苍斋诗》《远遗堂集外文》等。

谭嗣同出身封建官僚家庭，长期受到封建伦理道德压迫，在这种压迫下也养成了反抗思想。中法战争时期，在民族危机加深的影响下，激起了他变法维新的要求。之后 10 年，他四处游历，了解到各地的社会情况。在这期间，他研究了张载、王夫之等人的思想，也接受了一些西方的新知识。他在浏阳设立卫学会，讲求新学，又设立了算学格致馆，介绍一些西方的科学知识。他听说康有为在北京办强学会，进行维新活动，就赶赴北京去见康有为。1896 年，他以父命到南京候差，感到十分苦恼，便转向杨文会佛学。1897 年，他回到湖南，和梁启超等一起办时务学堂、南学会、《湘报》等，积极开展维新运动。1898 年，他到北京参加康有为主持的新政。政变失败后，被捕下狱。被捕前，有人劝他逃走，他说：“各国变法无不从流血而成，今日中国未闻有因变法而流血者，此国之所以不昌也。有之，请自嗣同始。”慷慨赴死。

谭嗣同是我国近代史上资产阶级阵营中向封建的纲常名教挑战的启蒙思想家。1896 年，在改良运动的影响下，他写下著名的哲学著作——《仁学》，发出了冲决封建网罗的号召，和封建主义展开了一场大论战。《仁学》试图提供比较完整的世界观，作为维新变法运动的理论基础。他把自由、平等和博爱总称为“仁”，把宣扬变法维新的哲学著作称为“仁学”，它的主要锋芒在于打击封建等级制度和纲常名教以及闭关自守思想，宣扬了民主主义的平等思想，在当时有一定的进步意义。

在谭嗣同哲学思想中包含着唯物主义和辩证法思想。谭嗣同早年曾以古代朴素唯物主义的“气”的概念，以后又运用西方自然科学中假设的一个物质概念“以太”，来解释客观世界的物质统一性。后来，由于受到佛教的影响，谭嗣同在《仁学》中构造的哲学体系十分驳杂。在论述事物变化日新的思想中，谭嗣同在一定程度上表露出一些关于对立统一的辩证思想，在一定程度上看到了事物内部存在着“异”“同”的矛盾对立和统一，而且认为这种矛盾对立和统一引起事物的运动变化。然而，他并不认为事物内部的矛盾对立和统一是运动变化的根本原因。

谭嗣同的思想来源于古今中外，所以相当庞杂。几经转换，唯心论、宗教、佛学、相对主义、神秘主义在相当大的程度上存在于他的理论体系中，但唯识论、自然科学和辩证法仍然是他思想体系中的一个重要的内容。同时，在政治思想领域，谭嗣同急进地冲破封建罗网、实现新制度的要求却是一脉相承，这使他始终是维新思想家中的一名斗士。

洪秀全

洪秀全（1814—1864），原名洪仁坤，小名火秀。广东花县（今广州市花都区）人，后移居官禄布村。太平天国领袖、思想家。

洪秀全出身于农民家庭，自幼接受了传统的封建文化教育，7 岁入村塾读书，五六年间即能熟读四书五经，在乡村私塾当教师。16 岁开始参加科举考试，却屡试不第。1837 年到广州参加科举考试，目睹帝国主义侵略给中国人民带来的深重灾难和清朝官僚机构的腐朽，极为激愤。这时，他得到一部宣传基督教的小册子《劝世良言》，他被书中的许多新思想特别是宗教救世的精神所吸引，并写了一首诗“手握乾坤杀伐权，斩邪留正解民悬”，表示了他的革命思想。1843 年，他和冯云山一起，组织了农民革命组织——“拜上帝会”，利用基督教作为发动农民、组织农民的思想武器。1851 年，他领导农民革命队伍，在广西金田村正式宣布起义，建号“太平天国”。1853 年攻克南京，定都于南京并改称天京。之后数年，太平天国农民军攻占了中国南部的大片土地，其势力先后达到 18 个省。1864 年三月，天京合围后，城内粮食不足，洪秀全带头吃“甜露”（草团）充饥，因而致病。1864 年六月病逝于天京，清军在城陷后将他的遗体毁掉。

洪秀全领导的太平天国农民运动，其理想是要实现一个“共享太平”的平等社会。洪秀全继承了历代农民起义关于“均贫富、等贵贱”的思想，吸收了中国关于“天下为公”的“大同”理想，又搬来了西方基督教宣扬的所谓“天国”中人人“平等”的说教，以宗教的形式，发出了在大地上建立一个“太平天国”的号召。

洪秀全认为，“皇上帝”是天地万物的创造者，又是天地万物的养育者，是“天下凡间大共之父”，是唯一的至上神，“皇上帝”主宰的世界就是中国古代传说中的“大同”世界。洪秀全和太平天国关于理想社会的设想，后来又在《天朝田亩制度》中得到发展，成为一个具体的实施方案。《天朝田亩制度》标志着太平天国农民运动思想发展的高峰，废除封建土地私有制是这个纲领的核心，它提出了按人口平均分配土地的政策。这个纲领宣布：“有田同耕，有饭同吃，有衣同穿，有钱同使，无处不均匀，无人不保暖。”“天下田天下人同耕”这就是太平天国农民运动为实现自己最高理想的具体纲领。

洪秀全《原道救世歌》《原道醒世训》《原道觉世训》等三篇理论著作，把传统的宗法制的家庭伦理观念和基督教的平等博爱思想结合起来，逐步形成具有中国农民特色的四大平等思想，即经济平等、政治平等、男女平等、民族平等。这些著述中也包含着他的全部变革思想：倡导变革的思想主张，反对“六不正”思想，奉天诛妖的反清思想。

洪仁玕

洪仁玕（1822—1864），字益谦（亦作谦益），号吉甫。广东花县（今广州市花都区）人，洪秀全的族弟。政治家、思想家。

洪仁玕曾在香港居住多年，天京事变后到天京（即南京），获封为军师、干王，一度总理朝政。他是太平天国后期一位具有近代知识和眼光的政治家、思想家和重要领导人，也是中国近代史上最早传播西方资本主义文明的先进人物。主要著述有《资政新篇》《英杰归真》《军次实录》等。

洪仁玕是洪秀全1843年创立的拜上帝教最先的信徒之一（另一人为冯云山）。1851年太平天国金田起义时，洪仁玕在广东未有参与。1852年洪到香港，认识瑞典籍传教士韩山文，次年在广东受洗。1854年曾到上海，欲到天京而未果。后回到香港，成为伦敦布道会传道人，并学习西方事物。1859 年 4 月，他在经过为时数月的长途跋涉，历尽无数艰难之后到达天京，开始了他一生最重要的天京执政时期。1863 年，洪仁玕被洪秀全委以顾命大臣，辅佐幼天王。1864 年在江西被捕，11 月 23 日在南昌英勇就义，时年 42 岁。

洪仁玕的社会政治思想，在他写的《资政新篇》中得到了集中的反映。《资政新篇》作为太平天国长远发展的纲领，有政治上团结领导的主张，在经济上更提出要学习西方：兴商业，办银行，建设铁路、开矿、办邮政，还提出要有保护人身的司法制度、办报纸传递信息、监督政府等等。外交上提出放弃万方来朝的幻想，向西方开放，双方平等对待。《资政新篇》的内容基本上包含各种发展资本主义社会的要素，在某种程度上比日后清廷的洋务运动及维新运动更为全面及彻底。

洪仁玕的哲学、宗教观点与其社会政治思想有着密切联系，他的许多“新政”思想都可以在他的哲学、宗教观点中得到进一步的理论上的说明。其主要内容有以下几点：首先，关于“事有常变”的观点。这是洪仁玕一个基本的哲学观点。他认为事物是经常变化的，即人们对于事物及其规律的认识和由此而制定的典章制度、纲常大法等也应随之变化，变不通为通，变不可行为可行。其次，关于“天道自然”的观点。洪仁玕要求按照天体运行的本来面目去认识自然、制定历法，而不能附加任何外来的成分。洪仁玕关于“天道自然”的观点，是以承认天体运行有自身的规律为前提的，同时还承认人们对于天体运行及其规律的认识是不断深化的。再次，宗教观方面的新思想，他相信“上帝是实有”，且创造一切。他认为，上帝是全知、全能，能赏善罚恶，是有意志的人格神。另一方面，他认为上帝无所不包，无所不在，自然而然，完全“融化”在自然界和人类社会的万事万物之中，就此而言，它不是神，而是一种非神性的自然存在。

章炳麟

章炳麟（1869—1936），初名学乘，字枚叔，后改名绛，号太炎，浙江余杭（今杭州市余杭区）人。近代资产阶级革命民主派在文化思想战线上的代表人物之一，民族主义革命者，也是一位在经学、史学、文字音韵等方面造诣高深的著名学者。

章炳麟一生著作颇多，约有400万字，被尊为经学大师。著述除刊入《章氏丛书》《续编》外，遗稿又刊入《章氏丛书三编》。

章炳麟出身于世代书香门第，自幼便跟随外祖父和父亲习诵儒家经典，浏览老庄。中日甲午战争后，他曾加入强学会，在《时务报》上撰写文章宣传改良主义。戊戌政变后，逃亡日本，同孙中山取得联系，开始走上了革命道路。1901年发表著名的《訄言》，宣传反清思想，在社会上掀起了很大的影响。次年与蔡元培组织革命团体“爱国学社”。1903年因在《苏报》上发表文章，批判康有为的保皇谬论被捕入狱，被禁三年。1906年出狱后赴日本，参加孙中山领导的同盟会，担任《民报》编辑。1907年后与孙中山政见多有不合，于1910年与陶成章在东京成立光复会总部，与同盟会彻底决裂。辛亥革命后，因反对袁世凯复辟帝制被幽禁北京。1917年，他参加孙中山领导的“护法”运动。晚年思想趋向保守，成了文化上和政治上的保守人物。1936年病逝于苏州。

关于他的一生鲁迅曾评论说：“七被追捕，三入牢狱，而革命之志终不屈不挠”，“后来却居于宁静的学者，用自己所手造的和别人所帮造的墙，和时代隔绝了”（《关于太炎先生二三事》，《鲁迅全集》第6卷）。

章炳麟早年接受西方近代机械唯物主义和生物进化论，是我国近代史上有名的无神论者。在他的著作中阐述了西方哲学、社会学和自然科学等方面的新思想、新内容，主要表现在《訄书》中，认为“精气为物”，“其智虑非气”；宣称“若夫天与上帝，则未尝有矣”，之后否定宗教迷信和封建神权论。其思想又受佛教唯识宗和西方近代主观唯心主义影响，趋于主观唯心主义，强调主观战斗精神。随着旧民主主义革命失败，思想上渐趋颓唐。

章炳麟的资产阶级民主革命论，是在同康有为、梁启超为代表的资产阶级改良主义政治路线的斗争中形成的。章炳麟主张“排满”革命，驳斥了康、梁所宣扬的“中国只可立宪，不能革命”的改良主义政论。章炳麟认为，清政府是个卖国政府，必须进行“排满”革命才能挽救民族危亡。

章炳麟还宣传了革命民主派的“平均地权”思想。对外，章炳麟反对帝国主义侵略，争取民族完全独立，但是他没有处理好“反满”与反帝的关系。

章炳麟在反对封建势力和保皇党的斗争中，对孔子和儒家学说进行了批判。早在《訄言》中便开始批评孔子，他认为，孔子的道德和学术都不能和先秦诸子相比，更不能和荀子相比，只是因为孔子删了六经，后来才出名。1906 年他发表《诸子学略说》，进一步批评了孔子和儒家学说，认为孔子和他的门徒都是以做官为终身志向，一心追求富贵。章炳麟对孔子学说的批判，虽不是科学的结论，但严重地打击了两千年来的遵孔读经论，在反对封建旧文化的斗争中具有革命意义。“五四”运动后，他愈来愈保守，忏悔过自己早年“诋孔”的言论。

康有为

康有为（1858—1927），原名祖诒，字广厦，号长素，又号更生。广东南海丹灶（今属佛山市南海区）人，人称“康南海”。近代著名政治家、思想家、社会改革家、书法家和学者。

康有为信奉孔子儒家学说，并致力于将儒家学说改造为可以适应现代社会的国教，曾担任孔教会会长。著有《康子篇》《新学伪经考》等。

康有为出身于仕宦家庭，乃广东望族，世代为儒，以理学传家，青年时曾热心学习从西方传入的自然科学知识和社会政治学，在广州著书讲学。1888 年，康有为到北京参加顺天乡试，借机第一次上书光绪帝，请求变法，受阻未上达。1891 年后在广州设立万木草堂，收徒讲学，弟子有梁启超、陈千秋等人。1895 年到北京参加会试，得知《马关条约》签订，联合 1300 多名举人上万言书，即“公车上书”，又未上达。当年 5 月底第三次上书，得到了光绪帝的赞许。7 月，和梁启超创办《中外纪闻》，不久又在北京组织强学会。1897 年，德国强占胶州湾，康有为再次上书请求变法。1898 年 4 月，和梁启超组织保国会，号召救国图强。6 月 16 日，光绪帝在颐和园勤政殿召见康有为，任命他为总理衙门章京，准其专折奏事，筹备变法事宜，史称“戊戌变法”。变法受慈禧太后干预失败后，康有为曾游历列国，会见欧洲各国君主，1913年回国。1927年3月8日，康有为在上海做毕七十大寿，于21日抵青岛。30日晚，一位广东同乡请他吃饭，未终席而腹痛，翌日身死异乡。

康有为的思想是一个比较完整的体系，大致可以分为四个方面。第一个方面，表现在他的积极的社会政治活动中和《上皇帝书》《戊戌奏稿》中变法维新思想。它的主要内容是当前经济、政治、军事、文化以及社会风习各方面现实生活中的迫切问题，提出了一系列具体的改革主张、建议、措施和方法，其中要点是要求开放政权，用立宪制度代替君主专制制度，通过和缓的改良方法，从上面来进行资产阶级民主改革，发展资本主义工商业。

第二个方面，是托古改制思想。康有为继承了龚自珍和魏源今文经学派的“经世致用”的传统，在戊戌政变前发表了《新学伪经考》和《孔子改制考》，提出托古改制论，作为号召变法维新的理论武器。在《孔子改制考》中，康有为宣称：六经是孔子所作，是假托古代事迹宣传自己的改制思想，并宣称尧舜并无其人，他们的事迹是孔子伪造的，孔子伪造的目的是借此提倡民主政治。康有为“托古改制”说最重要的核心是“公羊三世”历史进化论学说。

第三个方面，是“大同”理想。在这个社会理想中，他认为“一切皆本公理”，没有国界、家界和身界，一切压迫和歧视都消除了。他把这样的社会称之为“人人皆公，人人皆平”的大同时代，人权、平等、自由、独立是理想大同社会的基本原则。

第四个方面，是哲学观点，是他整个思想的基础和出发点。康有为维新变法的理论基础是相信事物发展变化的观点。康有为是一个进化论的拥护者。在宣传进化论思想时，他又吸收了一些古代辩证法思想。他在著作中十分强调“变”是自然界和人类社会的一个普遍法则。在阐发变化日新的思想中，康有为吸收了中国《易传》中的朴素辩证法，并且把它同当时传入的西方近代自然科学结合起来，表露了一些关于事物对立统一的思想。康有为的“以仁为本”的“仁爱”观也属于他哲学思想的一部分，他的“仁爱”思想是以“性善论”为基础的。

王国维

王国维（1877—1927），字伯隅，又字静安，号观堂。浙江海宁人。中国思想家，也是历史学家、语言文字学家、文学家。

王国维与梁启超、陈寅恪和赵元任号称清华国学研究院的“四大导师”。中国新学术的开拓者，连接中西美学的大家，在文学、美学、史学、哲学、古文字、考古学等领域成就卓著。他的著作有《人间词话》《曲录》《观堂集林》等。

王国维出身商人家庭，四岁丧母，父亲经常出门经商，对子女教育严格，养成王国维孤僻的性格。他两次到杭州参加乡试，均未中，便倾向新学。甲午战争后到上海，为《时务报》当书记校对，同时，用业余时间入罗振玉办的东文学社，从日本藤田丰八等学习日文及理化等课程。1901年曾赴日留学，次年因病回国。1903 年任南通师范学堂教员，1904 年任江苏师范学堂教员，讲授心理学、伦理学及社会学。1906 年，罗振玉调京，在学部做官，王国维随之入京，次年在学部总务司行走，任学部图书馆编译。他对叔本华、康德、尼采哲学颇有兴趣，在《教育世界》发表过一批哲学论文，介绍德国哲学，又从事词和戏曲的研究。1908 年《人间词话》问世，1912 年《宋元戏曲考》问世。辛亥革命后，罗振玉、王国维逃到日本居住。王国维听了罗振玉的劝告，便尽弃前学，专治经史。他运用罗振玉的大云书库所藏经史、古器物、甲骨文、流沙坠简等，经过研究写出一批学术论文。1916 年他回到上海，应哈同之聘，为《学术丛编》杂志编辑，后又任仓圣明智大学教授。他仍从事甲骨文和古史考证，和沈曾植等研讨学术，关系密切。1923 年他被召为南书房行走，为已废的清室皇帝溥仪当先生。1924 年冯玉祥将溥仪驱逐出故宫，王国维认为是“大辱”，想自杀，经家人严密监视未遂。1925 年到清华学校研究院任教，从事古代西北地理和蒙古史研究工作。1927 年 4、5 月，北伐军进抵河南，北洋军阀即将崩溃，革命形势空前高涨，王国维于 6 月 2 日写就遗书：“五十之年，只欠一死。经此世变，义无再辱。”便投颐和园内昆明湖自杀，结束了他的遗老生活。

王国维的美学思想体现在其著作《人间词话》里，它是一部评词的论集，其主要观点就是用“意境说”来衡量诗词之高下。他在《人间词乙稿序》里明确地说：“文学之事，其内足以摅己而外足以感人者，意与境二者而已。上焉者，意与境浑，其次或以境胜，或以意胜，苟缺其一，不足以言文学。原夫文学之所以有意境者，以其能观也，出于观我者，意余于境；而出于观物者，境多于意。然非物无以见我，而观我之时，又自有我在。故二者常互相错综，能有所偏重，而不能有所偏废也。文学之工不工，亦视其意境之有无与其深浅而已。”

王国维研究哲学，先是读康德著作《纯粹理性批判》，因其深奥难以悉解，便又读叔本华著作《作为意志和表象的世界》，深受影响。王国维写作《汗德像赞》《叔本华之哲学及教育学说》《叔本华和尼采》《书叔本华遗传说后》《释理》等论文，全面介绍康德、叔本华、尼采哲学思想。王国维深受叔本华影响，哲学、美学、教育、宗教、法律、政治各方面的阐述都运用了叔本华的思想。他认为哲学和艺术是探求精神上永恒的真理，人生哲学就是探求揭示人生即痛苦这一真理以及其解脱之道。美学是感发人的情绪，洗涤人的精神，揭示人生的真义，使人超然物外，忘记利害关系，获得精神上的慰藉，求得暂时的解脱的功效。

孙中山

孙中山（1866—1925），本名孙文，字德明，号日新，又号逸仙。流亡日本时，曾用化名“中山樵”，之后转化成为“孙中山”。广东香山（今广东中山）人。中国政治家、思想家、革命家、中华民族主义者。

孙中山曾任中国国民党总理、第一任中华民国临时大总统。中国三民主义思想的创建者。1925 年 3 月 12 日因肝癌在北京逝世，陵墓位于南京紫金山中山陵。1940 年，国民政府通令全国，尊称其为“中华民国国父”。

孙中山出身贫苦农民家庭，10 岁时才得以进入私塾读书。1884 年中法战争中，他看到了清政府的怯懦，产生爱国意识。1894 年 6 月到天津上书李鸿章，要求改革时政，被置之不理。遂赴檀香山，在华侨中宣传革命。这年 11 月 24 日，他在檀香山建立“兴中会”，提出了“驱逐鞑虏，恢复中华，创立合众政府”的主张。此后他在海外 16 年，先后 5 次环游世界，在华侨中广泛宣传革命，建立革命组织。1905 年 8 月，中国第一个资产阶级民主革命政党——“中国同盟会”在东京成立，孙中山被一致推举为总理。在同盟会机关报《民报》的发刊词里，孙中山首次提出了“民族、民权、民生”三大主义，即“三民主义”的政治纲领。1911 年，孙中山领导了辛亥革命，结束了中国两千多年的封建专制统治。辛亥革命的果实被袁世凯篡夺后，他又坚持反帝反封建的斗争。“五四”运动后，实行“联俄、联共、扶助农工”三大政策的“新三民主义”，改组国民党，使其晚年的革命活动上升到一个新的高度。孙中山是近代伟大的爱国主义者和民主革命先驱，为了改造中国而献出了毕生的精力。

三民主义——“民族主义”“民权主义”和“民生主义”，是孙中山革命思想的根本内容，也是当时中国资产阶级革命民主派进行革命的理论武器、指导思想。孙中山所理解的民族主义，就是“驱除鞑虏，恢复中华”，即解除满族人对汉人的压迫。后来在他同资产阶级改良派的论战中，对民族主义作了新的阐发。他认为，民族主义“是从种性发出来”的，但最要紧的是，“民族主义，并非遇着不同种族的人，便要排斥他，是不许那不同的种族的人，来夺取我民族的政权”（《三民主义与中国的前途》）。民族主义的核心问题是政权问题，民族革命的目的在于推翻压迫汉族人民的清王朝。

民权主义是孙中山三民主义的核心，它概括了广大人民渴望摆脱封建专制统治和争取民主、自由的强烈愿望。它的提出标志着中国近代民主革命的发展进入了一个比较完整和正规的新阶段。民权主义的主要内容就是“推翻帝制，建立民国”。

民生主义，是三民主义中最能显示其所属阶级特点和所处时代特征的部分，是近代第一个把土地问题和发展资本主义联系起来的纲领，也是近代先进思想家提出的经济纲领中的一个最重要、最先进的方案。民生主义的主要内容，一是平均地权，二是资本节制。

孙中山的一生是革命的一生、战斗的一生，他的革命思想指导着民主主义革命派的斗争和前进方向，他的思想又紧随革命形势的发展而不断发展。他根据革命形势的变化，制定“联俄、联共、扶助农工”三大政策，把旧三民主义发展为反帝反封建的新三民主义。

孙中山的哲学思想是他的革命纲领——“三民主义”的理论基础。首先，孙中山是西方资产阶级革命时期进化论的支持者和宣传者，所以坚持进化发展的普遍观念，是孙中山哲学世界观的一个基本内容。其次，在回答哲学基本问题时，明确提出了心物二元论。心物二元论，在他的民生史观中也有体现，他说：“民生是社会进化的重心，社会进化又是历史的重心，归结到历史的重心是民生，不是物质。”（《民生主义》）他认为“人类求生存问题”才是“社会进化的定律”，“民生”是“社会一切活动中的原动力”。孙中山在著作中提出了“知难行易”的认识论思想，在认识论中自觉地对自己以往革命奋斗经验进行总结，强调理论认识的极端重要性，显示出伟大思想家的襟怀。

章士钊

章士钊（1881—1973），字行严，号秋桐。湖南善化（今长沙）人。著名思想家、学者、作家、教育家和政治活动家。

章士钊曾任中华民国北洋政府段祺瑞政府司法总长兼教育总长，中华民国国民政府国民参政会参政员，中央文史研究馆馆长。清末任上海《苏报》主笔。1911 年后，曾任北京大学教授、北京农业学校校长、广东军政府秘书长、南北议和南方代表。

章士钊幼读私塾，非常勤奋。13 岁时在长沙买到一部《柳宗元文集》，从此攻读柳文。16 岁在亲戚家为童子师。1901 年离家赴武昌，寄读于武昌两湖书院，在此结识黄兴。1902 年 3 月，入南京陆师学堂学军事。次年进上海爱国学社。5 月，任上海《苏报》主笔，由于该报连续登载章太炎等人的反清文章，7 月被查封。8 月，与陈独秀、张继等人又创办《国民日报》，建立大陆图书译印局。同年冬与黄兴等组织华兴会，从事反清活动。1903 年 11 月，与黄兴由上海赴长沙，酝酿华兴会的筹建工作。1905 年流亡日本，1908 年赴英国入阿伯丁大学学法律、政治，兼攻逻辑学。1911 年武昌起义胜利，章士钊携家眷从英国回国，对孙中山和辛亥革命给予了衷心的肯定和支持，应孙中山邀主持同盟会机关报《民立报》。1914 年 5 月在东京与陈独秀等创办《甲寅》杂志，提倡共和，反对袁世凯。1915 年，应蔡元培邀请，受聘为北京大学研究所伦理学教授。1926 年，章士钊利用《甲寅》周刊反对新文化运动、新文学运动。晚年以大部分时间从事文史研究工作，以其研究心得集为《柳文指要》一书。与中共领袖毛泽东为乡人、好友，有诸多交往。“文革”初遭批斗抄家时，经函告毛泽东，得到毛泽东保护。92 岁在香港病故。

调和立国思想是章士钊思想成熟的标志，也是 1910 年至 1919 年间其思想言论的基本线索。这也可说是辛亥革命的重要思想总结。1962 年，年过八旬的章士钊说：“今之论士，语涉辛亥革命。”他指出，中外历史一再证明，走向极端，拒绝调和，必然导致灾难性的后果。民国初年，以批判态度观察政局发展的中国人为数不少，但能联系世界历史全局反复思考的却不多见。针对这样的现实，章氏认为思想和制度等方面都应以调和立国论为指导，作出相应的转变。他清醒地看到，空谈化同迎异，不能真正确立这样的风气和社会运行机制，关键要培养对抗力，从制度层面解决问题。

引人注目的是他坚决反对新文化运动。早在 1919 年 9 月，新文化运动进入高潮，章士钊为文学和道德领域破旧立新深感忧虑。随后，他反对新文化运动的态度更趋坚决，认为新文化运动全都是无事生非，有害无益。白话文在他看来更是“文词鄙俚，国家未灭，文字先亡”！简直是奇灾大祸。更突出的是他提出一个“农国”论，几乎全盘否定了自己过去的社会政治理念。这是一个非常完整的反对现代化的理论，其要点是：中国一贯以农立国，必须坚持这个传统，抛弃一切与工商立国相关联的追求与制度。在政治领域，一反前期的主张，不要总统、国会、政党等与工商国有关的一切制度。

胡适

胡适（1891—1962），原名洪骍，后改名胡适，字适之，笔名天风、藏晖等。安徽绩溪上庄村人。著名哲学家、思想家、文学家。

胡适因提倡文学革命而成为新文化运动的领袖之一。曾担任国立北京大学校长、中央研究院院长等职，以《文学改良刍议》《中国哲学史大纲》等著作成为著述卓越的大学者，中国现代史最著名的学者之一。1939年获得诺贝尔文学奖提名。他的代表作有《白话文学史》《中国哲学史大纲》《胡适文存》等。

1895 年甲午战争爆发，胡适随母亲离开台湾回上海，后回祖籍安徽绩溪上庄，进家塾读书。1910 年留学美国，入康乃尔大学选读农科。1915年入哥伦比亚大学哲学系，师从于约翰·杜威。1917 年初在《新青年》上发表《文学改良刍议》。同年，通过哲学博士学位最后考试，回国任北京大学教授，参加编辑《新青年》。从 1920 年至 1933 年，主要从事中国古典小说的研究考证，同时也参与一些政治活动，并一度担任上海公学校长。抗日战争初期，出任国民政府国防参议会参议员，1938 年被任命为中国驻美国大使。他兴趣广泛，著述丰富，作为学者他在文学、哲学、史学、考据学、教育学、伦理学、红学等诸多领域都有深入的研究。抗日战争胜利后，于 1946 年任北京大学校长。1949 年寄居美国，致力于《水经注》考证等工作，后去往台湾。1954 年，任台湾光复大陆设计委员会副主任委员。1957 年出任台湾中华民国“中央研究院”院长。1962 年在台湾突发心脏病去世。

胡适在《新青年》首倡白话文学，并积极参加和领导了当时新文化启蒙运动。白话文运动带来的确乎远不只是文学形式甚至也不是文学精神的问题，它反映和标志着中国现代的民族觉醒。

胡适在中国近代思想史上有巨大的贡献，一方面介绍欧美的思想，一方面用西方的思想方法，来整理中国古代思想。

胡适在美国哥伦比亚大学研读期间，师从约翰·杜威，使其终生服膺实用主义哲学，认为杜威的实用主义在哲学中是一种能普遍适用的方法论。他所提出并且影响最大的，是他从内容到形式都予以中国化的“实验主义”，以有用为真理，是变迁的；知识思想是人类解决问题、应付环境的工具。这实验主义又以他概括的所谓“十字真言”：大胆的假设，小心的求证，最为通俗，最著名。

胡适的另一种思想方法来源，就是赫胥黎的“拿证据来”的“存疑主义”的哲学，是19世纪科学家的精神。还有一个来源就是达尔文的“演化论”，宇宙事物是进化的，由一点一滴进化来的，所以解决问题要从具体一点一滴做起，研究学问要用历史的方法，研究它的发生、进展和影响。

胡适在中国现代学术方面，是较早引入西方方法来研究中国学术的。他首先采用了西方近代哲学的体系和方法研究中国先秦哲学。他以其博士论文《先秦名学史》为基础，编写了《中国哲学史大纲》，仅写到先秦。胡适的《中国哲学史大纲》第一次突破了千百年来的中国传统的历史和思想史原有观念、标准、规范和通则，成为一次范式性的变革。

关于胡适的政治思想，他的政治目标，从消极方面，要铲除“贫穷、疾病、愚昧、贪污、扰乱”五大仇敌；积极方面，“要建立一个治安的、普遍繁荣的、文明的、现代统一国家”。建立这样的国家他认为应该用的方法是，集合全国的人才智力，充分采用世界的科学知识与方法，一步一步地作自觉的改革。这种方法就是用自觉的改革来替代盲动的革命。他主张制定约法以确定法治基础，以保障人权。

陈独秀

陈独秀（1879—1942），原名乾生，字仲甫，号实庵。安徽怀宁十里铺（今属安庆）人。著名思想家、政治家。

陈独秀是中国新文化运动的发起人和旗帜，中国文化启蒙运动的先驱，“五四运动”的总司令，中国共产主义运动的先行者，中国共产党创始人和早期领导人之一。主要著作收入《独秀文存》《陈独秀文章选编》

《陈独秀思想论稿》《陈独秀著作选编》等。

陈独秀 1896 年考中秀才，1897 年入杭州“中西求是书院”学习，开始接受近代西方思想文化。1899 年因有反清言论被书院开除。之后因进行反清宣传活动，受清政府通缉，从安庆逃亡日本，入东京高等师范学校速成科学习。1903 年 7 月在上海协助章士钊主编《国民日报》，之后又创办《安徽俗话报》，宣传革命思想。1907 年入东京正则英语学校，后转入早稻田大学。1909 年冬去浙江陆军学堂任教。1911 年辛亥革命后不久，任安徽省都督府秘书长。1913 年参加讨伐袁世凯的“二次革命”，失败后被捕入狱。出狱后于 1914 年到日本，帮助章士钊创办《甲寅》杂志。1915 年 9 月，在上海创办并主编《青年》杂志（一年后改名《新青年》）。1917 年初受聘为北京大学文科学长。

1918 年 12 月与李大钊等创办《每周评论》。这期间，他以《新青年》《每周评论》和北京大学为主要阵地，积极提倡民主与科学，提倡文学革命，反对封建的旧思想、旧文化、旧礼教，成为新文化运动的倡导者和主要领导人之一。1919 年“五四运动”后期，开始接受和宣传马克思主义。1920 年初前往上海，在共产国际的帮助下，首先成立上海的共产党早期组织，同时与其他各地的先进分子联系，发起成立中国共产党，成为主要创始人之一。1921 年 7 月在上海举行的中国共产党第一次全国代表大会上，他虽然没有出席，但被选为中央局书记，是中国共产党创始人和早期主要负责人。

1927 年中国大革命遭到失败，除了来自共产国际指导上的原因，陈独秀的右倾错误也是重要的原因。1927 年 7 月中旬，中央政治局改组，他离开党中央领导岗位。此后，他接受托派观点，以在党内成立小组织的方式进行活动。1929 年 11 月，因为他在中东路问题上发表对中共中央的公开信而被开除党籍。1932 年 10 月，在上海被国民党政府逮捕，判刑后囚禁于南京。抗战爆发后的 1937 年 8 月出狱，1942 年 5 月在贫病交加中逝世。

民主思想是贯穿陈独秀一生思想的一条主线。民主不仅是他在新文化运动中高举的大旗，也是他一生奋斗追求的目标之一。不同时期，他的民主思想也发生了变化。新文化运动时期，此时他是一位激进的民主主义者，推崇资产阶级民主；第二阶段从 1920 年秋冬至 1927 年夏，他转变为一位马克思主义者，批判资产阶级民主，主张无产阶级专政和无产阶级民主。陈独秀晚年，其民主观有了质的变化，否定苏联模式的无产阶级专政，回归对西方民主制度的推崇。

批孔反儒也是陈独秀思想的重要内容。陈独秀批孔反儒反传统中，他反对把原始儒学（孔孟）与后世儒学（宋明理学）截然划开，把罪恶归诸后者，而认为两者一脉相承，这样就彻底堵住了遵孔者的辩护。同时，陈独秀强调指出孔教儒学中的民本主义与近代西方民主主义是根本不同的两回事。他把从西方搬来的“人权”“进化”和“社会主义”作为反传统的武器，并号召建立新时代的人生观。

陈独秀的文学思想，五四新文化运动的一项重要内容就是反对旧文学，提倡新文学，反对文言文，提倡白话文，实行文学革命。陈独秀发表了著名的《文学革命论》，他把文学形式的变革创新与题材内容的变革创新紧紧连在一起，与改造国民性和“革新政治”紧紧联系在一起。

蔡元培

蔡元培（1868—1940），字鹤卿，号孑民，乳名阿培，曾化名蔡振、周子余。浙江绍兴人，原籍浙江诸暨。思想家、伦理学家、教育家。

蔡元培曾任中华民国首任教育总长，1916 年至 1927 年任北京大学校长，革新北大，开“学术”与“自由”之风；1920 年至 1930 年，蔡元培同时兼任中法大学校长。

蔡元培 13 岁时由姨母家转到李姓塾师家读书。光绪甲申十年（1884）蔡元培 17 岁时，考取秀才。早年曾任绍兴中西学堂监督，1902 年与章太炎发起中国教育会，创办爱国学社和爱国女学，宣传民主革命思想。1904 年与陶成章等组织光复会。1905 年参加同盟会。1907 年赴德国留学。1911 年回国后，任中华民国临时政府首任教育总长。曾与吴玉章等组织留法勤工俭学会。1916 年任北京大学校长，曾聘请陈独秀、李大钊等讲学，并积极支持酝酿中的新文化运动。曾当选为国民党候补中央监委、中央监委。1927 年后，曾任国民党政府教育行政委员会常委、代理司法部长和中央研究院院长等职。“九一八事变”后，主张抗日。1932 年与宋庆龄、鲁迅等组织“中国民权保障同盟”，任副主席。抗日战争时期移居香港，1940 年病逝。

蔡元培先生被毛泽东同志誉为“学界泰斗，人世楷模”。他是我国著名的教育家，提出了“学为学理，术为应用”，“学为基本，术为枝叶”的观点。蔡元培先生指出：“教育者，养成人格之事业也。”他的突出贡献是对北京大学的改革：大学应该成为“研究高尚学问之地”，这是蔡元培在 1912 年担任教育总长时就强调的。蔡元培认为教师不热心学问，学生把大学当作做官发财的阶梯，这是北大“著名腐败的总因”。因此，他改革北大的第一步是明确大学的宗旨，并为师生创造研究高深学问的条件和氛围，贯彻“思想自由，兼容并包”的办学原则，“思想自由，兼容并包”也体现在教师的聘任上，蔡元培以“学诣为主”，网罗各类学术人才，使北大教师队伍一时出现流派纷呈的局面。

蔡元培的教育思想主要体现在“五育并举”思想上。蔡元培是第一位提出“军国民教育、实利主义教育、公民道德教育、世界观教育、美感教育皆近日之教育所不可偏废”的教育思想家，主张五育并举，是蔡元培教育思想的显著特点。蔡元培主张“军国民教育”，是为了对外实行自卫，对内反对军人的强权统治，这在当时是进步的。“实利主义教育”被蔡元培认为是富国的手段，他认为世界的竞争不仅仅是在武力，还在财力。因此加强科学技术教育，提高生产力，发展国民经济，国家富强，才能够在世界竞争中生存下来。“公民道德教育”，是蔡元培所提倡的西方资产阶级的道德观念，主张用自由、平等、博爱的资产阶级道德，作为进行道德教育的内容。“世界观教育”为蔡元培在中国近代教育史上所首创，受到康德哲学的影响，它认为世界分为现象世界和实体世界两部分，进行世界观教育就在于培养人对现象世界持超然态度，对实体世界则抱积极进取态度。这一世界观教育，是建立在把世界划分为现象世界和实体世界这个唯心主义世界观的基础下。他要求人们遵循思想自由、言论自由的原则，不要被束缚于某一学说的思想，在当时具有打破几千年思想专制统治的思想解放作用。“美感教育”思想，使蔡元培成为我国近代史上提倡美育的“唯一的中坚人物”。他认为美感教育是进行世界观教育最重要的途径，是人们从现象世界通向实体世界所必经的桥梁。美感教育的重要性源于其特点，在他看来，人从现象世界通向实体世界存在的障碍不外两种意识，一是人我之差别，二是幸福之营求。以上的五种教育，蔡元培认为尽管各自的作用不同，然而均是“养成共和国民健全之人格”所必需的，是统一的整体所缺一不可的。同时他又指出，这五种教育并不是平分秋色，没有重点的，而必须以公民道德教育为根本。蔡元培“五育并举”的思想，是以公民道德教育为中心的，德智体美诸者和谐发展的思想，这在中国近代教育史上是首创的。

陈寅恪

陈寅恪（1890—1969），江西义宁（今修水）人。中国现代最负盛名的思想家、社会学家、历史学家、古典文学研究家。

陈寅恪被称为清华百年历史上“四大哲人”之一（另外三位是叶企孙、潘光旦、梅贻琦）。其平生著作，经过他的学生复旦大学中文系教授蒋天枢的整理、校勘，一套2卷、200万字的《陈寅恪文集》已于1979年编纂成册，由上海古籍出版社出版。

陈寅恪出身名门，在家庭环境的熏陶下，从小就能背诵十三经，广泛阅读经、史、哲典籍。1902年，陈寅恪随兄衡恪东渡日本，入日本巢鸭弘文学院。1905年因足疾辍学回国，后就读上海复旦公学。1910年自费留学，先后到德国柏林大学、瑞士苏黎世大学、法国巴黎高等政治学校就读。第一次世界大战爆发，1914年回国。1918年到美国哈佛大学学习，之后又转往德国柏林大学攻读东方古文字学。1925年回国。1926年6月，36岁的陈寅恪即与梁启超、王国维一同应聘为研究院导师，并称“清华三巨头”。抗日战争爆发后，陈寅恪随校南迁，过着颠沛流离的旅途生活。1938年秋，西南联大迁至昆明，他随校到达昆明。抗战胜利后，陈寅恪应聘去牛津大学任教。于1949年返回祖国，任教于清华园，继续从事学术研究。新中国成立前夕，他到广州，拒绝了国民党“中央研究院”历史语言研究所所长傅斯年要他去台湾、香港的邀聘，任教于广州岭南大学。

1952 年国家进行高校院系调整，岭南大学合并于中山大学，遂移教“中大”。中华人民共和国成立后，他受到党和政府的器重和无微不至的关怀，先后被选为中国科学院社会科学部委员、中央文史馆副馆长、第三届全国政协常务委员等职。十年动乱期间，陈寅恪遭到残酷折磨，使他最伤心的是，他珍藏多年的大量书籍、诗文稿多被洗劫。1969 年在广州含恨离世。

他在 1929 年所作的王国维纪念碑铭中首先提出以“独立之精神，自由之思想”为追求的学术精神与价值取向，形成长久影响。

陈寅恪治学主旨这“在史中求识”，他继承了清代乾嘉学者治史中重证据、重事实的科学精神，又吸取西方的“历史演进法”（即从事物的演化和联系考察历史，探究史料），运用这种中西结合的考证比较方法，对一些资料穷本溯源，核订确切，并在这个基础上，注意对史实的综合分析，从许多事物的联系中考证出关键所在，用以解决一系列问题，求得历史面目的真相。他这种精密考证方法，其成就超过乾隆、嘉庆时期的学者，发展了我国的历史考据学。

陈寅恪对佛经翻译、校勘、解释，以及对音韵学、蒙古源流、李唐氏族渊源、府兵制源流、中印文化交流等课题的研究，均有重要发现。在《中央研究院历史研究所集刊》《清华学报》等刊物上发表了四五十篇很有分量的论文，是国内外学术界公认的博学而有见识的史学家。

陈寅恪长期致力于教学和史学研究工作。他热爱祖国，治学严肃认真，实事求是，在史学研究中写出了高水平的史学著作，为人们开拓了历史的视野，对我国史学研究作出了重要贡献。

李大钊

李大钊（1889—1927），原名耆年，字寿昌，后改名大钊，字守常。直隶乐亭（今属河北）人。著名思想家、政治家，中国无产阶级革命家。

李大钊是中国共产主义先驱，伟大的马克思主义者、杰出的无产阶级革命家、中国共产党的主要创始人之一。他不仅是中共早期卓越的领导人，在中国共产主义运动和民族解放事业中拥有崇高的历史地位，他还是学识渊博、勇于开拓的著名学者，在中国现代思想文化发展历史中，同样拥有重要地位。

李大钊于1907年夏至1913年夏入天津北洋法政专门学校求学，1913年底东渡日本留学。在日期间，曾参加反对袁世凯复辟、卖国的斗争。1916年5月回国后任北京《晨钟报》主编。1917年1月又任《甲寅》日刊编辑。在此期间，在《甲寅》《新青年》等刊物上发表许多宣传民主主义思想和社会进步的文章。1917年底入北京大学任图书馆工作，并参与编辑《新青年》，先后任北京大学评议会评议员，经济学、历史学等系教授。十月社会主义革命后，率先接受和传播马克思主义，发表《法俄革命之比较观》《庶民的胜利》等著名论文；和陈独秀等创办《每周评论》，积极领导了“五四运动”，并和以胡適为代表的改良主义作坚决斗争。1920年春，和陈独秀开始酝酿筹建中国共产党。同年10月，在北京创建共产党小组，11月小组改称“中国共产党北京支部”，任书记。中共“一大”后，成立中共北京地方委员会，任书记，负责领导北京和北方地区党的工作。1922年8月，参加中共中央特别会议，为候补中央委员，赞成国共合作。1923年6月，赴广州参加中共“三大”，被选为中央执行委员，任命为中共中央驻北京委员。会后，组建中共北京区执行委员会兼北京地方执行委员会，1924年3月兼任委员长（1925年1月中共“四大”后“委员长”改称“书记”）。1924年1月，国民党“一大”在广州召开，他被选为国民党中央执行委员，并负责国民党中央委员会北京执行部的工作。同年6月，作为中共代表团首席代表赴苏联参加“共产国际”第五次代表大会。同年11月离苏回国。1925年1月，当选为中共“四大”中央委员。同年10月，取消中共北京区执行委员会兼北京地方执行委员会的建制，分别组建中共北方区执行委员会（简称北方区委）和北京地方执行委员会，任北方区委书记。以李大钊为首的中共北方区委，积极组织和领导北方的革命运动，多方与冯玉祥国民军合作，开展推翻北京军阀政府的斗争，组织北方人民支援北伐战争。1926年“三一八惨案”发生后，遭到段祺瑞政府的通缉，遂避入苏联驻北京大使馆兵营，继续坚持斗争。1927年4月6日，奉系军阀张作霖派军警搜查苏联大使馆，李大钊等60余人被捕，28日在北京英勇就义。

李大钊在《新青年》发表的《我的马克思主义观》，系统介绍马克思主义理论，在当时的思想界产生了重要影响。

李大钊率先在中国介绍、宣传和研究马克思主义，是20世纪初中国的播火者。俄国十月革命胜利后，他接受了他认为是真正能够拯救中国的马克思主义学说，开始在中国宣传马克思主义。

李大钊比较早地认识到，马克思主义是科学而不是抽象的学理和不变的教条，研究马克思主义必须研究它“怎样应用于中国今日的政治经济情形”，并在这个过程中把这门科学推向前进。他强调正确认识国情非常重要，考虑中国的问题，不能置国情于不顾。他认为，这个国情问题，不可求于外人。他成为马克思主义者以后，十分重视马克思主义在中国具体情况下的实际运用。他指出，马克思主义“是一个时代的产物”，“不要忘了他的时代环境和我们的时代环境”。他强调，社会主义“用以为实际的运动”时，它会“因时、因所、因事的性质”发生“适应环境的变化”，是要在运用中加以发展的。同时他认为，“社会主义的实现，离开人民本身，是万万做不到的”。因此，在研究和传播马克思主义的过程中，他重视工人阶级在革命中的先锋作用，直接从事工人运动；他重视农民在革命中的主力军作用，积极发动和组织农民斗争。李大钊同志有着在实践中探索前进的强烈进取精神，所以当思想条件和组织条件逐渐成熟的时候，他毅然提出了应该组织一个“强固精密”的统一的“劳动家政党”。

李大钊的思想对中国现代史、中国现代思想史，均有重大影响。

吴敬恒

吴敬恒（1865—1953），原名吴朓，学名吴纪灵，又称寄蛉，后改名吴敬恒，字稚晖（以字行），笔名燃、燃料、夷等。江苏省武进县雪堰桥乡人。著名思想家。

吴敬恒重要著作有《客座谈话》《上下古今谈》《荒古原人史》《二百兆平民大问题》《注音符号作用之辨证》《稚晖文存》等。在台湾出版的有《吴稚晖先生选集》（上、下册）、《吴敬恒选集》13册，分为哲学、文化教育、国音文字学、科学、政论、书信、序跋游记杂文、上下古今谈，各为1册或2册。

吴家历代以种田为生，家境贫困。吴敬恒7岁进无锡某私塾接受启蒙教育，天资颖特，学习刻苦。25岁入江阴南菁书院。1891年辛卯科举人。1901年春留学日本，入东京高等师范。1902年5月任上海爱国学社教员。1903年利用《苏报》鼓吹革命，因“《苏报》案”发生，被迫与蔡元培去英国。1905年冬加入中国同盟会。1911年后，多从事文化运动，提倡国语注音与国语运动。1927年任国民党中央监察委员。他认为中共与苏俄的密切联系危害中国未来发展，并有破坏中华文化之嫌，因此力倡清党。之后，在1937年至1950年间的漫长国共内部斗争中，扮演积极反共的角色。1946年，国民政府宣布结束训政阶段，在南京确立了《中华民国宪法》，蒋中正当选中华民国第一任总统，吴敬恒担任制宪代表主席，将《中华民国宪法》递交给蒋介石。1949年，蒋介石派专机“美龄号”将吴敬恒从广州接到台北。吴敬恒一生追随国民党革命却一生不入官门。

吴敬恒在巴黎主编《新世纪》周刊时，正值克鲁泡特金的互助论盛行之时。当时处于资本主义发展比较稳定的时期，出生俄国的克鲁泡特金创造了互助论，宣称自己是一个共产主义的无政府主义者。他认为互助是生物界以及人在社会发展的普遍规律，人类通过互助可进入“各尽所能，各取所需”的共产主义社会。

吴敬恒还进一步论证了无政府主义思想体系的理论基础为“人性本善”。他认为“世界本善，人性亦本善”。只是接触到环境的影响才使“本善”的人性发生了变化。世界的发展是善恶交替发展、斗争的结果。那么，如何才能使人性发露，接触万事万物时能不受环境影响而达到善呢？他认为这有待于“理智”的“审查”，即通过理智的作用使恶制于善，使善善相续。

吴敬恒一再宣称，“人类向于进化，本由良德”，人类社会的发展是人性之良心、良德不断推动发扬的结果，无政府主义社会制度的建立不过是人性本善之善的实现。

吴敬恒又揭示了三民主义是实现无政府主义社会的必由之路。他认为，进入大同社会，重要的一条就是要做到“天下为公”，使天下的人必须人人为公，不可为私，做到这一点，办法有三条，即孙中山的民族、民权、民生“三民主义”，其中重心是民生主义。实行民生主义，可以使地尽其力，物尽其用，人尽其能。生产力高度发展，人们不用为了物质财富去你争我夺，自然可以做到人人为公，社会进入无政府的大同时代。而生产力的高度发展，人们思想境界的提高，都离不开科学和教育，所以吴敬恒充分肯定了科学、教育在社会发展中的意义，强调科学与教育是实现无政府主义的手段。

熊十力

熊十力（1884—1968），原名升恒，字子真，号逸翁，晚年号漆园老人。湖北黄冈人。著名哲学家，“新儒家”开山祖师，国学大师。

熊十力著有《新唯识论》《原儒》《体用论》《明心篇》《佛教名相通释》《乾坤衍》等书。其学说影响深远，在哲学界自成一体；“熊学”研究者也遍及全国和海外，《大英百科全书》称“熊十力与冯友兰为中国当代哲学之杰出人物”。

熊十力幼时在家随兄读书，14 岁从军，1905 年考入湖北陆军特别小学堂。在校期间，加入武昌“科学补习所”“日知会”等反清革命团体。武昌起义后参加光复黄州活动，后赴武昌，被任命为湖北军政府参谋。1917 年赴广州参加孙中山领导的“护法运动”。失败后，决意专心从事哲学研究。先后在武昌文华大学、天津南开中学、北京大学、浙江大学任教。全国解放后，以“特别邀请人士”身份参加首届全国政治协商会议，后被选为全国政协二、三、四届委员。因反对“文革”，1968 年 5 月 24 日绝食身亡。

熊十力认为，一个民族要生存下去，必须要有自己的哲学，自己的文化。为此，他开始投入更多的精力研究儒家学说，并写成《读经示要》等关于儒学的著作。他对胡適等人“全盘西化”主张多有批判，但又不沉迷于圣贤经典之中，而是对传统儒学作较彻底的反思，并吞吐百家，融铸儒佛，独创一思辨缜密的中国化的哲学。1944 年，熊氏《新唯识论》语体文本杀青付梓，由重庆商务印书馆作为中国哲学会中国哲学丛书甲集之第一部著作出版。此书是熊氏最主要的哲学著作，它标志着熊十力哲学思想体系的成熟。如果依据文言文本尚可把熊氏看成“新佛家”学者的话，那么，以语体文本为界，则应当视其为“新儒家”学者。此书与稍后出版的《十力语要》《十力语要初续》等书一起，构成了熊十力新儒家哲学思想的主要内容。

熊十力的哲学代表作——《新唯识论》是关于本体论、宇宙论和人生论的玄思，是对“万化大原、人生本性、道德根底”的追寻。熊十力主要哲学观点是：体用不二、心物不二、能质不二、天人不二。其所谓“体”是“心体”“性体”，即人的生命存在的本体、宇宙万物之本根及其生生不息的源头活水，在一定意义上也是道德的本体和道德的主体。所谓“体用不二”，也就是肯定生命的意义和人生的价值，是为了在物欲横流的世界重新寻找“人生本质”和“宇宙本体”。熊氏认为，吾人与天地万物所同具的仁心本体，内蕴着极大的力量，可以创造出、生化出整个人文世界。他高扬了仁心本体刚健、创生的特质，实际上是以积极的人生态度、生命意识和人本精神去面对世界，创造世界，同时又主张不被人们创造出来的物质世界和人文建制所异化、所遮蔽，以致忘却、沦丧了人之所以为人的根基。

熊十力以“翕辟成变”来具体解说这个本体的永恒运动和变化。“翕辟成变”既是宇宙论，也是心物论。因为所谓“辟”就是“心”，“翕”则是物，这个心既是“宇宙的心”，又是个体的“心”。熊十力强调的是心（体）不能离物，并且只有物才见心。尽管他把“辟”作心，“翕”作物，强调变易运动由心发动，但他强调“心”又正是为了强调“物”的变易、运动。所以，他不满意宋明理学的静观态度，而强调心之向外的能动作用。

熊十力是我国现代哲学史上最具有原创力、影响力的哲学家。他奠定了现代“新儒学”思潮的哲学形上学基础。他的“体用不二”之论，成为整个当代新儒学思潮“重立大本、重开大用”和“保内圣，开新外王”的滥觞，亦成为这一思潮的基本思想间架。熊十力的全部工作，简要地说，就是面对西学的冲击，在儒学价值系统崩坏的时代，重建儒学的本体论，重建人的道德自我，重建中国文化的主体性。他的学生唐君毅、牟宗三、徐复观正是在他的精神感召之下，沿着他开创的精神方向和他奠立的形上基础而加以发挥、扩展、深化、扬弃。学界把他们师徒视为“现代新儒学思潮的中坚”。

综观熊十力哲学，大致经历了由“融儒入佛”到“儒佛同参”，再到“融佛入儒”“归宗儒学”的演进历程。其一生为学，融贯中西，平章华梵，摒弃陈说，绝少依傍。其“新唯识论”哲学思想体系，建构宏伟，构思奇巧，富有创发，独具特色。他是新儒学发展历程中，继梁漱溟之后，极具开创性的一代大师。其哲学思想虽有不少局限，但他以其广阔的文化视野、独具的哲人慧思，提出并力求解决的人生问题与文化问题，诸如人的终极关切、人与自然的关系、人的困惑和疏离等，仍是人类现在乃至以后所面临而必须解决的问题。而他凭着对生命存在的独特体验，所作出的对人的内在的道德自觉、价值自觉、文化自觉的阐扬，又为世人开创了一条探寻价值的新路，而具有普遍的世界意义。正因为如此，熊十力的哲学思想才在海内外学术界引起越来越广泛的注意和重视。

冯友兰

冯友兰（1895—1990），字芝生。河南南阳唐河人。著名哲学家、学术大师。

冯友兰在国内历任多所大学教授，在中国哲学学科领域成就卓著，被誉为“现代新儒家”。著作有：《简明中国哲学史》《中国哲学史新编》《中国现代哲学史》《中国哲学史论文初集》《宋明道学中理学心学二派之不同》《三松堂全集》《新理学》《新知言》《孔丘教育思想批判》等。

冯友兰自幼聪慧，自 6 岁起在家塾读书。1912 年入上海中国公学大学预科班，1915 年入北京大学文科中国哲学门，1919 年赴美留学，1924 年获哥伦比亚大学博士学位。回国后历任中州大学（今河南大学）、广东大学、燕京大学教授，后任清华大学文学院院长兼哲学系主任。抗战期间，任西南联大哲学系教授兼文学院院长。1946 年赴美任客座教授。1948 年末至1949年初，任清华大学校务会议主席。曾获美国普林斯顿大学、印度德里大学、美国哥伦比亚大学名誉文学博士。1952年后一直为北京大学哲学系教授。在经历了多年风雨曲折之后，在生命的最后10年，又以惊人毅力完成《中国哲学史新编》（7卷本）。

1923年夏，冯友兰完成博士论文《人生理想之比较研究》（又名《天人损益论》），当年秋回国，沿博士论文方向写成《一种人生观》。1924年又写成《人生哲学》，作为高中教材之用。在这本书中，冯友兰确立了其新实在主义的哲学信仰，并开始把新实在主义同程朱理学结合。在燕京大学任教期间，冯友兰讲授中国哲学史，分别于1931年、1934年完成《中国哲学史》上、下卷，后作为大学教材，为中国哲学史的学科建设作出了重大贡献。他的《中国哲学史》上、下卷是继胡適《中国哲学史大纲》之后又一部具有广泛影响的中国哲学史著作，代表了20世纪30年代中国哲学史研究的最高水平。此书后来还被冯友兰的美国学生卜德译成英文，成为现今西方人系统了解中国哲学的为数不多的著作之一。在这部巨著中，他自称为“释古派”而与胡適的“疑古派”相区别。他着力论证了儒家哲学在中国哲学史上的正统地位。这为他后来创立新理学思想体系积累了思想材料，作了必要的理论准备。

冯友兰先生的“人生境界说”是他哲学思想中最为珍贵的一个部分。他在《论人生中的境界》一书全面论述了他的境界说。冯先生说：“……人所可能有的境界，可以分为四种：自然境界，功利境界，道德境界，天地境界。”他认为一个完整的哲学体系，必须能够说明个人与其周围各方面的关系，这四种境界即是人与周围各方面可能有的四种关系或四种境界。其中的“自然境界”是最低层次的精神境界，是指人对其行为只有生物直觉，是人对周围各方面的一种关系；“功利境界”是指其行为都有他们所确切了解的目的；“道德境界”是指其行为所及的对象，是利他的，有益于社会公益；“天地境界”就是人和宇宙的关系，亦即哲学境界，是一种自觉有超社会、为天地立心的意义，这是一种最高、最完善的境界，是冯友兰先生伦理思想境界说的集中表现，也是他整个新理学体系的核心内容和最终归宿。

从1939年到1946年7年间，冯友兰连续出版了6本书，称为“贞元之际所著书”：《新理学》（1937）、《新世训》（1940）、《新事论》（1940）、《新原人》（1942）、《新原道》（1945）、《新知言》（1946）。通过“贞元六书”，冯友兰创立了新理学思想体系，使他成为中国当时影响最大的哲学家。

20世纪五六十年代是冯友兰学术思想的转型期。新中国成立后，冯友兰放弃其新理学体系，接受马克思主义，开始以马克思主义为指导研究中国哲学史，走上中国哲学研究的另一境界。

马一浮

马一浮（1883—1967），名浮，字太渊，后字一浮，号湛翁，晚号蠲叟、蠲戏老人。浙江绍兴人。中国现代思想家、哲学家。

马一浮与梁漱溟、熊十力合称为“现代三圣”，现代新儒家早期代表人物之一。于古代哲学、文学、佛学，无不造诣精深；又精于书法，合章草、汉隶于一体，自成一家，丰子恺推崇其为“中国书法界之泰斗”。曾应蔡元培邀赴北京大学任教，蒋介石许以官职，均不应命。主要著作有：《泰和宜山会语合刻》（2卷，附录1卷）、《复性书院讲录》（6卷）、《尔雅台答问》（1卷）、《尔雅台答问续编》（6卷）等。马一浮同时又是一位第一流的诗人和书法家。他已出版的诗集有《蠲戏斋诗前集》《避寇集》附《芳杜词剩》《蠲戏斋诗编年集》等，总称之为《蠲戏斋诗集》。所著后人辑为《马一浮集》。

马一浮1888年随父母返浙江绍兴原籍，居绍兴东关长塘后庄村（今上虞市）。1898年应县试名列榜首。1899年，赴上海习英、法、拉丁文。1901年与马君武、谢无量合办《二十世纪翻译世界》。1903年留学北美，习西欧文学，曾预纂《欧洲文学四史》等著作。1911年回国，赞同孙中山领导的辛亥革命，常撰文宣传西方进步思想。1928年为丰子恺撰《护生画集序》。1938年应浙江大学校长竺可桢之聘，至江西泰和浙大以大师名义作“特约讲座”，讲稿后辑为《泰和会语》。为浙大作校歌。同年随浙大至桂林，又转至宜山，继续在浙江大学讲学，讲稿后辑成《宜山会语》。1939 年在四川筹设复性书院任院长兼主讲。1943 年编刻自撰历年诗词之作，有《蠲戏斋诗前集》《蠲戏斋诗编年集》《芳杜词剩》等。1946 年抗战胜利，回杭州，续以书院主讲兼总纂的名义从事刻书。1953 年任浙江文史馆馆长。1964 年任中央文史馆副馆长。1967 年胃部大出血，后诸病皆发，于 6 月 2 日在杭州逝世。

马一浮对于中国传统文化的研究和理论，从形式上来看是相当固守传统的。如他的一个最主要的观点就是认为，全部中国文化都可以统摄于“六艺”之中，即所谓：“国学者，六艺之学也。”这里的“六艺”是指诗、书、礼、乐、易、春秋，也就是通常所说的“六经”。但马一浮更喜欢用“六艺”这一名称，因为它不是呆板地指六部经典，而是广义地指六类或六个部门的文化学术或教化。

关于文化的起源和发展，马一浮则站在了唯心史观的立场上，认为完全是精神的产物。他反复声称：“一切道术皆统摄于六艺，而六艺实统摄于一心，即是一心之全体大用也。”又说：“天下万事万物不能外于六艺，六艺之道不能外于自心”，“六艺之本，即是吾人自心所具之义理”。因此，在文化、学术上如果“不知反求自心之义理，终无入头处”。他说，这些道理说来简单，却是他“自己体验出来”的。他从这种文化观出发，对于人类的文化，特别是中华民族的文化，充满了坚强的信心。

梁漱溟

梁漱溟（1893—1988），原名焕鼎，字寿铭、萧名、漱溟，后以其字行世。广西桂林人。著名思想家、哲学家、教育家、社会活动家、爱国民主人士，著名学者。

梁漱溟主要研究人生问题和社会问题。现代新儒家的早期代表人物之一，有“中国最后一位儒家”之称。主要著作有《中国文化要义》《东西文化及其哲学》《乡村建设理论》《印度哲学概论》《唯识述义》等，今编有 8 卷本的《梁漱溟全集》。

梁漱溟出身于北京一个书香官宦之家。幼年梁漱溟体弱多病，6 岁开蒙读书，先后曾入私塾、北京中西小学堂、启蒙学堂、江苏小学堂等。13岁考入北京顺天中学堂，直至18岁中学毕业。中学毕业前夕参加同盟京津支部，毕业后曾短时任《民国报》记者和司法总长秘书，其间两度自杀未成。20岁起潜心于佛学研究，以佛学唯识学来思考人生苦乐问题，直到1916年发表《究元决疑论》才告一段落。

1917年受北大校长蔡元培邀请赴北京大学任教。也正是在北大这7年，梁漱溟的思想逐渐由佛家的出世思想转入儒家。1921年出版了其代表作《东西文化及其哲学》。这部著作的问世一举奠定了他在中国近代思想史上的重要地位。1924年辞离北京，赴山东曹州自办教育。1928年赴广州任广州政治分会建设委员会主席并任省一中校长。1929年梁漱溟担任广东省立第一中学（今广雅中学）校长。1931年在邹平创办“山东乡村建设研究院”，任研究部主任、院长，倡导乡村建设运动。抗日战争爆发后，任最高国防参议会参议员、国民参政会参政员。1939年参与发起组织“统一建国同志会”，1941年与黄炎培、左舜生、张君劢等商定将该会改组为“中国民主政团同盟”，任中央常务委员并赴香港创办其机关报《光明报》，任社长。香港沦陷后撤回桂林，主持西南民盟盟务。1946年作为民盟的代表参加政协会议。1947年退出民盟后，创办勉仁文学院，从事讲学与著述。新中国成立后，梁漱溟应邀参加政治协商会议，并任全国政协委员。1953年因就农民问题与毛泽东发生争执，遭受政治批判后，基本潜居在家专心从事理论研究。1980年代后，以90多岁高龄活跃于学术界，相继出任中国孔子研究会顾问，中国文化书院院务委员会主席，中国文化书院发展基金会主席等职。1988年6月23日，梁漱溟病逝于北京，享年95岁。

梁漱溟从文化立论讲哲学，他不满意“五四”时期以有没有科学与民主种种表面比较来作中西文化的分别，他要求追寻更深一层的中西文化相区别的原因或因素。这个因素，他追寻到底，认为就是“意欲”。他认为文化差异是因主观的不同“精神”所决定的。这“精神”不只是意识，而是比“意识”远为广大的生活动力，亦即是他所说的“意欲”。把文化归因为生活路向和人生态度，把生活和人生又归因为“意欲”的不同精神，这就是梁漱溟的文化哲学。他认为，西方文化史“以意欲向前为根本精神”，“中国文化是以意欲自为调和折中为其根本精神”，“印度文化是以意欲反身向后要求为其根本精神”（《东西文化及其哲学》第55页）。对于什么是生活，什么是人生意义，梁漱溟认为生活就是此时此刻的自意识的当下存在，它本身即是目的，即是人生，而并不在于别处。不能把生活化为手段，化为工具性的生活者和理性的存在物。除了理智，生活更重要的是情感、直觉、情趣。梁漱溟从这里论证儒家孔子道德特征和优越性，他说“孔子的东西不是一种思想，而是一种生活”（《东西文化及其哲学》第214页）。孔子所强调的“仁”，就是一种超功力的“无所为而为”的生活和生活态度。这种生活和生活态度因超功力，所以不用理智而重情感和直觉。这种直觉的生活态度也就是儒家的“乐天”“知命”，也就是宋明理学讲的“孔颜乐处”，亦即是“仁”。但梁又认为，纯任直觉、情感也不行，还是需要具有理智因素在内的“回省”和理智性的“中庸”。

总之，在梁漱溟看来，中西文化具有根源的不同，这根源在于意欲的不同行进方向而造成的生活的不同。这生活的不同又表现为理智与情感、直觉的关系不同，表现为与它们处理人生态度的关系不同。所以，梁漱溟主要从文化哲学上承继和发展了儒学传统和宋明理学。

金岳霖

金岳霖（1895—1984），字龙荪。湖南长沙人。著名哲学家、逻辑学家。

金岳霖从事哲学和逻辑学的教学、研究和组织领导工作，是最早把现代逻辑系统地介绍到中国来的逻辑学家之一。把西方哲学与中国哲学相结合，建立了独特的哲学体系，培养了一大批有较高素养的哲学和逻辑学专门人才。现设立有金岳霖学术基金会。

金岳霖著有《逻辑》《论道》和《知识论》。其中《论道》原创性思想之丰富，在中国现代哲学中罕见，被贺麟称为“一本最有独创性的玄学著作”。而《知识论》更在中国哲学史上首次构建了完整的知识论体系。

金岳霖1901年进入胡子靖创办的长沙私立明德学堂读四书五经，接受传统教育，1907年进入美国教会创办的雅礼大学预科。1911年考入清华学堂（1912年改名清华学校），1914年毕业后，同年官费留美，在美国宾夕法尼亚大学学习。1920年，获美国哥伦比亚大学哲学博士学位。1921年，到英国学习，在伦敦大学经济学院听课。1925年回国，1926年在北京清华大学任教授，创办清华大学哲学系。1926—1929年，清华聘请金岳霖讲授逻辑学。1938年，西南联大成立，金岳霖任联大文学院心理学系教授兼清华大学哲学系主任。1952年，全国高校院系调整，全国6所大学哲学系合并为北京大学哲学系，金岳霖历任北京大学哲学系教授、系主任，中国科学院哲学研究所一级研究员、副所长。1977年，任中国社会科学院副所长兼研究室主任。1979年被选为中国逻辑学会会长。1984年10月19日，金岳霖在北京寓所逝世，享年89岁。

金岳霖是第一个运用西方哲学的方法，融会中国哲学的精神，建立自己哲学体系的中国哲学家。他创建的哲学体系，其中包括本体论和知识论。《论道》一书是他的本体论，《知识论》一书是他的知识论，即通常所说的认识论。他的知识论是以他的本体论为基础的。这个哲学体系，不仅是近代的，而且也是民族的。在今天新的历史条件下，金岳霖先生走过的哲学之路及其创建的哲学体系，为我们研究中国哲学，推进和发展中国哲学，提供了有益的借鉴。

在哲学本体论方面，他提出了“道”“式”“能”三个基本哲学范畴，认为个别事物都具有许多殊相，而殊相表现共相。个别事物还具有一种不是殊相和共相的因素，这就是能。那些可以有能但不必有能的“样式”就是可能。由所有可能构成的析取就是式。他认为，能出入于式中的可能是事物的变动生灭乃至整个现实世界的过程和规律，也就是道。《论道》充分体现了金岳霖中西合璧的著述风格，他用中国传统哲学中的最高概念“道”将“式”“能”统括起来，成为他的哲学的“最上的概念”，“最高的境界”。书中大量采用无极、太极、理、势、体、用、几、数等中国传统哲学术语，并有意使用很多中国传统哲学命题，但赋予新解。

在认识论方面，金岳霖肯定有独立于认识主体的本然世界。在其中，一方面有个别事物的变动生灭，另一方面有普遍共相的关联。认识主体通过他的认识活动就可获得许多关于本然世界的意念、概念、意思和命题。认识主体同时又应用他已获得的意念、概念、意思与命题去规范和指导他对本然世界的认识。金岳霖认为，认识有一发展过程，但本然世界是可以认识的。

金岳霖曾经说过：知识论是什么似乎是一非常之容易回答的问题，它是以知识为对象而作理论的陈述的学问。它是学问，它有对象，有某某套的问题，对于每一套的问题，历来研究这门学问的人也有某某套的答案，而这些答案的综合成一理论的系统。

金岳霖先生最早把现代逻辑系统地介绍到中国，他深入研究了逻辑哲学，并把逻辑分析方法应用于哲学研究，取得了显著的成绩。金先生认为，“各种学问都有它自己的系统”，“既为系统，就不能离开逻辑”。就是说，各门学问要系统化，都必须运用逻辑工具。哲学这个学问也不例外，如果要精确化和系统化，也必须完善和发展逻辑工具。金岳霖先生本人的哲学就以细密的逻辑分析见长，他的著作具有精深分析和严密论证的特色，形成一种独特的严谨学风。

贺麟

贺麟（1902—1992），字子诏。四川省金堂县人。著名哲学家、哲学史家、黑格尔研究专家、教育家、翻译家。

早在20世纪40年代，贺麟就建立了“新心学”思想体系，成为中国现代新儒家思潮中声名卓著的重镇。贺麟学贯中西，在中国哲学方面也有极高造诣，是“新心学”的创建者，被尊为“现代新儒学八大家”之一。

贺麟的著作主要有《近代唯心主义简释》《文化与人生》《当代中国哲学》《现代西方哲学讲演集》等。主要译作：《小逻辑》《黑格尔》《黑格尔学述》《哲学史演讲录》（与王太庆等合译）、《精神现象学》（与王玖兴合译）。主要论文有：《朱熹与黑格尔太极说之比较观》《知行合一新论》《宋儒的思想方法》《黑格尔关于辩证逻辑与形式逻辑的关系的理论》《黑格尔的早期思想》等。

贺麟从小就受到儒学熏陶，尤其对宋明理学产生浓厚的兴趣。1919年考入清华学堂，受到梁启超一定的影响。1926年赴美国留学，先在奥柏林大学获学士学位，后又入哈佛大学获硕士学位。1930年转赴德国柏林大学专攻德国古典哲学。回国后长期任教于北京大学哲学系，并在清华大学兼课。1955年以后，历任中国科学院哲学所西方哲学史研究室主任，哲学研究所学术委员会副主任，中华全国外国哲学史学会名誉会长，中国民主同盟北京市委委员、中国民主同盟中央委员，第三届、第五届全国政协委员。1982年加入中国共产党。

贺麟对西方哲学有高深造诣，对黑格尔、斯宾诺莎、怀特海等西方近现代哲学家都有深入研究。就中国哲学和儒家思想而言，他早年主张“心”是“最根本最重要”的，认为“不可离心而言物”，在1930年代曾创立了与冯友兰“新理学”相对的“新心学”体系，成为现代新儒家的倡导者之一。贺麟的“新心学”，是对中西文化的融通，是中国的陆王心学与西方的新黑格尔主义相结合的产物。贺麟新心学思想体系的特点之一就是调解两个对立面，使之融和合一。新黑格尔主义以主观唯心主义来代替黑格尔的客观唯心主义，以形而上学来修正黑格尔的辩证法。他的“儒家思想的新开展”的论述、知行合一新论与直觉论、“心即理”的唯心论，构成了他哲学思想的主要部分。

贺麟认为以孔子、孟子、《诗》教、《礼》教、宋明理学为代表的儒学，是中国文化的优良传统，提出应该从哲学化、宗教化、艺术化三条途径出发，吸收西方思想文化的长处，改造、补充和发挥儒家学说，以谋求“儒家思想的新开展”。认为“中国文化自宋儒起，可以说是划一新时代，加一新烙印，走一新方向”，宋儒的思想虽有偏蔽，但其“哲学富有爱民族，爱民族文化的思想”，宋儒的“格物穷理”，“似虚玄空疏，而实有大用”。1949年以后，在马克思主义影响下，贺麟放弃了自己的唯心论哲学，思考逐步转向辩证唯物论和历史唯物论，继续集中精力研究西方哲学和翻译西方哲学名著，很多哲学名著译本，均出自其手。

牟宗三

牟宗三（1909—1995），字离中。山东栖霞人，祖籍湖北省公安县。著名哲学家，现代新儒学代表人物。

牟宗三是被人称之为最具“原创性”的“智者型”哲学家，是当代港台新儒家中的重镇。牟宗三思想受熊十力影响很大，他继承并发展了熊十力哲学思想。牟宗三较多地着力于哲学理论方面的研究，谋求儒家哲学与康德哲学的融通，并力图重建儒家的“道德的形上学”。

牟宗三毕生致力于弘扬民族文化，为中国文化的现代化与世界化作出巨大贡献。其许多著作被译成英、韩、德等文字。主要著作有《逻辑曲范》《理性的理想主义》《道德的理想主义》《历史哲学》《佛性与般若》《才性与玄理》《圆善论》等28部；另有《康德的道德哲学》《康德纯粹理性之批判》《康德判断力之批判》等三部译作。

牟宗三的牟氏家族在栖霞是名门望族。牟宗三9岁入乡村私塾，三年后转入蛇窝泊新制小学，15岁入栖霞县立中学。1927年入北京大学预科，两年后升入哲学系。1933年毕业后，曾先后在华西大学、中山大学、金陵大学、浙江大学等校任教，以讲授逻辑学和西方哲学为主。1949年去台湾，任教于台北师范大学、台湾东海大学，讲授逻辑、中国哲学等课程。1958年与唐君毅、徐复观、张君劢联名发表现代新儒家的纲领性文章《为中国文化敬告世界人士宣言》。1960年去香港，任教于香港大学、香港中文大学新亚书院，主讲中国哲学、康德哲学等。1974年退休后，专任新亚研究所教授。1976年又应台湾“教育部”客座教授之聘，讲学于台湾大学哲学研究所等处。1987年被香港大学授予名誉文学博士。1995年4月病逝于台北。

牟宗三的思想可以概括为以下几个方面：

道德的形上学：牟宗三哲学的精神，就是陆王心学的精神。当然，它是当代的陆王学，是吸收西方哲学主要是康德哲学加以改造和重构的陆王学。牟宗三用“道德的形上学”来概括这一精神。他说：“‘道德的形上学'云者，由道德意识所显露的道德实体以说明万物之存在也。"

为了论证自己的观点，牟宗三借鉴并改造了康德有关区分"现象和物自身"的理论。在康德那里，"物自身"是一个虽然存在但又不可知的客观实在。和康德不同，牟宗三拒绝承认物自身是一个事实概念，也拒绝承认物自身的不可知；而是认为，物自身乃是一种有着"高度价值意味的概念，也就是一个伦理实体、道德实体，因而人们完全可以凭借智的直觉"来认识它。这样一来，作为伦理实体、道德实体的物自身就不再仅仅具有消极的意义，而是积极的、真实的、能够"呈现"的，由此开出的则是一个价值世界、意义世界，同时也是一个睿智的世界、生命的世界。牟宗三认为，这个世界与感性的现象世界相对待、相区别，而又在终极的意义上影响、统摄和决定后者。

儒学三期说：将儒学的发展史分为三期，并非始自牟宗三，但只有牟宗三对这一思路进行了系统的论证和阐发。在牟宗三看来，儒学三期的划分及其特点是：第一期是以孔、孟、荀为代表的儒学铸造期，此一时期"孔子以人格之实践与天合一而为大圣，其功效则为汉帝国之建构"，其特点是"积极的、丰富的、建设的、综合的"。第二期是"宋明儒之彰显绝对主体时期，此则较为消极的、分解的、空灵的，其功效见于移风易俗"。第三期指的则是当代新儒学，"此特殊性之规定，大端可指目者，有二义。一、以往之儒学，乃纯以道德形式而表现，今则复其转进至以国家形式而表现。二、以往之道德形式与天下观念相应和，今则复需一形式与国家观念相应和"。

儒学"三统"说：所谓"三统"，即道统、学统和政统。"三统"说是牟宗三针对中国儒学乃至全部中国文化的未来发展而提出的建设蓝图。如果说道德的形上学是牟宗三全部学说的理论基础的话，那么"三统"说则是其全部学说的理论归宿。

对于"三统"的内涵，牟宗三曾有一简短的说明："一、道统之肯定，此即肯定道德宗教之价值，护住孔孟所开辟之人生宇宙之本源。二、学统之开出，此即转出'知性主体'以融纳希腊传统，开出学术之独立性。三、政统之继续，此即由认识政体之发展而肯定民主政治为必然。"牟宗三认为，儒学要想进一步发展，这"三统"是一样不可缺少的。牟宗三认为，儒学如想复兴，中国文化如想重建，就不能忽视学统和道统这两个方面——这是很积极、很进步的主张。

实际上，牟宗三的“三统”说讲的乃是儒学的一个老话题，即“内圣外王”问题。从“三统”说的内涵来看，牟宗三的主张就是：首先，要肯定儒学的道统，以接续民族文化生命之大本大源；其次，要把儒学的道德精神落实到外王事业上以开出“新外王”，即发展科学（学统）与民主（政统）。这里的关键是，牟宗三虽然肯定科学与民主对民族文化发展的重要性，但是他更强调科学与民主的发展不可以采取某种外在的“加添法”，而必须经过民族文化的自我调整，即从民族文化生命的内部开显出来。这也就是说，他认定学统和政统应由道统开出，具体来说，就是由儒家的内圣之学开出科学与民主的新外王。

张东荪

张东荪（1886—1973），字圣心，晚年自号独宜老人。浙江杭州人，一说江苏吴县（今苏州）人。中国现代哲学家、政治学家。

张东荪于日本东京帝国大学毕业。回国后，任中国公学大学部学长兼教授，国立政治大学、私立光华大学、北京大学、燕京大学教授。辛亥革命后，曾参加袁世凯的御用政党——进步党。“五四”时期依附北洋军阀，为研究系重要成员之一，主编其机关报《时事新报》。1912 年出任南京临时政府大总统府秘书。1921 年曾参加过上海共产主义小组会议，不久，以介绍新思想新文化为名，与梁启超等人宣扬基尔特社会主义，挑起了关于社会主义的论战。大革命后，加入张君劢组织的国家社会党，出版《再生》杂志，宣传国家社会主义，编辑《自由评论》，参与蒋介石的文化“围剿”。1941 年参加中国民主政团同盟（1944 年 9 月改称中国民主同盟），先后任华北支部委员、主任委员。1944 年 9 月被选为中国民主同盟中央执行委员，1946 年 1 月，作为民盟代表之一，出席重庆政治协商会议。1946 年 8 月，国家社会党与民宪政党合并，组成中国民主社会党，为主要领导人之一。在此前后，著文反对蒋介石的独裁统治，宣扬走“中间道路”。1948年曾参与北平和平解放的活动。新中国成立后，曾任中央人民政府委员、全国政协委员、政务院文化教育委员、民盟常务委员等职。1951年因卷入“美国特务案”，于1951年6月被破获后，撤销了其民盟内外一切职务，并于1953年5月被开除出民盟。1973年6月2日逝世于北京“秦城”监狱。

张东荪的著作有《新哲学论丛》《认识论》等。他有着丰富的哲学思想，首先在认识论方面，他主张“多元认识论”。他的多元认识论大体可以说是循康德的轨道。但重要的不同之点是，他把方式不纯归于主观的立法作用。他主张感觉不能给我们条理知识，这虽和康德相同，但条理却不完全是心的综合能力所产生的。因此张东荪承认外界有其条理，内界有其立法；内界的立法又分两种，一为直观上的先验方式，一为思维上的先验方式，至于感觉则不是真正的“存在者”。他说“对于知识由来的问题：认识的多元论以为不宜泛言。知识乃是感相与格式以及设准等‘合并的产物’。离了感相无知识，离了格式亦无知识，离了设准亦无知识。”

关于张东荪的宇宙观，他认为宇宙并无本质，只是一套架构。这个架构的构成不是完全自然的，而必须有我们的认识作用参与其中。

张东荪的人生观“是创造的人生观”。他认为人生本没有目的，但是后来却可以加上一个目的。人生是一方面生活，一方面理想；二者交相推进，不断地进行下去。

张东荪的道德观：他认为道德为文化之一，文化日有进步，故道德也日有进步。他对于道德的见解是，人的生活的本旨在于超脱现实，凡关于此种超脱现实集聚而成就是文化，而道德是文化最为重要的方面，所以道德是超越现实生活的理想。

张东荪的政治理论，一面相信社会主义，一面又坚信民主主义。总之，张东荪的思想自成一体系，融贯西方各哲学思想以建设中国近代的哲学。

张申府

张申府（1893—1986），名崧年，号申甫。直隶献县（今属河北）

人。著名哲学家、思想家。

张申府是中国共产党三个主要创始人之一，他是张国焘进入北京共产主义小组的介绍人、周恩来加入中国共产党的介绍人、朱德加入中国共产党的介绍人之一。

张申府的译著有《现代哲学引论》，曾主编《大公报》《世界思潮》，主要著作有《所思集》《张申府文集》等。

张申府1893年6月15日生于河北献县。18岁考入北京大学数学系。1917年在北大毕业后留校任数学助教。在陈独秀、李大钊领导的新文化运动影响下，对哲学发生浓厚兴趣，改教逻辑，研究哲学。经常在《新青年》杂志上发表文章，追随李大钊从事革命活动，与陈独秀也有密切联系。1918年冬陈独秀、李大钊、张申府三人联手创办了颇具影响的杂志《每周评论》，由张申府负责编辑。

张申府1921年加入中国共产党。1931年任清华大学哲学系教授。“九一八事变”后，他经常利用讲坛宣传爱国主义，并投身于抗日运动，是“一二·九运动”的重要组织者和领导者。1937年卢沟桥事变后，张申府到了武汉，1938年7月，国民党在汉口召开了国民参政会一届一次大会，张申府与“救国会”的沈钧儒等6人被聘为第一届参政员。1942年加入民主政团同盟，并任中央常委。1946年1月出席在重庆召开的政治协商会议。1947年初回到北平，1948年写作《呼吁和平》的文章，受到共产党人和民盟领导人的批判。1957年被划为右派分子，1960年摘帽。在“文革”中受到冲击，1979年获平反，后任第五、六届全国政协委员。

张申府是中国研究罗素哲学最有成绩的人，同时也研究辩证法和唯物史观。他的思想方法，一面是科学的客观法，一面是唯物的辩证法。关于科学的客观法，他认为，“主观就是我见，是私的，是自内的。客观则是公的，共的，是自外的。但到了纯客观，变内的也看成外的了。……主客本是对待的，相对的，也还可说是相反相成的”。(《所思集》)张申府对于辩证法的贡献，说宇宙就是一个矛盾，一切事物现象当然也是矛盾，这是辩证法的效用。宇宙是动的，变化的，一切事物现象当然也是动的，变移的，这是辩证法的公式。所以张申府的思想方法，客观法从罗素的数学逻辑而来，辩证法从马克思的唯物史观而来。

李达

李达（1890—1966），字永锡，号鹤鸣。湖南零陵（今永州）人。中国著名的马克思主义启蒙思想家，卓越的哲学家、经济学家、教育家、法学家、马克思主义理论家。

“五四运动”时期，李达在日本留学，开始撰写介绍科学社会主义与欧洲工人运动的文章。1920 年 8 月归国在上海与陈独秀筹建中国共产党，主编《共产党》月刊，并参加《新青年》编辑工作。1921 年出席中国共产党第一次全国代表大会，被选为中央宣传主任。大革命失败后，在国民党反动统治的险恶环境中，他坚守马克思列宁主义的理论阵地，成为卓有建树的马克思主义理论家。新中国成立后，李达历任湖南大学校长、武汉大学校长、中国科学院哲学社会科学部委员，被推选为第一任中国哲学学会会长。曾当选为中共“八大”代表，政协第一、二届全国委员会委员，第一、二、三届全国人大代表，第三届人大常务委员。1958 年曾同毛泽东就主观能动性问题发生争论，直言批评“大跃进”中的唯心论，对 1960 年代开展意识形态领域“左”的政治批判采取沉默态度，不同意林彪的“顶峰论”。“文化大革命”初期受到攻击、诬陷，被迫害致死，“文革”结束后获平反。

李达在思想史上的贡献就在于对唯物辩证法思想的介绍。他撰写和翻译了大量理论著作，坚持宣传马克思列宁主义，并积极参加革命活动。1926 年发表《现代社会学》，系统论述唯物史观和科学社会主义。1928 年到上海创办昆仑书店，出版各种进步的哲学社会科学书籍。1935 年出版著作《社会学大纲》，系统阐述了辩证唯物主义和历史唯物主义，在国内产生广泛影响。在宣传马克思主义、宣传毛泽东哲学思想方面，作出了卓越的贡献。

李达较早提出马克思主义哲学要与中国具体实际相结合，为马克思主义哲学中国化创造了前提。李达在文章中比较早地论及了“马克思主义哲学中国化”的基本内涵和思想实质。早在 1923 年 5 月他就在《马克思学说与中国》一文中提出了“中国可以应用马克思学说改造社会”的论断，同时回答了中国无产阶级应如何实行这种改造、应采取怎样的政策等问题。

艾思奇

艾思奇（1910—1966），原名李生萱。云南腾冲人。著名哲学家、理论家。

艾思奇生于云南腾冲和顺李家大院。1925 年考入云南省立一中，接触马克思主义，并与聂耳结为好友。早年留学日本。1935 年参加中国共产党。1935—1936 年任上海《读书杂志》编辑。1937 年到延安，历任抗日军政大学主任教员、中央研究院文化思想研究室主任、中共中央文委秘书长、《解放日报》副总编辑。新中国成立后，任中共中央高级党校哲学教研室主任、副校长，中国哲学会副会长，中国科学院哲学社会科学部学部委员。

艾思奇长期从事马克思主义哲学研究、宣传和教育工作，注意把马克思主义哲学通俗化和大众化。积极与各种唯心主义哲学论战，捍卫辩证唯物主义和历史唯物主义。他在宣传毛泽东哲学思想方面亦有一定成就。著作有《大众哲学》《哲学与生活》《艾思奇文集》，所主编《辩证唯物主义与历史唯物主义》一书，长期作为全国高校哲学专业教科书。

艾思奇在哲学理论上的贡献有三：第一，在中国最早使马克思主义哲学大众化，使哲学变为群众手里的锐利武器。24 岁时把自己的一批文章汇编成《哲学讲话》出版，后以《大众哲学》名再版。这本书的内容是站在新哲学的观点上写成的。这书给新哲学做了一个完整的大纲，从世界观、认识论到方法论，都有浅明的解说。

第二，为马克思主义哲学中国化作出了开创性贡献。1938 年 4 月发表《哲学的现状和任务》，旗帜鲜明地提出了马克思主义哲学中国化的主张。他说：“现在需要来一个哲学研究的中国化、现实化的运动。”“哲学的中国化和现实化！现在我们要来这样一个口号。”他认为，过去的哲学只做了一个通俗化的运动，把高深的哲学用通俗的词句加以解释，这在打破过去哲学的神秘观点上，在使哲学和人们的日常生活接近，在使日常生活中的人们也知道注意哲学思想的修养上，是有极大意义的，而这也就是中国化现实化的初步；然而通俗化并不等于中国化、现实化，只有做到中国化、现实化，才能做到更好的充分的通俗化。在这里，艾思奇最先在中国提出了哲学发展的正确方向和道路问题。在他去世半个世纪后，“马克思主义中国化”成为中国马克思主义学科发展的主要方面，成为中国社会发展的主导思想。

第三，为捍卫和宣传马克思主义哲学，为了抗日战争和整个中国革命事业发展的需要，为了用马克思主义和辩证唯物论武装干部和群众，指导和推进中国革命，就不能不与阻碍马克思主义和辩证唯物论在中国传播和发展的各种唯心主义反动哲学思潮进行批判和斗争。

杨献珍

杨献珍（1896—1992），原名杨奎廷，曾用名杨仲仁。湖北郧县人。中国马克思主义哲学家、理论家、教育家。

杨献珍，早年就读于湖北省第八高等中学（现郧阳中学）。1926 年 11 月加入中国共产党并参加革命工作，长期从事党的秘密工作。1931 年 7 月在北平被捕。经党组织营救于 1936 年 9 月出狱。1936 年 10 月至 1940 年初任中共山西公开工作委员会委员。1940 年 1 月起任中共中央北方局党校党委书记兼教务主任。1942 年 2 月根据北方局决定专任党校工作。1961 年 2 月至 1965 年 9 月任中共中央高级党校副校长、党委副书记。1965 年 9 月起任中国科学院哲学社会科学部哲学研究所副所长。“文化大革命”中因“六十一人叛徒集团案”受迫害，被开除党籍（后恢复），长期关押，后下放陕西。1979 年 1 月起任中共中央党校顾问。1979 年 7 月增选为政协第五届全国委员会常务委员。1980 年 8 月起按中央国家机关正部长级待遇。1980 年 11 月中共中央党校为其平反。

杨献珍著有《论敌后抗日根据地的社会性质》《什么是唯物主义?》

《论党性》《我的哲学“罪案”》等。他以马克思主义哲学家而著称于世，其哲学思想在中国产生了极大的影响。他是彻底的科学唯物论者，研究、坚持和发展科学唯物主义始终是杨献珍理论活动的重点，是贯穿其哲学思想的一根红线。他以哲学的基本问题为纲，大力阐发思维与存在的关系问题是哲学最根本的问题，是哲学上最大的最根本的道理。杨献珍始终坚持马克思主义认识论是能动的革命的反映论，认为思维与存在的关系问题，是认识论的中心问题。他坚持唯物辩证法，并以此为批判的武器，同形形色色的唯心主义和形而上学展开斗争。强调要用辩证法指导工作实践，抵制唯心主义、形而上学的错误倾向。他创造性地继承与发展了中国古代思想家的“合二而一”的哲学命题，认为“一分为二”与“合二而一”都是中国古人关于对立统一规律的表达方式，从而丰富了唯物辩证法的理论和方法。杨献珍坚持历史唯物论，反对无视生产力发展状况，单方面改变生产关系的唯意志论。他提出“综合经济基础论”，反对“单一经济基础论”，主张多种经济成分“平衡发展”，批判片面强调生产关系变革的空想社会主义的“历史超越论”，为经济体制改革作了理论准备。杨献珍也强调群众观点、群众路线是党的根本工作路线，致力于把马克思主义哲学化为科学的世界观、方法论、工作作风，来指导广大干部群众的社会实践。

参考文献

1. 翦伯赞．中国史纲要［M］. 北京：人民出版社，1995.
2. 钱穆．国史大纲［M］. 北京：商务印书馆，1994.
3. 钱穆．中国文化史导论［M］. 北京：商务印书馆，1994.
4. 白寿彝．中国通史［M］上海：上海人民出版社，1994.
5. 邓之诚．中华二千年史［M］. 北京：中华书局，1983.
6. 陈直．宋史［M］. 上海：上海人民出版社，2002.
7. 周良霄，顾菊英．元史［M］. 上海：上海人民出版社，2002.
8. 二十四史［M］. 北京：中华书局，2000.
9. 吴绿星，卢延光．中华历史文化人物读本［M］. 北京：中国青年出版社，2013.
10. 南京大学中国思想家研究中心．中国思想家评传丛书［M］. 南京：南京大学出版社，2006.
11. 张帆．中国古代简史［M］. 北京：北京大学出版社，2001.
12. 孙淼．夏商史稿［M］. 北京：文物出版社，1987.
13. 杨宽．西周史［M］. 上海：上海人民出版社，1999.
14. 金景芳．中国奴隶社会史［M］. 上海：上海人民出版社，1983.
15. 童书业．春秋史［M］. 济南：山东大学出版社，1987.
16. 杨宽．战国史［M］. 上海：上海人民出版社，1980.
17. 吴荣曾．先秦两汉史研究［M］. 北京：中华书局，1995.
18. ［英］崔瑞德，鲁惟一．剑桥中国秦汉史［M］. 北京：中国社会科学出版社，1992.
19. 白刚．中国政治制度通史［M］. 北京：人民出版社，1996.
20. 徐万邦，祁庆露．中国少数民族文化通论［M］. 北京：中央民族大学出版社，1996.
21. 曹屯裕，肖东波．中国近现代历史人物评传［M］．宁波：宁波出版社，2005.
22. 苏同炳．中国历史上的传奇人物［M］．北京：紫禁城出版社，2010.
23. 陈长琦．两晋南朝政治史稿［M］．郑州：河南大学出版社，1992.
24. 曲相奎．中华五千年政治家评传［M］．北京：中国纺织出版社，2012.
25. 北京大学哲学系中国哲学教研室．中国哲学史（第二版）［M］．北京：北京大学出版社，2003.
26. 侯外庐．中国思想史纲［M］．上海：上海书店出版社，2008.
27. 冯友兰，赵复三．中国哲学简史［M］．北京：生活·读书·新知三联书店，2009.
28. 曹德本．中国政治思想史（第二版）［M］．北京：高等教育出版社，2012.
29. 余敦康．中国宗教与中国文化［M］．北京：中国社会科学出版社，2005.
30. 刘小枫．中国文化的特质［M］．北京：生活·读书·新知三联书店，1990.
31. 赵吉惠．中国传统文化导论［M］．南京：江苏教育出版社，2007.
32. 全国干部培训指导委员会．从文明起源到现代化［M］．北京：人民出版社，2002.
33. 全国干部培训指导委员会．中国艺术［M］．北京：人民出版社，2002.
34. 游国恩．中国文学史［M］．北京：人民文学出版社，2002.
35. 林庚．中国历代诗歌选［M］．北京：清华大学出版社，2006.
36. 黄霖．中国历代小说论著选［M］．南昌：江西人民出版社，1982.

后　记

经过一年多思考、设计，在大家共同努力下，“中国文化史研究学科资料系列著作”终于出版了。作为本系列著作创意者和主持人，感到非常高兴。

经过一年多思考、设计，到今天著作即将出版之时，我本人以及大家均感到，当初的计划在三个方面是有意义的：

1. 开展“团队式建设”，并设计开展中国文化研究，是有意义的：对于把握当前国内外学术研究热点，支撑“中国文化史研究”研究生教育，是十分必要的。

2. 计划编写学科资料著作，是有意义的：对于学院学科建设，对于促进青年教师理论基础提升、科研工作能力成长，均是十分必要的。

3. 借助岳麓书社这一高水平平台出版，是有意义的：对于实现“学院学科建设提升计划”，对于保证这样一套大型系列著作的出版质量，是十分必要的。

经过首批分册成功出版，我们更有信心，将继续努力，完成后续分册出版工作。

本系列著作出版计划确定以后，由于其他工作的影响，具体编写工作的方案几经变化，最终能够按照预期时间计划完成，我们感谢大家的共同努力。在此对参加人员的情况作一说明：

王立东：总主编，负责本系列著作整体创意、人员安排计划、各分册最终统稿、定稿。

班瑞钧：负责分卷文稿设计、整理。《哲学家、思想家卷》五代至明清（前期）时期人物撰稿。

晋楠：负责确定分卷所撰“人物名单”；《哲学家、思想家卷》先秦至隋唐时期人物撰稿。

杜雨：《哲学家、思想家卷》清（后期）至现代人物撰稿。

王立东

2015 年 10 月 7 日

图书在版编目(CIP)数据

中国文化人物. 哲学家、思想家卷/王立东总主编. —长沙:岳麓书社,
2016.12(2024.9 重印)

ISBN 978-7-5538-0557-3

Ⅰ.①中... Ⅱ.①王... Ⅲ.①哲学家—列传—中国②思想家
—列传—中国 Ⅳ.①K82

中国版本图书馆 CIP 数据核字(2016)第 010947 号

ZHONGGUO WENHUA RENWU ZHEXUEJIA SIXIANGJIA JUAN

中国文化人物·哲学家、思想家卷

总 主 编:王立东

责任编辑:刘 文 许 静

责任校对:舒 舍

封面设计:罗志义

岳麓书社出版发行

地址:湖南省长沙市爱民路 47 号

直销电话:0731—88804152 88885616

邮编:410006

岳麓书社网址:www.yueluhistory.com

2016 年 12 月第 1 版 2024 年 9 月第 2 次印刷

开本:710×1000 1/16

印张:18

字数:252 千字

ISBN 978-7-5538-0557-3

定价:78.00 元

承印:唐山楠萍印务有限公司

如有印装质量问题,请与本社印务部联系

电话:0731—88884129